Public Budget Reform in China:
From Annual to Medium-Term Basis

"十二五"国家重点图书

本书由国家社会科学基金项目（07BJY141）、中央财经大学211工程三期、北京财经研究基地资助

中国公共预算改革：
从年度到中期基础

王雍君 著

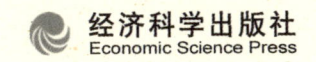

经济科学出版社
Economic Science Press

作者简介

王雍君　中央财经大学财经研究院院长、教授、博士生导师，国务院特殊津贴获得者，中国财政学会理事，教育部跨世纪优秀人才，北京市财政学会理事，北京财经研究基地首席专家，北京市党外高级知识分子联谊会理事。长期从事公共财政理论与管理、政府预算、公司财务管理等方面的研究和教学工作。主要代表作有：《税制优化原理》、《中国公共支出实证分析》、《公关预算管理》、《公共经济学》、《公共财政学》、《政府预算会计改革研究》、《国库改革与政府现金管理》、《财务精细化分析与公司管理决策》。

"十二五"国家重点图书

本书由国家社会科学基金项目（07BJY141）、中央财经大学211工程三期、北京财经研究基地资助

中国公共预算改革：
从年度到中期基础

王雍君　著

经济科学出版社

图书在版编目（CIP）数据

中国公共预算改革：从年度到中期基础/王雍君著.—2版.
—北京：经济科学出版社，2011.7
ISBN 978-7-5058-8722-0

Ⅰ.中… Ⅱ.王… Ⅲ.国家预算-财政管理体制-经济体制改革-研究-中国 Ⅳ.F812.3

中国版本图书馆 CIP 数据核字（2009）第 194335 号

责任编辑：王　丹
责任校对：徐领弟
版式设计：代小卫
技术编辑：王世伟

中国公共预算改革：从年度到中期基础
王雍君　著
经济科学出版社出版、发行　新华书店经销
社址：北京市海淀区阜成路甲 28 号　邮编：100142
总编部电话：88191217　发行部电话：88191540
网址：www.esp.com.cn
电子邮件：esp@esp.com.cn
北京中科印刷有限公司印装
787×1092　16 开　20.75 印张　280000 字
2011 年 7 月第 1 版　2011 年 7 月第 1 次印刷
ISBN 978-7-5058-8722-0　定价：39.00 元
（图书出现印装问题，本社负责调换）
（版权所有　翻印必究）

前言

世上最容易的事情之一莫过于花别人的钱，最难的事情之一莫过于花好别人的钱。公共预算就是处在后一个位置上，其首要价值就在于确保政府花好人民的钱。对于任何政府而言，建立一套有效的预算制度和程序，一方面满足法定控制（人民授权立法机关监控政府开支）的要求；另一方面有效地支持政府施政，都是一项极富挑战性的课题。改革开放以来，随着中国经济社会的急剧转型和预算规模的迅速扩展，这一课题更加现实地摆在了各级政府面前。政策制定者、研究人员甚至普通公民都应关注和思考预算问题，尤其需要思考怎样制定预算才能更好地应对挑战和抓住发展的机遇，提升政府施政能力和治理质量。

这样的思考要求超越年度预算的框架。基于法定控制目的，预算在传统上是年度性的，但年度预算体制存在固有的局限性：在预算与政策之间难以建立直接联结机制，导致预算资源的分配不能准确反映政府政策重点和优先性。实践证明，除了基本的合规性（compliance）外，年度预算体制对于促进公共支出管理的其他所有目标都是不充分的，这些目标是：财政纪律与总量控制、基于战略优先性的资源配置、结果导向的营运绩效，以及管理财政风险和财政可持续。

主要从 2000 年以来，中国各级政府推动了范围广泛的预算改革。其中，部门预算、预算分类、标准支出定额、《中华人民共和国预算法》的修订、政府采购、国库单一账户（TSA）与集中支付等方面的改革尤其引人注目。这些改革在不同程度上取得了积极成果。然而，由于这些改革都是在年度预算的框架内推动的，因而不可避免地存在局限性。明显的是：由于强大的支出刚性以及可调整的预算增量过小（发展中国家通常不超过总支出的 5%），在年度预算框架内进行任何有意义的支出结构优化调整都是困难的（甚至不可能）。这一弱点在实践中往往还会因支离破碎的预算程序、不良预算策略（例如基数法）和预算行为（例如隐藏支出和故意高估或低估预算）进一步放大。

为此，20 世纪 90 年代以来，发达国家纷纷采纳了将年度预算置于中期（包含下一财政年度在内的未来 3~5 年）支出框架（MTEF）之下的体制，即本书称为"中期基础预算"的体制。经过多年努力，目前发达国家的中期基础预算已经普遍制度化了，其中许多国家还采用长期的财政评估（包括代际会计、环境会计和或有负债计量技术）方法，来弥补中期基础预算在"长期"（通常在 10 年以上）视角上的不足。在发达国家示范效应和某些国际机构（主要是世界银行）的推动下，许多发展中国家（大多为非洲国家）也纷纷引入中期基础预算。一些转轨国家（例如俄罗斯和乌克兰）也加入了这个行列。从发展趋势来看，采用中期基础预算体制的国家将越来越多。

中期基础预算体制具有坚实的理论基础。广泛的实证研究表明，政府要想实现意欲的成果，技术上的健全性和政治方向的正确性必不可少。为此，以下三个基本的前提条件必须在预算准备（从发布预算指南到预算草案提交立法审批）中得到满足：采纳中期支出框架（MTEF），早做决策和建立硬预算约束。满足这些条件通常要求引入全面和正式的中期基础预算，它包括所有上述三个关键因素。即使不能采用正式和全面的中期基础框架，年度预算体制也必须就以下三类支出建立多年期视角：（1）资本支出的未来成本，这类支出在发展中国家通常受到特别重视并且占总支出的很大比例；（2）公民权益性支出需求，包括养老金和转移支付，即使基本的政策保持不变，这类支出水平也会发生变化；（3）导致未来支出需求的或有事项，典型的如政府贷款担保。这三类支出的财政影响需要多年才能完全展现出来，采用中期视角的预算框架尤其合适。[1]

目前中国的预算体制已经具备某些中期视角，财政部和地方财政部门在引入中期基础预算体制的改革方面也已采取了某些行动，但建立严格意义上的中期基础预算体制仍需付出巨大努力。虽然面临困难，本书依然强烈建议在"十二五"期间全面引入3年期滚动的预算体制。需要避免的误解是：中期基础预算并非对年度预算体制的取代，而是弥补它的不足（尤其是在政策与预算之间建立联结机制方面），支持年度预算体制的功能。许多国家的实践证明，通常只是在中期支出框架下，年度预算体制才能运作良好。[2]

引入中期基础预算的变革并非只是简单地将"中期"概念加到年度预算体制上。由于我国现行年度预算体制的许多方面不能满足中期基础预算体制的要求——尤其是自下而上启动（支离破碎）的

---

[1] Salvatore Schiavo-Campo, Budget Preparation and Approval, Edited By Anwar Shar, Budgeting and budgetary institutions, overview, The International Bank for Reconstruction and Development / The World Bank, Washington, D. C., 2007: 236 – 237.

[2] IFAC: Governance in the Public Sector: A Governing Body Perspective, International Public Sector Study, August 2001. Study 13, Issued by The International Federation of Accountants, International Federation of Accountants. 535 Fifth Avenue, 26th Floor New York, New York 10017, United States of America.

预算程序和预算的非全面性，引入中期基础预算的变革需要一并改革现行预算程序，以及建立严格的和量化的财政约束规则。

成功地引入中期基础预算体制并不容易。好在实施这项改革的国家积累了许多经验教训，可以为我们所借鉴和汲取。总体而言，发达国家相对成功，发展中国家的效果要差一些，但也因国家而异。有些国家（例如南非）相对成功，另外一些国家（例如加纳）的成效则十分有限。成败得失固然取决于一国的具体国情，但最重要的是牢记：任何情况下都不能将中期基础预算当做纯粹的技术方法。毫无疑问，中期基础预算容纳了许多技术和方法层面的因素——最重要的是中期经济与财政预测和基线筹划（baseline projections），但把它当做方法和技术问题是错误的。事实上，成功地推动这项改革，至少在概念层面需要把它当做同时覆盖制度（覆盖规则、程序和实施机制）和技术方法的变革。以此而言，引入中期基础预算不失为重塑公共财政管理面貌的革命。

就中国的现实而言，引入中期基础预算的变革瞄准的主要是公共预算中最脆弱、最困难、同时也是最重要的两个部分：预算程序与预算全面性（与透明度）。首先是预算准备过程的基础工作，包括高质量的宏观经济与财政政策筹划、制定中期支出框架、建立预算限额与（量化和比率式的）财政约束规则、政府内部的协调与冲突裁决机制和良好的预算指南。中国在预算执行阶段产生的种种问题（例如频繁地追加预算和年末突击花钱），在很大程度上都是预算准备过程的基础工作不到位产生的必然结果。加强这些基础工作的努力可以被恰当地概括为预算程序的集中化（centralization）。包括经济合作与发展组织（OECD）成员国、欧洲转轨经济体、日本和亚洲国家、拉美国家和美国的次国家（州）级政府在内的广泛的实证研究证明，要想改革支离破碎的预算程序和促进财政纪律（fiscal discipline），预算决策程序的集中化是绝对必要的，并且是最有效的方法。[1]

成功引入中期基础预算体制也高度依赖于预算的全面性和透明度。预算的全面性（comprehensiveness）是透明度（transparency）的前提条件，两者形成了预算过程最重要的环境性的制度因素。多年来，为促进预算的全面性，中央政府（尤其是财政部）推动了许多改革，包括将各种预算外资金（EBFs）纳入预算管理，以及"收支两条线"管理。但时至今日，明显背离预算全面性的现象依然十分突出。在这

---

[1] Von Hagen, Jurgen. Political Economy of Fiscal Institutions. In The Oxford Handbook of Political Economy, ed. Barry Weingast and Donald Wittman, 467-478. Oxford, U.K.: Oxford University Press, 2006.

样的背景下，中期基础预算将不能充分和有效地发挥作用。①

虽然存在困难，改革的复杂性和成本也不容低估，但与带来的持久和全面收益的潜能相比，引入中期基础预算的改革是值得的和必需的。充分借鉴其他国家的经验教训，精心设计改革策略和次序，可以有效地降低这项改革的难度和成本。从中长期的观点看，这项改革还将为深化和推动更全面的公共财政管理改革，包括加强预算执行监控与评估，建立和健全财政支出绩效评价，以及在条件成熟时引入绩效预算（performance budgeting）变革铺平道路。更一般的讲，引入中期基础预算的变革将为巩固现有的改革成果，提升各级政府的预算能力和强化受托责任，进而提升政府的施政能力、强化受托责任和促进公共善治（good public governance），创造全新的和广泛的机会。

由国家社会科学基金项目（批准号为"07BJY141"）、中央财经大学 211 工程三期、北京财经研究基地资助出版的本书，就是基于上述理念和考虑撰写的。全书共分六章。第 1 章的主题是定义、

---

① 宪政在预算过程中扮演的两个基本角色，源于公共财政和预算过程的两个基本问题：委托代理关系和共用池问题。

解释中期基础预算，阐述中期基础预算在国外兴起的背景；第2章介绍OECD国家、非洲国家和俄罗斯的中期基础预算，总结这些国家在引入和运作这一体制中积累的经验、教训和理论基础；第3章讨论中期基础预算对于年度预算的相对优势，考虑的焦点是两者在促进公共支出管理的四个主要目标（合规性除外）——财政纪律、优先性配置、运营绩效和风险管理——的相对效果；第4章分析中国引入中期基础预算的意义和可行性，阐明引入这一体制需要创造的条件；第5章区分预算过程的不同阶段（准备、审查、执行与评估），讨论引入中期预算体制改革的要点和改革次序；第6章侧重从环境因素方面讨论成功引入中期基础预算需要的配套改革和措施，特别是加强预算的全面性和透明度、引入规划预算和预算观念变革。对于对预算问题感兴趣的政策制定者、官员、研究人员或师生而言，本书都是很合适的参考读物。

　　本书的部分附属工作得到中央财经大学童伟研究员和曹静韬博士的协助，在此一并致谢。

王雍君
2011年7月于北京上河村

目录

第 1 章 中期基础预算：解释与背景

1.1 定义与特征 / 2
    1.1.1 中期视角 / 3
    1.1.2 预算估计 / 4
    1.1.3 联结政策 / 5
    1.1.4 基线筹划 / 7
    1.1.5 绩效导向 / 8

1.2 构成要素 / 9
    1.2.1 预算的宏观经济框架 / 9
    1.2.2 财政政策报告 / 12
    1.2.3 中期支出框架（MTEF） / 15
    1.2.4 与 MTEF 衔接的年度预算 / 17

1.3 运作程序与步骤 / 18
    1.3.1 与年度预算程序一致 / 18
    1.3.2 替代的程序 / 24
    1.3.3 自上而下启动预算准备过程 / 26

1.3.4　逐步磨合　　／　29
1.4　中期基础预算兴起的背景　　／　30
　　1.4.1　传统预算的弊端与发达国家的早期
　　　　　改革　　／　31
　　1.4.2　对财政状况持续恶化的反思　　／　33
　　1.4.3　对财政可持续性的关注　　／　34
　　1.4.4　自上而下的预算改革　　／　36

第 2 章　中期基础预算：国外实践与经验教训

2.1　OECD 的中期基础预算　　／　40
　　2.1.1　概况　　／　40
　　2.1.2　英国　　／　46
　　2.1.3　澳大利亚　　／　52
　　2.1.4　美国　　／　56
2.2　非洲国家和俄罗斯的中期基础预算　　／　66
　　2.2.1　非洲九国的中期基础预算　　／　66
　　2.2.2　俄罗斯的中期基础预算　　／　69
2.3　理论基础与经验教训　　／　73
　　2.3.1　理论基础　　／　73
　　2.3.2　对发展中国家的意义　　／　84

2.3.3 作为改革年度预算的方法 / 85

2.3.4 与行政能力和管理能力相适应 / 87

2.3.5 从简单方法开始 / 88

2.3.6 需要中期和长期方法 / 89

2.3.7 政府部门的广泛参与 / 90

2.3.8 避免成为增加支出的借口 / 91

2.3.9 对中期基础预算的批评与争议 / 92

第3章 对年度预算的改进

3.1 预算与公共支出管理 / 96

3.1.1 公共支出管理的关键目标 / 97

3.1.2 预算的功能与作用 / 101

3.1.3 联结目标的制度安排 / 104

3.1.4 年度预算的弱点 / 106

3.2 财政纪律与总量控制 / 108

3.2.1 总量控制与"公共的悲剧" / 108

3.2.2 中期预算限额 / 110

3.2.3 财政约束基准 / 113

3.2.4 更好的预算程序 / 116

3.3 战略优先性与配置效率 / 119

3.3.1 信息不对称、投票交易与配置难题 / 120

3.3.2　中期视角下的优先性配置　/　121

　　　3.3.3　避免武断的支出调整与削减　/　123

　3.4　运营绩效与风险管理　/　124

　　　3.4.1　弥补年度预算的"绩效短板"　/　124

　　　3.4.2　更好地管理财政风险　/　127

第4章　引入中期基础预算：意义与可行性

　4.1　意义与必要性　/　131

　　　4.1.1　捕捉挑战与机遇的财政影响　/　132

　　　4.1.2　带动更全面的预算改革　/　136

　　　4.1.3　增强预见性和警觉性　/　140

　　　4.1.4　强化政策—预算—规划间联结　/　143

　　　4.1.5　处理预算超收与收入驱动　/　145

　　　4.1.6　促进资本支出计划与预算的融合　/　148

　　　4.1.7　更有效的预算策略与程序　/　149

　　　4.1.8　促进年度预算的有效运作　/　153

　　　4.1.9　弥补预算改革的不足和滞后　/　154

　4.2　可行性分析　/　155

　　　4.2.1　前期工作初步展开　/　155

　　　4.2.2　可资借鉴的国外实践　/　159

　　　4.2.3　转轨的难度和成本　/　160

4.3 为引入中期基础预算创造条件 / 160

 4.3.1 部门间协调机制 / 161

 4.3.2 提高预测能力 / 166

 4.3.3 熟悉和创设适当的运作流程 / 169

 4.3.4 让显规则压倒潜规则 / 172

第5章 转向中期基础预算的要点与次序

5.1 预算准备阶段的改革 / 176

 5.1.1 改进预算文件 / 176

 5.1.2 改进预算分类与申报 / 179

 5.1.3 建立正式和量化的预算约束 / 184

 5.1.4 加强与改进预测工作 / 187

 5.1.5 避免不良预算策略 / 192

 5.1.6 分离线下预算与线上预算 / 200

 5.1.7 自上而下开启预算准备过程 / 204

 5.1.8 政策早筹划 / 205

 5.1.9 与年度预算衔接 / 206

 5.1.10 延长预算准备时间 / 207

5.2 预算审查阶段的改革 / 207

 5.2.1 建立公共支出审查委员会 / 208

 5.2.2 扩展预算审查的范围 / 209

5.2.3　赋予预算审查部门足够的权威和资源　/ 209
5.2.4　两阶段审查与表决　/ 210
5.2.5　分级审查与表决预算　/ 211
5.2.6　更好的分工安排　/ 212
5.2.7　资本预算单独审查与表决　/ 213

5.3　预算执行与评估阶段的改革　/ 214
5.3.1　严守底线法则　/ 214
5.3.2　建立规划评级工具　/ 215
5.3.3　加强预算分析工作　/ 215
5.3.4　深化部门预算改革　/ 216

5.4　改革的次序　/ 217
5.4.1　与预算过程相一致　/ 217
5.4.2　从核心部门到支出机构　/ 218
5.4.3　以资本预算为突破口　/ 219

第6章　转向中期基础预算的配套安排

6.1　促进预算的全面性　/ 222
6.1.1　定义和基本要求　/ 223
6.1.2　全面性为何重要　/ 224
6.1.3　偏离预算全面性典型情形　/ 226
6.1.4　促进全面性的安排与措施　/ 228

6.2 建设透明的预算　/ **230**

　　6.2.1 定义财政透明度　/ **230**

　　6.2.2 意义与重要性　/ **232**

　　6.2.3 提高财政透明度的国际努力　/ **233**

　　6.2.4 中国当前的差距　/ **241**

　　6.2.5 未来努力的方向　/ **244**

6.3 融入规划预算技术　/ **249**

　　6.3.1 规划与规划预算：解释　/ **250**

　　6.3.2 与投入预算的比较　/ **252**

　　6.3.3 操作要点　/ **255**

6.4 其他配套安排　/ **256**

　　6.4.1 政府高层强有力的支持　/ **256**

　　6.4.2 作为辅助机制的预算稳定基金　/ **257**

　　6.4.3 修订《预算法》　/ **258**

　　6.4.4 预算观念的变革　/ **259**

图表目录

图 2-1　基于黄金法则的预测　/ **49**

图 2-2　基于永续投资法则的预测　/ **49**

图 3-1　中央部门预算编制流程　/ **117**

图 3-2　财政部审核和上报预算的流程　／ 118
图 3-3　部门编报预算流程　／ 118
图 4-1　1999~2008 年全国财政预算收入增长情况　／ 146
图 4-2　1999~2008 年全国财政预算支出增长情况　／ 147
图 4-3　中期支出框架的基本结构　／ 170
图 4-4　中期支出框架的运作流程　／ 171
图 6-1　规划的层级结构：以儿童保健规划为例　／ 251

表 2-1　美国联邦政府财政管理职责的组织机构　／ 58
表 2-2　处理预算决策问题的框架　／ 60
表 2-3　美国联邦政府的收入预测：说明性例子　／ 64
表 2-4　预测假设：说明性例子　／ 65
表 2-5　经常性预算基线：说明性例子　／ 66
表 2-6　俄罗斯联邦中期财政收入预测　／ 70
表 2-7　俄罗斯联邦中期财政支出预测　／ 72
表 4-1　农村财政支出：主要政府部门职责概述　／ 162
表 4-2　"三农"支出和相关领导部门　／ 164
表 4-3　1999~2008 年全国预算收入偏离度　／ 168
表 4-4　中期支出框架的目标　／ 170
表 5-1　按 COFOG 功能划分的可能类别　／ 181
表 5-2　按 GFS 的经济分类　／ 182

表 5-3　发展中国家的 r 系数　/ **184**
表 6-1　法律和决议中规定的强制性支出　/ **227**
表 6-2　中国的财政透明度与 IMF 最低标准要求的
　　　　差距　/ **242**

附录

附录 1：河北省人民政府关于推进省级部门发展性
　　　　支出三年滚动预算编制工作的实施
　　　　意见（试行）　/ **263**
　　　　附件　关于编制省级部门发展性支出三年滚动预算
　　　　　　　试点方案　/ **270**
附录 2：英国的中期基础预算：2009~2014 年　/ **273**
附录 3：专业术语中英文对照　/ **302**

参考文献　/ **306**

第1章

中期基础预算：解释与背景

好几个相关术语被用于描述中期基础的预算体制，常用的包括中期预算（midterm-tern budget）、中期财政战略规划（medium fiscal strategy programs）、多年期展望（multi-year perspective）、多年期支出方法（multi-year expenditure approach）、多年期支出规划（multi-year expenditure programming）和中期支出框架（midterm-tern expenditure Framework：MTEF）。本书使用"中期基础预算"（Midterm-Tern Basis Budget）这一术语，主要是考虑这一术语具有更好的包容性（外延更宽泛），并且贴切地抓住了本质的东西。[①]

作为一种用来鉴别项目优先性并预留资金给优先项目的计划机制，中期基础预算早在20世纪60年代便已开始在一些国家（例如德国）实施。由于当时的政府自信有能力驾驭经济，引导经济稳定增长，因此，这个时期的中期基础预算仅仅是一种计划机制，并未发挥实质性的作用，更未引起这些国家过多的关注。但是，从20世纪70年代开始，随着第二次世界大战后经济繁荣的消退，加之三次

[①] "多年期展望"、"中期支出框架"和"多年期支出方法"只是中期基础预算的特定组成部分；"中期预算"则容易让人将其误解为一个法定的预算资金分配方案，而实际上并非如此。

石油危机的冲击，经济低增长成为大多数 OECD 成员国的常态现象。与此同时，由于长期奉行凯恩斯主义，这些国家普遍出现了与恶化的经济业绩相伴随的恶化的财政业绩：赤字居高不下，公共财政膨胀，使财政扩张成为导致宏观经济失衡的原因而不再是解决失衡问题的药方。为了应对这种持续恶化的经济和财政绩效，OECD 国家纷纷开始了以预算改革为核心的财政改革。在这样的背景下，中期预算逐渐被更多的国家采用，并在实践中不断修正和完善，成为支持公共财政管理和促进公共政策（制定与实施）的重要工具。

1.1 定义与特征

各国的中期基础预算在实践中表现出一定的差异，但本质上是一个将详细的中期预算估计与政府现行（财政）政策联结起来的约束性程序，这一程序要求以基线（baseline）分离和评估现行政策与新的政策提议的未来成本，并要求预算申请者以成果（outcomes）为基础证明其支出合理性。从形式上看，中期基础预算表现为与年度预算相一致的中期预算文件（documents），包括三个核心要素：（1）当前支出水平；（2）假设未来提供同样服务需要增加的支出；（3）假如改变服务水平（比如师生比变动）或质量需要增加的支出；其中前两个要素通常被描述为继续执行"现行政策"需要的支出，第三个要素被描述为假如采纳"新的政策"需要增加的支出（Salvatore Schiavo-Campo and Daniel Tommasi，p. 288，1999）。

全面和正式的中期基础预算的核心部分是包含所有政府支出的、关于政府整体（a whole-of-government）的中期支出框架（MTEF），它是在中期宏观经济与政策筹划的基础上制定的。与年度预算不同，除了在第一个规划年度（program year）必须与年度预算保持完全一致外，中期基础预算并非一个法定的年度资金分配方案（因而立法机关只审查不表决），而是导向性的或指示性的（indicative），主要作用在于促进年度预算（与预算限额）的准备，以及为改进公共支出管理和确保预算与政策的联结提供一套有效的工具和方法。中期基础预算区别于年度预算体制的五个本质特征是：中期视角、预算估计、联结政策、基线筹划和绩效导向。

1.1.1 中期视角

预算在传统上是年度性的，它是几乎所有的传统预算原则（包括年度性、全面性、年度平衡和透明）历时最久远的原则。作为一项法定要求，年度性原则要求预算按年度编制、执行和评估。年度性原则还要求预算文件在预算年度开始之前提交给立法机关审查，否则就要求一个特别的程序来提供资金。[①] 立法机关基于授权（多数授权是年度性的）和控制目的采纳的年度性原则，通常不能满足预算作为政策工具的要求，因为公共政策是在多年期视角上制定和实施的。由于跨越多个年度，一般地讲，预算的时间框架越长，预算与政策之间的联系越紧密；反之则越松散。假如预算是按"月"制定和实施的，那么几乎可以断定预算与政策将形成风马牛不相及的局面，因为在如此短的时间跨度内不可能有效地制定大多数公共政策，更不应说严格实施和评估其效果了。年度预算的时间跨度是一年（12个月），虽然比月度长了许多，但对于公共政策周期（从形成到评估）而言，还是过于短促了。

因此，为了使预算成为有力和有效的政策工具，以中期视角来弥补年度预算的不足显得十分重要。在这里，"中期"指的是紧随预

[①] 包括中国在内的一些国家，预算文件通常在预算年度开始之后才被提交和审查。其他国家（例如美国）虽然在预算年度开始之前提交，但由于种种原因，有时预算只是在预算年度开始之后才得到批准。无论何种情况，在预算年度已经开始、但预算尚未批准时支出机构需要的拨款，多数国家采取按上年同期执行的办法处理。

算年度后的 2~4 年。如果包括预算年度在内，中期指的就是从预算年度开始的 3~5 年。与年度预算相比，中期基础预算将预算（核心是支出）的视野从 1 年扩展到了 3~5 年，从而大大提高了政府预算和公共政策的前瞻性，并有助于促进公共政策的连续性，也有助于了解公共政策的变化方向。另外，中期（甚至长期）视角对于财政可持续性评估而言也是必不可少的。

1.1.2　预算估计

年度预算是一种关于公共资金如何在预算申请者之间和各项用途之间进行分配的法定方案。一经立法机关批准，年度预算就成为一项法律文件。另外，由于涉及的时间跨度相对较短，预算的精度相对较高。因此，年度预算在本质上不同于"估计"。由于预算所依托的外部环境是变化的和不确定的，而且这种不确定会随时间延长而放大，因此，要准确地进行"预算"几乎是不可能的。因此，中期收入、支出、赤字/盈余和公共债务总量与其说是"预算"不如说是"估计"。作为一个法定的资金分配方案，年度预算中的预算收入和支出满足两个基本要求：法律意义上的约束力，以及相对的准确和稳定性（不能经常和随时调整）。预算"估计"就不一样了。事实上，在中期基础预算下，除了第一个规划年度外，所有的财政总量（包括按经济分类和功能分类的总量）都是估计数：它们是可以（并且应该）调整的，而不是一个法定的、在预算申请者之间分配资金的方案。

尽管存在不确定性和需要经常调整，中期基础预算要求预算估计（budget estimates）尽可能准确：尽可能与中期宏观经济筹划和财政政策筹划相一致，并满足预先公布、政府承诺遵守的关键性的财政约束基准（例如欧盟要求赤字比率不超过 3%）。从技术上看，中期基础预算的成败得失主要取决于各国中期预算估计的能力：这一能力着重强调的是"一致"而不是"精确",因此不一定要采用非常复杂的技术模型。

预算估计中,最重要的是支出估计。支出估计不只是总量层面的,还应按经济分类(尤其应包括商品与服务、工资、利息、转移支付和资本支出)和功能分类(教育、医疗和环保等)进行估计,前者是制定总量支出限额的基础,后者是制定部门支出限额的基础。事实上,作为中期基础预算核心成分的 MTEF,其主要目的就在于为政府政体和各支出部门提供每个未来财政年度中的支出预算(申请)必须遵守的预算限额(budget limits)——重点是支出限额。这样的限额通常要求在预算准备的早期阶段制定和颁布,预算申请者在此限额内制定自己的预算草案。每个支出机构所申请的预算不能突破预算限额。这样,预算限额给所有的支出申请者施加了"硬预算约束",这种硬约束对于优化预算资源的配置是必不可少的。①

预算估计不仅是中期的,也是滚动的。这与年度预算体制很不相同。随着时间的推移,年度预算的时间越来越短。相反,中期基础预算在任何时点上,都要求保持对固定时间跨度的预算估计。因此,中期估计必须是滚动进行的,以确保在任何时候都能看清中期内各年的收入、支出、赤字/盈余和债务这些财政总量(包括基于经济分类和功能分类的财政总量)。

1.1.3 联结政策

在现代社会中,预算不只是约束政府和控制开支的工具(预算的本意),还是帮助政府制定和实施公共政策以应对挑战、解决问题的工

---

① 由于预算限额提供了硬约束,面对新的支出需求时,支出机构只能通过将优先级较低用途的资金转移到优先级更高的用途,也就是通过强制性的预算资源再分配来应对,这就减少了过度的讨价还价和预算追加造成的软约束。在实践中,软预算约束是妨碍预算过程的配置效率最常见的原因之一。

具。由于多数公共政策（或应该）在预算过程中制定，预算的质量在很大程度上决定了政策的质量，反过来也是如此。更一般地讲，有效政府和有效预算是同一个概念，而政府和预算的有效性（质量）主要取决于预算能否成为约束和支持政策的有效工具。① 因此毫不奇怪，在预算与政策之间建立紧密的联结是提升政府施政能力的关键。

中期基础预算为建立这种联结机制创立了一个具有约束力的程序。为确保预算的合理性（尤其应避免高估收入、低估支出从而造成过于乐观的预算），中期基础预算要求预算估计必须以中期宏观经济框架（筹划）为基础，并确保与财政政策（和其他政策）目标相一致。宏观经济和公共政策的匹配性是决定和判断预算（估计）合理性的两个基本维度。政府的预算收入、支出、赤字/盈余和债务水平首先必须与预算的宏观经济框架相一致，因为宏观经济绩效（尤其是产出与增长）和财政参数（例如有效税率和公务员工资增长率），从供给方面决定了预算资源的可得性，任何政府和支出部门只能在可得的资源总量下准备和制定预算；超出资源可得性的预算是无法实施的。当然，只是了解"在特定年度可得的资源是多少"，对于制定预算是不够的。好的预算还必须考虑在可得资源总量的约束下，最大限度地促进公共政策（核心是财政政策）的目标。相对于特定的政策目标，例如确保8%的经济增长率或不高于4%的通货膨胀率，或者其他更为具体的政策目标（例如将儿童软骨病发病率控制在百万分之一以下），预算收入、支出和其他财政总量水平都需要约束在某个相应的水平上。任何过多地偏离目标水平的预算估计，都会导致预算无法成为促进政策目标的有效工具。因此，"资源"（可得性）和"政策"（目标）在任何体制中都是准备和制定预算需要着重考虑的两个基本维度。中期基础预算的本质特征，就在于建立一套有效的程序，使其能够在给定的资源框架（收入预测）下，

---

① "约束"意味着好的预算需要将公共政策的选择约束在资源可得性的框架下（基于可持续发展概念），"支持"意味着好的预算同时还需要确保资源的分配准确反映政策重点与优先性。

将中期预算估计（尤其是支出水平的估计）约束在与政策目标相适应（一致）的水平上。这是一个涉及众多参与者、彼此存在复杂互动、并且需要反复磨合的过程，而且这些工作的绝大部分需要在年度预算的准备阶段（提交立法机关批准之前）完成。

1.1.4　基线筹划

与年度预算体制不同，中期基础预算要求采用基线筹划（baseline projections）法，用以清楚地区分和仔细评估现行政策与新的政策提议的未来成本，在此基础上决定政策取舍、政策重点和优先性排序，以及确定适当的支出水平。"基线"被定义为：假如现行政策和活动继续下去，未来年度（后续）的支出或成本将是多少？在中期基础预算中，基线还是预算申请者与财政部门之间预算谈判的基础。

在中期基础预算下，如何确定适当的支出水平，对于支出申请者和支出审查者（通常由立法机关、财政部等核心部门负责）都是极为关键的问题。这不仅因为支出水平为所有预算申请者所高度关注，也不仅因为支出是财政政策工具中的关键变量，还因为在可得收入（收入预测）既定的前提下，支出水平大体上决定了赤字/盈余和债务水平。因此，支出估计是任何中期基础预算面对的核心问题。非常重要的一个特征是：中期基础预算要求以执行现行政策和活动需要的后续支出，也就是在假定不变更现行政策、也不出台新的政策与活动的前提下需要的支出，作为支出估计的基线（baseline），在此基础上考虑是否应该增加或削减支出。一般地讲，预算申请者总是试图申报超出实际需要的支出，而支出审查者则要努力控制支出。中期基础预算要求以基线作为裁决和解决冲突的基础。

基线法作为中期基础预算中极为重要和基本的预算策略，与当前我国各级政府和支出部门盛行的基数法是不可调和的。基数法本质上是一种年度基础上的边际（渐进式）变化。在制定预算过程中，基数法并不要求考虑以往年度的预算存量（基数），只是在认可这些基数的基础上作少量的增量调整。相反，基线法要求对执行现行政策和活动在预算年度所增加的支出进行仔细评估，还要求对新出台的政策或活动所增加的成本及成本有效性进行严格的分析和评估，并与可得的预算资源总量进行比较，据以决定是否应该出台新的政策，或停止执行某些现行政策，以确保财政政策的可持续性，以及将稀缺资源优先用于更具价值的政策和活动中。这种逻辑和效果是基数无法达到的。与当前的年度预算体制中盛行的基数法相比，清楚地区分现行政策（以及活动）和新政策，并对两类政策产生的未来财政效应作严格细致的分析，以此制定中期预算估计和准备年度预算，正是中期基础预算的一个显著特征，也是一个突出的优势。

1.1.5 绩效导向

严格意义上的中期基础预算还要求预算申请者单独报告（区别于执行新政策或活动的支出请求）后续支出，也就是假设继续现行政策和活动所形成的未来年度支出，应以预计这些支出可能产生的绩效（尤其是最终成果）来证明其合理性。此外，支出机构在预算执行结束后，还要提供关于财政成果（fiscal outcomes）的报告，并说明后续支出是否与所实现的财政成果（例如提高儿童识字率或降低婴儿死亡率）相协调。由此可知，中期基础预算不只是着眼于更好地促进公共支出管理的总量目标和配置目标，还与第三个关键目标——强化服务绩效——紧密相连。[①]

这种关联性表明，我国从年度基础向中期基础预算体制转轨的变革，可以与推动绩效导向管理（尤其是绩效评价和绩效预算）的变革有机地结合起来。两个方向的变革不是矛盾的而是互补的，因

---

① 公共支出管理涉及三类关键决策：总量控制、优先性配置和运营绩效。

为多数服务绩效目标需要在中期基础上才能实现。相反，年度预算因为预算"执行"的时间与支出绩效的"实现"与评估所需要的时间不匹配，不能为绩效导向（performance orientation）的管理方法提供有效的框架。

1.2 构成要素

中期基础预算包括的四个关键要素：预算的宏观经济框架（宏观经济筹划）、财政政策报告、中期支出框架（MTEF）以及与MTEF相衔接的年度预算（annual budget）。

1.2.1 预算的宏观经济框架

准备一份完整、可靠的宏观经济框架（Macro-Economy Framework）是任何良好预算过程的起点，也是制定财政政策和随后的中期支出框架MTEF的起点。这是因为，政府在财政年度可得的预算资源总量主要取决于宏观经济绩效及其变动（特别是经济增长率），而估计可得的资源总量是制定预算的前提条件（制定预算首先要了解"有多少钱可花"）。无论高估还是低估收入都会损害预算的合理性。预算必须在现实（既不高估也不低估）的基础上制定。另外，预算也是重要的宏观经济政策工具。财政政策的核心是预算政策，它与货币政策一道，对稳定经济或减缓经济波动（尤其是经济衰退）起着至关紧要的作用。因此，预算总量——收入、支出、赤字/盈余等的确定必须与宏观经济政策目标相一致。特别重要的是，政策制定者必须考虑未来年度的支出水平，是否足以确保政府的经济增长目标、通货膨胀目标和其他宏观经济目标的实现。更一般地讲，预算总量必须与所有的公共政策（包括教育、医疗等具体政策）目标相一致。

正因为预算与宏观经济之间存在重要和紧密的联系，宏观经济筹划（连同财政政策报告）应成为预算准备的起点和基础。如同预算限额一样，宏观经济筹划、财政政策报告应在预算准备过程的早期阶段（支出机构提出预算申请之前）即予公布，以使所有的预算申请者能够在制定预算时有所遵循、有所依托。在这些工作做得不到位时，预算制定和申请不可避免地会迷失方向，使预算成为一场争夺资金的游戏而不是促进政策目标的工具。

宏观经济筹划旨在解决预算制定面对的两个关键问题：（1）预测（收入、支出和其他财政总量）；（2）确立宏观经济目标并检验预算估计与这些目标间的一致性。相对而言，第二个方面更加重要。宏观经济筹划的目的是在预测的基础上，为制定宏观经济目标（尤其是产出、就业和物价目标），以及检验预算总量是否与这些目标相一致，建立一个一般性框架。如果两者不一致，要么需要调整政策目标值（例如把增长目标降低一个百分点），要么需要调整预算的总量水平，或者两者都做出调整。这是一个重要但需要反复"磨合"的过程，最终要求是确保预算在总量层面上与宏观经济政策目标保持一致。这里的关键问题是：对于诸如实现8%的经济增长目标，适当的财政支出、收入、赤字/盈余和债务水平是多少？这一水平的财政总量是否会突破政府预先宣布并承诺遵守的财政约束（例如欧盟规定赤字/GDP不超过3%）？

预测包括两个方面：经济预测和财政预测。经济预测旨在预测主要的宏观经济变量，例如经济增长率和就业率。财政预测的关键变量是收入和支出。赤字/盈余和总的债务也需要包括在财政预测中。无论经济预测还是财政预测，都是在一定的假设条件下做出的，包括经济预测假设（例如利率、通货膨胀和汇率）和财政预测假设（例如有效税率、工资增长率和人口死亡率或出生率）。作为预算文件的重要组成部分，中期基础预算要求中期宏观经济框架必须包括对预测假设的披露，以及这些假设的变动对预算变量的影响（财政效应）。通常情况下，收入、支出和其他预算预测变量对这些假设的变动相当敏感。披露这些假设及其变动的财政效应，有助于帮助评估所制定的 MTEF（中期支出框架）的合理性。

好的预算准备要求尽可能准确地预测收入（可持续的收入）、可持续的支出水平、赤字/盈余和债务水平。在任何情况下，收入预测应区分各个税种（以及其他单个非税收入项目）分别进行，因为不同的收入类别对宏观经济变量和预测假设的敏感度是不同的。在所有预算变量的预测中，最重要的是对可持续支出水平的预测。可持续的支出水平等于两个变量之和：可持续赤字与预计的可持续收入。其中，可持续赤字定义为债务比率（公共债务占 GDP 比率）在动态变化中是否收敛于某个可接受的固定值。如果债务比率持续增长，这种赤字就是不可持续的；进一步讲，债务比率取决于货币需要函数、可接受的通货膨胀、实际利率以及经济增长率（Sanjay Pradhan，p. 51，2000）。

应用经济计量模型有助于帮助决策部门进行宏观经济筹划，但未必一定要采用复杂的模型。采用复杂的模型技术有可能让人们产生误解：将宏观经济筹划的实际价值看做是"预测"而不是"磨合"（旨在促进预算与政策目标间的一致性）。在宏观经济筹划中，预测工作非常重要，但预测本身不是目的，目的在于建立适当的预算总量以与宏观经济目标保持一致。也就是确认所制定的预算是否满足政策目标（例如经济增长和就业目标）的要求。预算必须在预测的资源框架（收入预测）内制定，同时必须严格地以公共政策为导向。从某种意义讲，制定预算就是在资源可得性（供给）与满足政策目标（支出需求）间求得平衡的过程。这个目的并不要求采用复杂的模型。研究表明，简单的方法通常和复杂的方法一样精确甚至更精确（Roy T. Meyers，p. 25，2005）。

需要强调的是：在中期基础预算中，宏观经济框架应在预算准备的起始阶段准备和制定，以便为预算申请者编制预算提供指南。

同样重要的是：宏观经济框架的准备和修订应当作为一项经常性的工作，而不仅仅限于预算准备过程的起始阶段。由于宏观经济环境在任何时候都可能发生变动，宏观经济框架需要不断（一年若干次）修订。即使在预算执行阶段，这种修订也是必需的，否则，准确评估宏观经济波动对预算执行造成的影响，以及及时采取相应的措施就是不可能的。

在预算过程的各个阶段跟踪宏观经济波动，并评估这些波动对预算制定和执行的影响，本身就是宏观经济框架筹划工作的重要组成部分。在这里，及时获得可靠的信息非常重要。为此，无论是支出审查者还是支出申请者，都需要有能力收集和分析经济数据、监测经济走势，并及时跟踪法律法规的变动对收入、支出和其他财政变量的影响。

1.2.2 财政政策报告

中期基础预算的第二个关键要素是：在宏观经济筹划的基础上，准备一份清晰的财政政策报告，用以阐明：（1）政府所关注的范围广泛（并非限于宏观经济）的政策目标及其优先性；（2）当前财政政策对未来年度的影响（财政效应）；（3）中长期财政状况的可持续性（fiscal sustainability）。

预算的制定不仅要考虑资源框架，还要考虑如何最有效地促进政策目标，还必须考虑这样做是可持续的。这是因为，如果支出、赤字和债务过多以至于超出了政府在中长期的偿债能力，当前的财政政策（和其他政策）就是不可持续的，而财政政策的不可持续通常意味着需要改变当前的政策，否则，未来的公民将为当前的政策付出代价。

与年度预算体制相比，中期基础预算提供了一个评估和关注可持续性问题的更好框架。对于可持续性目标而言，一年的预算期实在过于短促,它无法为人们在预算中提供"1年以后将会如何"的答案。通常情况下,政府和各部门不仅要继续(绝大部分)现行政策和活动,而且具有出台和实施新政策与活动的强烈动机。无论何种情况,这些政策和活动都对未来年度——不仅是未来1年——的支出(以及收入和其他财政变量)造成重要的影响。完全满足这些政策需求可能需要大大增加支出,从而超过资源供给能力并最终破坏财政可持续性。因此,在预算过程中仔细评估继续现行政策或出台新政策的最低成本,评估这些成本是否处在可得资源的承受范围内,并在此基础上决定是否继续现行政策和出台新的政策,以及制定更好的政策(目标)优先性排序,对于确保财政可持续性至关紧要。

中期基础预算的巨大优势之一就在于此。这一体制有助于确保在编制、审查和批准政府预算时,将支出总额与税收总额、债务总额综合起来考虑。作为这一体制的关键要素之一,财政政策报告不仅清楚地表明政府打算促进的政策目标及其优先性,而且以基线筹划的方法来反映:(1)假如继续当前政策,那么最低成本(以预算支出衡量)是多少?(2)政府打算引入的新政策需要在未来年度增加多少开支?这一基线方法彻底改变了多年来流行于我国各级政府预算过程中的基数法。后者并不要求对新旧政策(以及活动)的成本及其有效性进行评估和分析,并在此基础上决定是否出台新政策或停止执行现行政策。因此,基数法严重加剧政策与预算的脱节,使预算过程更多地受收入驱动(driven by revenue)而不是政策驱动(driven by policy)。[①]

好的预算过程需要致力于促进公共支出管理的三个关键目标——首要的是总量控制和财政纪律。以此而言,在年度预算和中期框架内清楚地区分和评估新旧政策的成本与成本有效性(实现目标值得

---

① 由于不需要检讨继续现行政策或出台新政策的成本,基数法使预算过程具有"有多少收入就安排多少支出"的强烈倾向,即使在政策上不合需要(不具有重要性和紧迫性)的开支也是如此。

花这么多钱吗）极端重要。更一般地讲，财政政策报告书应对所有（无论是现行的还是新增加的）具有未来财政效应（fiscal effects）的政策和规划进行审查，以确定它们是否以及在何种程度上纳入预算。从建立财政纪律的角度看，在年度预算和中期基础预算上清楚地确认继续执行现行政策与规划（program）的成本，以及对新引入的政府规划进行严格的成本核算是十分重要的，它构成财政纪律的关键因素。

为此，预算文件中的财政政策报告书应包括一份税收政策和支出政策变动及其财政效应的报告书，阐明这些政策变动对未来财政收支和政策目标产生的影响。① 凡是可能，在财政政策报告书中关于财政可持续性的评估，应尽可能予以量化。目前许多国家已经编报基本的政策报告书。财政政策报告书应以对财政总额（预算总量）的中期预测为基础，它是准备中期支出框架（MTEF）的一个必要步骤。宏观经济筹划—政策报告书是准备中期预算框架的两个主要依据，它们应说明中期预算估计所遵循的财政约束，以及是否与这些约束相一致。

任何预算都是在给定（预测）的资源框架内制定的，用于促进政府目标的预算不能持续突破这一给定的框架，因为耗尽国库的预算行为将造成许多混乱，最终破坏财政可持续性。传统经济和公共财政理论一般假定政府总是从公众利益出发制定政策，但是，随着博弈论和公共选择理论的兴起，人们开始意识到各国政府并不总是忠实于公众。如果不对政府、政治家和公共官员的活动制定必要的约束机制，政府决策就不可避免地出现短期行为甚至寻租行为，从而影响社会的总体福利，并滋生腐败和官僚主义。因此，建立强有力的财政约束是任何健全的预算系统所绝对必需的：预算必须在适当的财政约束基准下制定，并且所制定的预算（收入、支出、赤字/盈余）总量不能突破政府预先设立、并承诺遵守的财政约束基准

---

① 一个好的样板是英国：预算文件中包括有对政府在未来年份中意欲采取的预算措施的报告，不仅有对新的预算措施及其估计的财政效应的表格，且有对每项预算措施作更详细说明的附件。

（例如欧盟为其成员国规定的3%的赤字比率和60%的债务比率）。

财政约束基准包括定性和定量基准两大类。定性约束的经典例子是所谓的"黄金法则"：政府举债（不包括期限一年内的短期债务）获得的资金只能用于投资（不得用于经常性支出）。定性约束的另一个经典例子是平衡约束：与许多国家一样，《中华人民共和国预算法》（以下简称《预算法》）要求地方预算必须保持年度平衡。[①]最近20多年来，越来越多的国家采用了定量约束——其典型形式是比率约束。除了欧盟为其成员国规定的两个著名的定量约束外，英国的定量约束是另一个常被援引的例子：1972年议会通过的国家债务法（The National Debt Act）以及1998年6月通过的EFSR法案确立了两项与债务相关的财政约束。(1) 黄金法则：在一个景气循环内，经常性预算应保持平衡或盈余，公共部门借款只能用于投资，不得用于经常性支出，亦即政府赤字规模应低于公共投资支出；(2) 永续投资法则：在一个景气循环内，公共部门举债净额占GDP比率应维持低于40%的审慎水准（方清风，2004）。

1.2.3 中期支出框架（MTEF）

作为一项财政政策和管理工具，多年期预算体制的成败在很大程度上依赖于发展可靠、准确的中期预算估计的能力，这一能力集中体现为依据宏观经济和财政政策筹划所制定的、与年度预算相衔接的MTEF上。在理想的情况下，所制定的中期预算估计不仅应反映宏观经济预测和政策目标的要求，也要满足财政约束基准的要求。本质上，宏观经济筹划和财政政策报告的准备，其出发点并非简单地控制财政收支、赤字和债务水平，而在于促进随后的中期支出框架（MTEF）达成"三重一致"：(1) 与预算年度的宏观经济框架（经济

---

① 《中华人民共和国预算法》（1994年3月22日第八届全国人民代表大会第二次会议通过）第28条规定：地方各级预算按照量入为出、收支平衡的原则编制，不列赤字。

与财政预测及预测假设）相一致；（2）与财政政策（与其他政策）目标相一致；（3）与财政约束（比如赤字相对于 GDP 的比率上限）相一致；同时确保预算过程参与者的行为，其综合结果不至于破坏这三重一致。从总量决策层面上看，是否达成这三重一致是衡量预算好坏和预算准备工作质量高低的显著标志。对于那些财政管理和预算系统不能有效发挥作用的国家而言，达成这三重一致无疑是必须妥善应对的重大挑战。

为促进三重一致，MTEF 必须依据宏观经济筹划、财政政策报告编制，并遵循相关的财政约束基准。除了给出中期各年度的支出总额估计数外，MTEF 还应按功能类别（functional category）和按经济分类（economy category）——如工资、其他商品与服务、转移支付、利息和资本支出——得出的支出总额估计数。

MTEF 的主要作用在于为政府和预算申请者建立跨年度的预算限额（核心是支出限额），包括总的限额和按经济与功能分类的部门支出限额（sector limits）。MTEF 的第一年（第一个预算年度），支出限额还必须按组织分类（organization category）分解为部门限额（sector limits）。这些限额在年度预算准备的早期阶段，即应连同预算的宏观经济框架、财政政策报告书一同公布，作为预算申请者制定预算必须面对的"硬约束"（资源框架）。预算申请者（支出部门）与财政部门的预算谈判必须安排在预算限额公布之前。预算限额一经公布即应确保严格遵守。预算申请者不能突破给定的预算限额，提出高于预算限额的预算申请。这种自上而下的预算程序对于确保预算过程的财政纪律和总量控制（公共支出管理的首要目标），以及促进公共支出管理的第二个关键目标（配置效率）极端重要，并且也有助于间接地促进运营绩效（支出管理的第三个关键目标）。就中国的实际情况而言，从年度向中期基础的预算体制的转轨，要求对现行"两上两下"的预算程序进行调整（参见第 3 章 3.2.4 和第 5 章 5.1.7）。

1.2.4 与 MTEF 衔接的年度预算

中期基础预算的第四个关键要素是与 MTEF 相衔接的年度预算。"相衔接"意味着在中期的第一年（下一财政年度），MTEF 的分类、范围和详细程度应与立法机关要求的年度预算保持一致。这种一致性清楚地表明：中期基础预算不是取代而是补充年度预算体制，只不过它要求将年度预算置于一个中期框架下加以准备和编制，以帮助我们从更长远的眼光审视政府预算、公共政策及其相互作用。研究表明，如果能够与一个中期基础预算相匹配，年度预算通常是成功的（IFAC，2001）。

以上简要描述了中期基础预算的四个基本要素。概括起来，这一体制的关键特征和编制要点包括（IMF，1998）：

（1）中期预算应根据中期宏观经济框架、财政（与经济）政策目标报告书以及正式的财政约束（如赤字相对于 GDP 比率）编制。

（2）1 份完整的中期宏观框架（经济和财政预测）。

（3）1 份财政（和经济）政策报告书。

（4）包含支出部门和支出机构在下一个预算年度以后 2~4 年的支出估计数，并需按功能（比如教育与卫生领域）和经济性质（比如资本性支出与经常性支出）分类。

（5）对各支出部门和支出机构的预算拨款数（限额）是"硬"预算约束（hard budgeting constraints）的。

（6）为避免产生问题，中期预算应是导向性的而非强制性的（并非一个法定的预算分配方案），不需要立法机关的表决批准，但中期预算的第一个年度必须与年度预算完全一致。

（7）中期预算由政府整体层面编制，但所有政府部门都应遵循中期预算为各部门确立的预算限额（在预算准备过程的早期即予公布）。

（8）中期预算框架的准备过程应与年度预算准备的过程相一致。①

1.3 运作程序与步骤

中期基础预算需要适当的运作程序才能有效运转。当年度预算体制的程序（中国目前的程序是"两上两下"）不能满足这一要求时，引入中期基础预算需要对其进行适当调整，但调整后应遵循与年度预算一致的程序。

1.3.1 与年度预算程序一致

预算程序因国家而异（许多国家的中央/联邦政府与州/地方政府采用不同的预算程序），并且是变化的。但无论是一国的预算程序是怎样的，都应有助于促进预算准备过程应致力达成的四个目标。②以此而言，无论一个国家是否引入了中期基础预算，良好的预算程序应包括六个步骤：准备预算的宏观经济与政策框架，制定和公布预算指南，支出部门编制预算，部门（尤指支出部门与财政部门）间协调，核心部门审议并形成预算草案，向立法机关呈递预算草案。如果一个国家的年度预算程序与此一致，那么这样的程序就满足中

---

① 虽然各国的预算准备过程各异，但通常应包括以下六个阶段：(1) 准备宏观经济框架；(2) 准备一份预算指示（circular），以便将支出限额通知各部门，并为各部门编制部门预算（sector budget）提供指导方针；(3) 申请预算的部门根据这些指导方针，准备和提出自己的预算申请；(4) 在支出部门与财政部之间进行预算谈判；(5) 由内阁或其他核心机构最终形成预算草案；(6) 向立法机关呈递预算。

② 这四个目标分别是：确保预算适合宏观经济政策和资源约束（收入预测）的要求，资源分配应遵循政府政策（多收多支"收入驱动预算"是不可取的），为良好的营运管理创造条件（要求以规划为单元申报与评估预算），以及对财政风险予以明确的考虑。

期基础预算的要求；否则，年度预算程序就需要进行调整。

■ 准备预算的宏观经济与政策框架

预算准备过程的起点是由核心部门（政府内阁、财政部等）为预算制定准备一份宏观经济框架，以及随后准备一份财政政策报告书。这项极为重要的基础工作应在支出部门提出预算申请（编制预算）之前完成。在中期基础预算中，宏观经济与政策筹划是准备的基础。MTEF 的主要作用在于给出中期和年度的预算限额——核心是支出限额。这些限额是预算申请者必须面对的"硬约束"，并且应在随后的预算指南中公布，作为支出部门编制预算的资源（可得性）框架。MTEF 应根据宏观经济预测以及继续现行政策在未来（中期）所需要的支出进行预测。在基于财政政策的预测时，首先需要将执行各项政策所对应的支出项目加以细化，列出清单，分项目进行预测。

MTEF 对于年度预算编制具有很强的约束力，但并不是不可调整的。事实上，在一些国家（例如澳大利亚）中，该框架中每年的支出估计数都依据政府的决定、经济状况的改变以及各项规划的修正而做出相应的调整。然而一旦调整完毕后，支出限额便成为编制年度预算时务必遵守的界限。许多国家（例如瑞典从 1996 年开始）将各预算年度的最高支出限额划分为若干个支出领域，并向地方政府递交一份开支最高限额的通知，最终由议会通过这一最高支出限额。在美国，国会在通过政府的预算时，按照功能把支出总额划分为大约 20 项支出限额。

■ 制定和公布预算指南（circular）

预算指南的目的在于将支出限额通知各部门，并为各部门编制部门预算（sector budget）提供指导方针。虽然在随后的部门间协调中需要适当的调整，但限额本身对于支出部门的预算申请是"硬"

约束的。强化总量控制和财政纪律（支出管理的第一个目标），以及促进预算资源的优先性配置（第二个目标），都要求建立硬约束。

预算指南应阐明预算申请者在制定预算时需要了解的各种问题，包括原则、指导方针甚至细节（例如所采用的预算分类、数据口径、会计基础和预算的范围等）。原则上，预算申请者所关注的与预算编制相关的各种问题，都应在预算指南（通常由财政部制定）中找到答案。这样的指南对于年度预算体制而言也是必需的，并且十分重要。良好的预算管理要求强化预算准备工作，特别是制定和公布一份详略得当的预算指南。在没有获得必要的、强有力的指导的情况下，支出部门不太可能制定高质量的预算，这将给后续的部门间协调（核心是支出部门与财政部门间的谈判），甚至预算执行带来很多麻烦。①

▍支出部门提出预算申请

申请预算的部门根据这些预算指南准备和提出自己的预算申请（budget proposals）。在此程序中，支出机构需要以绩效信息（尤其是成果说明）来阐明其预算申请的理由和适当性。尤其是在要求将绩效因素融入预算过程的体制中，以成果（以及其他绩效信息）证明其预算申请的合理性和适当性十分重要。更一般地讲，支出机构应制定一份中期财政战略报告，用以说明其职责、任务、目标（绩效）以及为实现这些目标打算采取的战略和行动。财政战略报告还要说明已经和打算实施的规划，以及实现规划目标需要克服的主要困难和关键措施。

---

① 一个好的范本是美国联邦政府的预算指南，即每年六七月份，OMB 将给每个机构发放的 A-11 通告（Circular No. A-11）。在美国的预算体系中，这份文件非常重要，它不仅包括表格，还包括预算制定的背景等重要内容。对于美国的预算编制部门，它相当于一本"圣经"，任何支出机构对预算有问题，必须到 A-11 通告中找原因，然后将意见反馈给 OMB。

目前多数发达国家要求支出机构提交财政战略报告。这样的报告不仅对于阐明支出机构预算申请的理由和适当性十分必要，对于随后的预算审查以及预算评估也是必不可少的。更重要的是，包含规划和绩效信息的财政战略报告不仅使预算过程与政策制定相联系，也与政策实施联结起来。如果将政府施政看做是将政策目标与公共承诺转化为实际行动的过程，那么好的预算制度必须具备"既顶天（上连政策）又立地（下连规划）"的特性，因为崇高的目标（预算初衷）只有与可操作的、具体的实施机制相联结时才是有意义的，因此，实施政策的能力（执行力）和制定好的政策的能力一样重要。据此，仅仅与政策选择（制定）相联结是不够的，预算还必须与政策实施相联系，而政策实施与规划（program）实际上是同义词（Richard Rose，1985）。

■ 部门间协调

预算编制实际上是财政部（以及立法机关、政府内阁和其他核心部门）之间互动的过程。无论是否引入中期基础预算，预算参与者的职责和角色必须恰当而清楚地予以界定。① 支出部门通常有强大的动机提出有利（过高）的预算申请，核心部门必须基于捍卫财政纪律和公共利益，有足够的意愿、能力和权威拒绝没有充分理由的预算申请，同时不失灵活性。

部门间协调的主要内容是在支出部门与财政部之间进行预算谈判，以确立双方都认可的适当的支出水平。未能解决的分歧应在随后提交给内阁会议裁决。中期体制的一个突出特征（和优势）是：

---

① 在预算过程中，政府核心（center of government）（总理、总统办公室等）主要负责协调政策制定，裁决在预算准备过程中出现的任何冲突；财政部为预算准备确立指导方针、审查预算申请，确保预算准备过程的协调以及预算同政策、预算同宏观经济目标之间的一致性；预算单位（支出部门和机构）负责根据政策导向和政府确定的财务限额，准备自己的部门规划和预算。

以基线（baseline）作为预算谈判的基础。基线筹划要求在假设没有新的政策变动——只是继续现行政策、规划、活动、条目（例如工资和利息）——的情况下，需要的后续支出（以及收入、赤字/盈余和债务）将是多少。支出部门通常有出台新政策和规划的强烈动机。财政部门必须有能力、并且要求支出部门仔细评估这些新的政策提议的合理性与可行性。三个关键概念之间的比较是判断的基准：可持续支出水平（预计的可持续收入加上可持续赤字），继续现行政策需要的支出（线下预算），以及假如采纳新政策所需要增加的支出（线上预算）。如果线下预算已经相当逼近了可持续支出水平，那么就需要在新旧政策之间做出取舍：停止执行某些现行政策以腾出资源支持新的政策，还是拒绝采纳（某些）新的政策提议。中期基础预算要求支出部门的预算申请清楚地区分这两个部分（线下与线上预算）。

部门间协调应尽力避免的一种策略是互投赞成票（投资交易）和政治分肥。这种策略使预算过程逃避了宝贵的竞争（基于事实、诚实和绩效来决定政策和支出项目间的取舍），它充斥于当代美国（和其他许多西方国家）的政治体制中。投票交易避免了在资源分配上的冲突，参与者把冲突降到了最低，因为一方都给了其他几方想要的利益。例如国会事实上倾向于同意所有的提案，这样所有的国会议员可以回到他们的选区对选民说他们为选民做了什么，而不是在哪一年授权谁改造河流和港口这样的问题上争吵不休（B. Guy Peters, p. 40, 2008）。

■ 核心部门审查后形成预算草案

在中期基础预算下，财政部门审查预算的两大要点是：（1）基线法，即预算申请是否清楚地区分了线下和线上部分，以及两者之和构成的总的支出水平是否过高（最终导致不可持续支出）；（2）预算文件中是否包含了相关的绩效信息，这些信息是否足以证明其预算申请的合理性和适当性。在任何情况下，财政部门都应坚定地捍卫总额财政纪律和预算限额，为此，法律应赋予财政部门足够的权威和资源来承担这一使命。经财政部审查和修订后的预算申请需要提交政府核心（内阁）批准，之后才可以提交立法机关审批。

■ 提交立法机关审批

年度预算是一个法定的资金分配方案，而在政治民主体制下，公共资金的获得（收入征集）、使用（公共支出）需要获得立法机关的明确授权，立法机关还需要追踪和监控实际的预算执行过程是否与授权相一致，以确保有能力对纳税人的钱进行政治上的控制。因此，年度预算一直是（而且必须是）一个法定的资金分配方案。这就是立法机关为何既要审查又要批准（投票表决）年度预算的原因。相比之下，中期基础预算中的预算文件，主要是预算的宏观经济与政策框架和据此制定的 MTEF，并不是一个法定的资金分配方案，因而只需要提交立法机关审查，但立法机关不需要投票表决。立法机关审查这些文件有助于判断年度预算的合理性，也有助于辩论和评估宏观经济与政策问题。

无论在年度还是中期基础预算下，提交立法机关的预算文件都应清楚地区分资本预算和经常性预算，尤其是在实施复式预算的国家（包括中国）。中期基础预算的一个重要优点在于它有助于连接资本预算和经常性预算（要求按经济分类制定预算估计）。没有这种连接和协调，预算信息的有用性就会大打折扣，并且经常导致对公共设施营运和维护支出的拨款不足（偏向新增投资）。经常性预算与资本预算分别编制和呈递（立法机关）是必要的，但这并不意味着两者需要由不同的部门负责编制。① 在这样的体制中，最容易产生的问题就是妨碍在预算准备过程中对两类预算进行仔细的权衡和比较，

---

① 多年来，中国的资本预算由国家发展与改革委员会负责编制，财政部只是将其汇总和合并到统一的预算中。

从而削弱预算过程的竞争性（资本项目和经常项目也需要基于绩效信息来竞争资源），结果，某些支出项目（多为资本投资）得到特别保护，而其他项目（多为基础设施维护和运营）则难以获得足够的预算资金。

1.3.2 替代的程序

当一国实际的预算程序与上述六个基本步骤构成的程序存在较大偏差时，特别是在其预算准备过程是自下而上（支出部门在预算限额颁布之前提出预算申请）启动时，引入中期基础预算要求依次将下述步骤构成的预算程序，在预算准备的早期阶段（支出部门编制预算前）"替换"原来程序中的步骤：

■ 准备预算的宏观经济框架

在宏观经济筹划的基础上，预测中期主要的经济变量和财政变量（尤其是收入和支出），包括所采用的预测假设。许多国家采用经济计量模型和其他技术方法帮助进行预测。预测工作通常由财政部组织进行，但其他部门甚至社会中介机构也会参与其中。预测本身不是目的，主要目的在于给出预算和政策所高度依赖的资源框架（资源可得性），以及确保预算估计（主要的财政变量水平）与宏观经济目标的协调性。

预算就其本质而言就是做决策：首先是总量决策——确定适当的支出、收入、赤字/盈余和债务水平，其次是配置决策（决定预算资源如何在各项竞争性用途之间的适当配置）和运营决策（如何以较少的投入实现意欲的产出，并最终促进成果和政策目标）。其中，总量决策的基本制约因素是宏观经济变量，包括未来年度的GDP及其增长率，以及目标通货膨胀。宏观经济筹划的质量取决于所做的预算估计，是否与政府需要促进的宏观经济目标相一致。比如：相对于政府确定的8%目标增长率和不高于4%的通货膨胀率，所确定的支出水平是足够的吗？

▍准备财政政策报告

预算估计不仅要基于宏观经济分析，还要基于财政政策（以及其他政策）筹划。财政部门和其他核心部门需要在基线筹划的基础上，仔细评估现行政策和新政策的未来财政效应，并且清楚地区分预算估计的这两个部分（线下与线上）。政策因素（决定支出需求）和宏观经济因素（决策预算资源供给）是制定预算估计的两个基本维度。这两个维度需要不断磨合，以最终形成合意的和较详细的MTEF。

▍准备 MTEF 和预算限额

MTEF 是包括按经济分类与功能分类在内的、较为正式的预算估计（核心是支出估计），它的主要作用在于为年度预算制定预算限额。

非常重要的是，财政部负责制定的支出限额需要考虑一系列因素，主要包括：(1) 宏观经济目标和财政（约束）目标；(2) 对支出部门现行规划的审查结果；(3) 假如继续执行当前规划需要的后续支出；(4) 关于预算科目间资金转移的规定；(5) 可分配给新政策的支出数量以及增加的公共服务需求。预算的宏观经济框架、财政政策报告和 MTEF（有时统称为预算的宏观经济框架）至少应包括按功能和（宽泛的）经济分类的支出总额的筹划，用以评估现状和确认新的政策要求，以及确认达到财政目标（fiscal objectives）所需要的约束。

■ 内阁会议审议

宏观经济框架、财政政策报告以及 MTEF 由财政部提交政府内阁会议讨论、审议和修订。会议应由政府内阁（总理或主持财政预算工作的副总理）主持。各部部长和立法机关代表或由其组成的支出审查委员会，应参与整个的讨论、审议和修订工作。在这一过程中财政部应根据内部会议的决议形成一份较详细的预算指南，确定预算申请的指导方针、原则和技术细节，以及必须遵循的预算限额。这一程序极端重要，它确立了预算制定所高度依赖的政策与资源框架。

■ 支出部门提出预算申请

接下来的过程便与（前述的）年度预算的后续程序完全一致。

1.3.3 自上而下启动预算准备过程

预算程序因国家而异，但都包括自上而下（从核心部门到预算单位）和自下而上（从预算单位到核心部门）两个程序。包括中国在内的许多国家，传统的预算准备过程是从自下而上开始的，这一程序的主要缺陷在于：支出机构（预算单位）的预算申请在早期阶段未能得到核心部门的有力指导，难以形成硬预算约束并导致过度的讨价还价。这种情形与中期体制的内在逻辑直接冲突。因此，多数引入中期基础预算的国家对传统程序进行改革，将自上而下和自下而上两种方法有机结合起来，但必须要求预算准备过程以自上而下的方法启动，而不是相反。

■ 自上而下法（top-down approach）

引入中期基础预算和实施强有力的支出控制都要求采用自上而下的预算程序。这一方法的三个要点是：(1) 为公共支出确定可得的资源总量；(2) 建立与政府政策优先性相适应的部门支出限额；(3) 向支出部门公布这些支出限额。鉴于基础工作不到位，我国现阶段旨在改进预算准备的基础性工作，最优先的事项应是建立全面的、具有硬约束力的部门支出限额（sectoral spending limits），并且在预算准备的早期（支出机构提出预算申请前）即予公布，作为支出机构申报预算预先给定的资源框架。另外，在估计预算的各个分量（收入、经常性支出与资本性支出、基金支出等）时，确保各分量间的协调十分重要，尤其是经常性支出和资本性支出。

自上而下的预算程序还要求在预算过程的起始阶段即由内阁制定公共政策，以此为各部门下一财政年度的预算设定支出框架（预算限额），并对新的支出需求施加有力的约束。这一程序也为立法机关更好地参与预算决策程序提供了广阔的空间。在推动引入中期基础预算的变革中，许多国家的立法机关参与了总量预算限额的确定，从而有助于强化对支出部门扩张支出的控制。这一程序也有助于促进预算资源从低价值领域转向高价值领域，激励各部门和支出机构建立自己的支出优先性排序以促进配置效率。

自上而下法的必要性在于：预算必须与政府（全面的公共政策）相协调，也就既要最大限度地满足实现政策目标的要求，又不能超越资源的供给能力，预算与政策之间这种磨合显然是政府高层（内阁和立法机关）需要关注的核心问题（财政部则在预算分析和形成支出提议过程中发挥关键作用）。从预算申请者角度看，制定预算要求一开始就获得关于资源可得性的清晰信息，否则，它们将难以有效地筹划需要开展的规划和活动，从而难以将政策意图转换为有效的实际行动。

自上而下方法的本质是通过强化核心部门在预算准备过程的作用，确保预算过程在一开始就能得到强有力的指导，以及避免过度讨价还价削弱财政纪律和预算约束（预算限额的作用正在于此）。在预算纪律松弛、政府部门间协调机制运作失灵的环境下，采用自上而下法尽早公布预算限额尤其必要。

■ 自下而上法（bottom-up approach）

自下而上法要求支出部门根据公布的预算限额和预算指南准备预算申请。正如一再强调的那样，中期基础预算要求预算申请以基线筹划为基础，将引入的新规划（或活动）需要的支出，假设继续现行规划的支出清楚地区分开来。新的规划的成本需要进行仔细的审查，避免任何可能的低估。不仅如此，支出部门在预算文件中清楚地阐明引入新规划的目的和适当性。即使如此，支出部门亦需要详细说明引入这些规划对未来年度预算造成的影响。财政部门在随后的审查中也需要仔细审查这些影响。此外，绩效导向的管理方法还要求支出部门提供部门政策报告（阐明部门政策及预期成果）、绩效报告（说明已经并打算实现的绩效指标）和财政战略报告（说明打算如何实现政策目标）。另外，要求支出部门在预算文件中提供如何更好地节约成本和提高效率的建议，以及为实施这些建议采取的措施，也是十分必要的。

由于支出部门包括了若干个层级（中国水利部有多达 7 个层级的预算单位），下属支出机构的预算准备工作需要获得上级的指导，并确保各个层级的预算申请满足相同的要求和标准。

自上而下与自下而上的方法并不是绝对的。预算决策的制定本质上是各个预算角色反复磨合的过程，好的预算程序要求预算申请者与核心部门之间、预算申请者之间以及核心部门之间的良性互动。具体的互动特征因国家而异，中期基础预算的共同点是要求每个国家都应按自上而下方法开始其预算程序。如果年度预算体制遵循的程序与此不符，那么，引入中期基础预算就要求预算程序的变革。

1.3.4 逐步磨合

中期基础预算的核心是中期支出框架（MTEF），主要用于在预算准备的早期阶段建立预算限额。从发达国家的预算实践看，MTEF是在预算准备过程中通过逐步磨合形成的。主要的磨合步骤依次包括：

■ 初步的支出估计

最初准备支出估计时，只是要求估计支出总量，以及至少按照经济分类和功能分类准备的部门（分量）估计。此时，预算的宏观经济框架通常尚未准备好，但这并不妨碍估算预算的线下（基线）部分：假设未来年度继续现行的规划（programs）或支出项目，那么需要的后续支出（成本）将是多少？这是站在"现在"的起点上筹划支出估计，尚未开始估算线上部分，即假如采用新的规划将需要多少支出。此时的概念是"支出估计"，而不是MTEF。两者的不同在于：MTEF必须基于预算的宏观经济（与政策）筹划构造，并且与年度预算的准备相衔接，还要求只包括那些已经有了确定资金来源的规划。

■ 初步的 MTEF

此阶段的主要工作是：将初步的支出估计与预算的宏观经济框架，以及在准备年度预算过程中确认采用的新政策结合起来（确保一致）。因此，所有预算变量的估计，包括支出估计和其他预算（收入、赤字/盈余与债务）估计值，都应与宏观经济预测与政策筹划相一致，总量估计和按功能分类、经济分类的估计都应如此。很清楚，此阶段所做的 MTEF 集中关注的是"现行政策"（规划），以及预算准备阶段确定需要纳入年度预算的"新政策"。应注意的是，MTEF 中的各个财政变量期望的目标值——财政目标，不仅应与预算经济预测值相一致，还要与政策筹划（取舍、目标与优先性排序）相一致，以及与政府承诺遵守的财政约束基准（例如欧盟要求其成员国的赤字比率不高于 3%、债务比率不高于 60%）相一致。这个"三重一致"的程度是衡量中期基础预算能否有效运转的关键标志（前提是确保得到严格执行）。

■ 正式和详细的 MTEF

此阶段的 MTEF 无论其范围还是详细程度（分类要求），应与年度预算保持完全一致，但其时间框架应扩展到中期（预算年度之后 3~5 年）。在那些尚未引进中期基础预算，并且预算管理能力明显不足的国家而言，一开始就试图建立正式、全面和详细的 MTEF 并确保其顺利实施，注定会遇到种种难以克服的困难，因此风险很高。在这种情况下，一开始时应该选择某些数额大、时间跨度较长的关键性支出类别，例如资本性支出（多为发展中国家）或养老金保障等公民权益性支出（多为发达国家）来启动中期基础预算的运作，积累经验后再逐步扩展为全面的中期体制。[①]

1.4 中期基础预算兴起的背景

20 世纪 60~70 年代，为了应对持续低增长的经济状况和不断恶化的财政绩效，OECD 国家纷纷进行了广泛的以预算改革为核心的财

---

① 这一方法通常称为部门支出规划（Sector Expenditure Program, SEP）。

政改革，以弥补年度预算在反映收支变动、控制支出增长、调整支出结构、协调收支关系以及贯彻财政经济政策等方面的功能缺陷。其中非常引人注目的一项就是引入中期预算。从 70 年代末和 80 年代初期开始，中期基础预算先后在许多 OECD 国家实施。经过 80 年代和 90 年代的努力，目前，中期基础预算在 OECD 成员国中已经普遍制度化——尽管每个国家的具体做法各不相同。比如，在一些国家，中期基础预算概算是年度预算形成的一个重要部分，并且是支出管理的一个重要手段，而在另一些国家，中期基础预算只为政策决策提供背景信息。需要指出的是，很多发展中国家和经济转轨国家也开始引进中期预算，比如韩国和中国香港等国家和地区。特别是在世界银行和国际货币基金组织的帮助下，非洲九个国家通过中期支出框架（MTEF）将政策、规划和预算联结起来的改革努力也取得了较为明显的效果。

1.4.1 传统预算的弊端与发达国家的早期改革

从 19 世纪诞生直至 20 世纪 50 年代以前的 100 多年历史中，西方国家的政府预算一直沿用投入导向的（input-oriented）预算模式。在这种模式下，预算的申报、审批与对执行过程的监控均以"投入"为核心展开；资源申请者只要呈报所需投入的数量和用途，就可以从预算系统中提取资源，至于使用这些资源取得了什么结果，并不是需要特别关注的问题。这种传统的投入预算主要优点在于便于进行支出控制——由于明确规定了投入（支出）的用途，对支出实施监管较为便利，同时有利于与过去年度进行比较。但是，与这些优点相比，投入预算的弱点更加突出。

（1）投入预算模式侧重于投入（数量）—价格（支出标准）—数量（金额）关系的有效性，不能准确说明支出的合理性和正当性。

（2）按照投入预算模式的内在逻辑，预算申请者即便对公共资源的使用并未产生有意义的结果，照样可以进入"预算池子"抽取资源，而且抽取的数量不受资源使用结果的影响——投入预算忽视了财政资源使用的结果。

（3）投入预算需要遵循详细的事前控制和严格的拨款规则，包括限制（甚至禁止）在各支出项目间的资源转移。这使得实践中的投入预算成为一个十分复杂和难以管理的系统，决策者和管理者都不得不花大量的时间、精力和资源应付琐碎而大量的投入控制问题。

（4）在投入预算模式下，中央控制者在投入管理方面的过度集权，使得各支出机构对于预算资金的运作和管理缺乏必要的自主性和灵活性。

（5）在投入预算模式下，资源使用者只需对投入的取得和使用负责，而不必对资源使用的结果负责。与此相适应，预算系统并不对预算资源的使用所产生的结果——核心是产出（output）和成果（outcome）——进行计量和评估，也不把计量和评估的结果同各支出部门与机构预算（资源）申请联系起来。这导致了纳税人和政府间受托责任的狭隘性。

由于投入预算所具有的内在弱点，随着时间的推移，要求预算与某种结果导向的绩效标尺相联系的呼声日益高涨，并最终引发了始于20世纪50年代的预算改革。

在20世纪50年代至70年代，许多发达国家和部分发展中国家对其预算管理系统实施了重大改革。对传统投入预算模式的局限性进行的反思，促使这些国家寻找补救办法——将结果导向的绩效概念引入预算与公共管理中。作为早期预算管理改革的先锋，美国于1949年采纳了胡佛委员会关于"联邦政府全部预算应更新为以功能、活动和规划为依据的预算"这一建议，这种类型的预算被普遍认定为"规划预算"——当时也称为"绩效预算"，在整个20世纪50年代盛极一时。鉴于这一阶段的改革并不成功，60年代和70年代又分别推动了名为"计划—规划—预算系统"（PPBS）和"零基预算"的改革。

由于种种原因,早期的这些改革努力被认为失败了(或者至少没有取得成功)。但是,这些改革努力所引入的跨年度(中期)视角,比如要求支出机构在 3~5 年的时间框架内管理规划和报告绩效,已使中期预算的程序和内容逐渐浮现。只是由于种种原因,其作用未得以充分发挥。直到 20 世纪 70 年代及 80 年代初期,由于经济业绩恶化(部分原因是石油价格冲击),那些长期奉行凯恩斯主义财政政策的国家,普遍出现了与恶化的经济业绩相伴随的恶化的财政业绩:赤字居高不下,公共财政膨胀,使财政扩张成为导致宏观经济失衡的原因而不再是解决失衡问题的药方。正是在这样的大背景下,越来越多的国家开始引入正式的中期基础预算,作为改进财政绩效以及促进其他更为广泛的目标的工具。

1.4.2 对财政状况持续恶化的反思

经济和财政绩效持续恶化的状况引起了公众强烈的不满:政府花费纳税人的钱财越来越多,公共支出、赤字和债务日益膨胀,政府越来越臃肿。公众不满情绪的背后是对财政管理改革的殷切期待。但是,面对公众日益强烈的服务需求,政府的反应却常常不能让人满意。这使人们不得不对传统的公共财政管理模式进行反思。反思的结果是:传统公共财政管理模式的制度性特征才是问题的根源,这些制度性特征导致预算过程的参与者具有强烈的"向上偏见"(upward bias):

(1) 公共服务的生产市场不发达,使得公共部门成为公共服务供应的垄断者和不断要求增加公共开支的痴迷者。

(2) 缺乏有效的控制市场(control markets),使公共部门的服务供应不受市场基础的监督(market-based monitoring)和压力。

(3) 公共组织(政府/政府机构)目标复杂、不连贯且模糊不清,导致无法做出那些旨在将资源配置于最有价值用途的决策,政府会计核算的不清晰加剧了制定和实施最优决策的困难。

（4）支出机构在公共资金管理和使用方面被赋予的权限过小，虽然它们比高层控制者与决策者拥有决策与管理所需要的更为全面的信息。

（5）相对于较低级别决策而言，信息的不对称使得较高层级别的决策产生了严重的劣势。

对问题根源的清醒认识进一步增加了公众对财政管理改革的期待和政府推动财政改革的决心，加之经济和财政压力的持续增加——在这种情况下，以新西兰、澳大利亚和英国为代表的OECD国家发起了新一轮的政府预算改革，并逐渐形成一种共识：预算程序和预算制度的结构影响预算结果。在一系列改变"游戏规则"的举措中，转向中期预算是非常重要的一个方面。

1.4.3 对财政可持续性的关注

在经济持续低增长和财政绩效不断恶化的双重压力下，OECD国家传统的预算理念对于"年度性"的强调弊端日益显现：年度预算将关注的问题放在过短的时间内，限制了政府对未来更为长远的考虑，使政府忽略了潜在的财政风险；财政政策的可持续性丧失，导致政府承诺的可信度逐渐下降。降低潜在的财政风险和提高政府承诺的可信度，要求政府在制定财政政策时，必须关注可持续性问题，并对财政政策做出清楚的阐述。在这种情况下，OECD国家对于中长期财政规划的需求日益强烈。

这是因为，制定中长期财政战略和预算目标具有一个突出的优点：将政府决策的注意力导向当前政策的长期可持续性，以减少长期的财政风险和增强政府财政承诺的可信度。中长期预算的基本目的在于建立中期财政约束基准。在形成和决定预算政策过程中，中长期预算框架可在年度预算过程一开始就起到约束公共支出需求的作用，因为它向政治家、利益集团、官僚以及公共资金的其他申请人清楚地表明了支出限额，以此限制支出需求。中长期预算通常并不对政府的意图进行详细的定性描述，但它至少表明了未来若干年度中政府的财政趋势（fiscal trends）或者政府打算前进的方向，从而有助于公众和其他利害关系者对政府财政承诺的可信度做出判断。

认识到中长期财政规划的这些优点，20世纪80年代以来，OECD成员国都逐渐采用3~5年甚至更长时间的中期预算框架，以弥补年度预算的不足。这种框架并不是一个法定的多年期预算资金分配方案，其作用只是在于为未来若干年提供一个支出导向或目标。

在欧盟，《马斯特里赫特条约》（The Maastricht Treaty，以下简称《马约》）为欧盟各国确立了总体中期财政目标。目前，绝大多数欧盟成员国把《马约》的标准作为其主要的总体财政目标。OECD成员国的综合财政目标（global targets）包括三类：（1）比率，通常表述为相对于GDP的某个百分比，包括预算差额、收入或支出、公共债务或政府借款等相对于GDP的百分比；（2）收入或支出的变动（升降）比率；（3）目标变量的名义或实际绝对值。比如，未来的支出或赤字水平。同时，《马约》及《稳定与增长公约》（The Stability and Growth Pact）也规定了许多有关中期财政报告方面的要求。自1993年以来，欧盟成员国已经有义务定期公布其"中期趋同规划"（medium term convergence programs），该规划由欧盟理事会进行详细审查。此外，欧洲货币联盟（EMU）成员有义务每年呈递一份"稳定规划"，这一规划包括如下内容：至少三个年度内政府赤字和债务的中期预测，计算赤字和债务的主要假设，并阐述正在采取或者未来拟采取的用于实现既定目标的预算措施。其中，对于重大预算措施，需要提供一份评估报告，用以量化这些预算措施对预算状况产生的影响。各成员国还必须对有关改革措施如何影响预算和债务状况进行敏感度分析（sensitivity analyses）。

多数欧盟区外的OECD成员国也公布了中期财政战略规划（medium fiscal strategy programs）。例如，新西兰的《年度财政战略报告》

(Annual Fiscal Strategy Report)、澳大利亚的《财政战略报告书》(Fiscal Strategy Statement),以及美国的《经济与预算展望》(Economic and Budget Outlook)。这些规划包含着与上述"稳定规划"相同或类似的信息。当然也有些国家并不喜欢公布中期财政目标。此外,大多数OECD成员国都向社会公众公布与当前年度和未来年度预算有关的各种资料,如预算前报告(pre-budget reports)、编制预算时的财务报表、在年度内对财政数据进行更新等等。

相对于中期财政规划而言,长期性的预算预测目前尚未普及,也不如中期计划与预测那样制度化。美国、澳大利亚、新西兰和丹麦开展了长达30~40年的长期预测,其主要目的是为了纳入人口因素变化对预算产生的影响——因为目前为止,人口老龄化是对政府面临的支出倾向影响最大的因素之一。鉴于对未来长期经济活动的预测具有很高的不确定性,因此,长期预算预测主要倾向于指向性(indicative),而不是预测性(predictive)。包括美国、挪威和新西兰在内的一些国家还编制长期预算,评估当前政策对未来产生的影响,以及当前政策对个人之间成本和收益分配的影响。

1.4.4 自上而下的预算改革

在20世纪50、60年代凯恩斯经济学黄金时期,世界主要工业国家经济皆呈现持续成长现象,特别是OECD国家。到了20世纪70年代,面对石油危机所带来的滞胀问题,各国政府在税收短收而支出成本增加的情况下,大多面临财政困难问题,开始出现连续多年的预算赤字。为了应对上述严重的财政困难,许多OECD国家对政府预算过程进行了重大的变革,新的预算游戏规则出现了。反映在预算制度上,就是重视由上而下(top-down)的预算决策,以及控制支出成长的各项财政规范(fiscal norms),力求平衡财政。同时,这一时期风起云涌的政府再造运动促使各国纷纷采纳新绩效基础预算

(new performance-based budgeting），以提升政府支出效率，以使政府施政更能反映民意。

经过20世纪60年代的计划规划预算（PPB）与70年代的零基预算（ZBB）改革后，80年代开始出现利用宏观预算（macro budgeting）目标及财政规范来限制预算需求的做法，这是由此前的微观预算（micro budgeting）转换而来。微观预算是指支出机构的预算、计划与规划按由下而上的方法编制，宏观预算是将支出、收入与赤字总量，以及预算资源的战略分配按照自上而下的方法做出决策。最近20多年来，多数发达国家出现了预算程序自上而下开启的趋势，形成自上而下预算（top-down budgeting），预算过程更集权化，预算政策和预算限额预先设定，改变了此前流行的自下而上预算（bottom-up budgeting）模式，中期基础预算在此背景下逐步形成和发展起来，最初的主要目标是削减赤字，控制公共支出，稍后扩展到以此作为促进更广泛的公共管理目标的工具，包括在预算限额约束下的战略优先配置，管理财政风险，以及在某种程度上与机构和规划层面的运营绩效相连。

【注释】

[1] Salvatore Schiavo-Campo and Daniel Tommasi, Management Government. Expenditure. Asian Development Bank, 1999.

[2] 桑贾伊·普拉丹（Sanjay Pradhan）：《公共支出分析》，中国财政经济出版社2000年版。

[3] 罗伊·T. 梅耶斯（Roy T. Meyers）等著，苟燕楠、董静译：《公共预算经典（第一卷）——面向绩效的新发展》，上海财经大学出版社2005年版。

[4] 方清风："英国的财政纪律与预算政策"，载《财税研究》，2004年第5期。

[5] IFAC: Governance in the Public Sector: A Governing Body Perspective, International Public Sector Study, August 2001. Study 13, Issued by The International Federation of Accountants, International Federation of Accountants. 535 Fifth. Avenue, 26th Floor New York, New York 10017, United States of America.

［6］ The Fiscal Affairs Department of IMF (1998): Manual of Fiscal Transparency, Box. 9. This manual can be accessed through web of http：//www.imf.org.

［7］ Richard Rose, The Program Approach to the Growth of Government, British. Journal of Political Science15 (1985): 1-28.

［8］ 盖依·彼得斯（B. Guy Peters）著，顾丽梅、姚建华等译：《美国的公共政策——承诺与执行》（第六版），复旦大学出版社 2008 年版。

第2章

中期基础预算：国外实践与经验教训

中期基础预算具有坚实的理论基础，在实践中也被越来越多的国家采用。20世纪80年代以来，在新公共管理（NPM）运动的推动下，基于善治（good governance）的理念和强化公共支出管理的愿望，发达国家纷纷对其财政预算制度（包括政府会计）进行改革，在此过程中出现了三个明显的一般化趋势：（1）将绩效导向方法（包括绩效评价和绩效预算）引入公共管理和预算过程，强调预算不仅应与投入相联系，更应与结果（results）和成果（outcome）相联系；（2）向支出机构下放管理自主权，赋予其在给定的资源约束下决定资源使用和组合的灵活性；（3）引入中期财政预算体制，将年度预算的准备和制定置于中期支出框架（MTEF）之下。在这三个相互关联的趋势中，引入中期预算体制的变革就其影响和重要性而言，一点也不亚于前两个方面的变革，尽管在我国国内相对而言较少受到关注。目前在发达国家中，在MTEF下准备年度预算的做法已经普遍制度化了。除了德国（1967~1969年）、新西兰（1994年）、瑞典（1996年）、法国（2001年）、西班牙（2003年）、美国、韩国等所有OECD国家外，包括加纳、几内亚、肯尼亚、马拉维、莫桑比克、卢旺达、南非、坦桑尼亚和乌干达等在内的至少九个非洲国家和其他部分发展中国家也引入了中期预算体制。从发展趋势看，引入中期预算体制的国家还将继续增加。总体而言，中期基础预算的积极作用得到了广泛认可，但其进展和效果因国家而异，经验和教训共存。在考虑和实施这项改革时，中国需要充分借鉴其他国家的经验，同时吸取其教训。

2.1 OECD 的中期基础预算

经过多年的实践与探索，OECD 中期基础预算已经制度化，但具体做法在各国之间存在明显差异。多数国家引入全面和正式（包括MTEF）的中期基础预算，有些国家（美国联邦政府较典型）只是在较低的程度上采用。

2.1.1 概况

20 世纪 70 年代，英国、澳大利亚、加拿大等国家开始了中期基础预算的早期实践。但当时主要被当做确定新规划以及在未来预算中分配资源的工具来使用，由于实施中遇到的种种问题，其并未取得预期的效果。① 当时，英国的中期基础预算是按真实变量准备的，而不是按名义变量准备的。当经济增长率下降而通货膨胀率迅速上升时，支出预测自动得到调整，这进一步给财政带来压力。加拿大在20 世纪 80 年代早期开始采纳的"政策与支出管理系统"（the Policy

---

① 其中的两个主要问题是：高估经济增长情况的倾向和高估预测期可获得资源的倾向；支出机构将中期支出预测视为其未来权利的倾向，这使得随后的向下调整支出很困难。即使基本的经济假设明显过于乐观，或者政策优先性已经发生变化，向下调整支出仍然非常困难。

and Expenditure Management System：PEMS)，包括准备为期5年的滚动的财政规划，也未取得成功，原因之一是支出部门把中期基础预算当作增加未来开支的机制。其他国家也在不同程度上遇到了多少类似的问题，包括：缺乏强有力的财政纪律（过度的讨价还价），支出部门只是将中期基础预算当作增加未来支出的机会和工具，以及技术和方法上的缺陷。

从20世纪80年代中期开始，考虑到之前遇到的问题和控制支出水平的需要，很多OECD成员国开始重新定位中期基础预算：从最初只是作为一个确定新规划的工具，转向作为支出控制和在硬预算约束下分配预算资源的工具。其中最引人注目的一项措施是：为了对未来年度的支出提供强有力的约束机制，许多国家要求预算估计和预测必须建立在政策不变的基础上，也就是说仅仅估计继续现行政策与规划的未来成本。基数筹划（baseline projections）自此应运而生，它为评估现行政策的中期财政影响提供了一个有用的起点，并且为支出部门和机构提供了强烈的背景性信息：现行规划已经在预算中覆盖了所有未来的资源，采纳任何新的支出项目都没有资金余地。

各个国家的中期基础预算存在较大的差异。多数国家是按照3年或5年制定"中期"规划，但加拿大采用的是两年期的财政计划（取代了以前的中期计划），主要是考虑到关注比较短期的做法对财政稳定性更适当。英国则是采用3年期的时间框架，但每两年审查一次。不过，绝大多数国家按年度"滚动"编制和审查。

除了单个国家采纳中期基础预算外，一些重要的国际组织——典型的如欧盟——也广泛采纳这一体制。欧盟作为一个整体，从1988年开始，除每年编制共同财政预算外，还定期提出一份跨年度的中期共同财政预算方案，主要由4部分组成：农业补贴（约占45%)、地区发展基金（约占33%)、行政开支（约占6%）和其余部分（包括用于对外援助、教育、科研和基础设施等开支）。欧盟财政预算主要由各成员国以缴纳财政支持费的方式按比例分摊。按照有关规定，欧盟共同财政方案必须得到欧盟成员国和欧洲议会的批准。但由于预算问题直接触及各成员国利益，因此争论一直相当激烈。

1993年以来，欧盟成员国已经有义务定期公布其"中期趋同规划"（medium-term convergence programs），该规划由欧盟理事会进行详细审查。此外，欧洲货币联盟（EMU）成员有义务每年呈递一份"稳定规划"，该规划包含了至少覆盖未来3年的政府赤字和债务筹划及其所基于的主要假设，并阐述未来拟采取的用以促进预定目标的预算措施。在所提出的主要预算措施中，需要提供一份评估报告，用以量化这些预算措施对预算状况产生的影响。最后，还需要对主要假设的变动如何影响预算和债务状况做敏感性分析（sensitivity analyses）。《马斯特里赫特条约》和《稳定与增长公约》（The Stability and Growth Pact）中包含了许多中期财政报告方面的要求，特别是要求披露成员国的稳定规划是否突破财政约束基准（包括不高于3%的赤字比率和不高于60%的债务比率）。在面临可能的突破时，理事会可以就此向其成员国提出建议，以便采取正确行动，避免同中期预算目标或朝向这一目标的调整路径产生偏离。

目前多数欧盟区以外的 OECD 成员国也公布中期财政战略规划（medium-fiscal strategy programs），这些规划包含着与稳定规划相同的信息。新西兰的《年度财政战略报告》（Annual Fiscal Strategy Report），澳大利亚的《财政战略报告书》（Fiscal Strategy Statement），以及美国的《经济与预算展望》（Economic and Budget Outlook），都是这方面的例子。20世纪80年代开始，新西兰即着手进行了一系列重要的预算改革，其中最重要的改革是1989年颁布实施的《公共财政法案》和1994年的《财政责任法案》，二者构成了新西兰当前中期基础预算的基本制度框架。该框架最重要的目标是通过中期基础预算来促进预算过程的透明度和受托责任，加强政府的财政纪律。与许多国家一样，新西兰的中期基础预算发挥了重要预警机制的功能，帮助政府提前发现与财政战略目标相背离的政府政策，这些战略目标包括削减财政赤字、降低公共债务水平和缩减公共部门规模等。

除了采用正式的中期基础预算方法外,许多发达国家还一并采用更长期的方法评估当前政策的未来财政影响。其中常用的方法之一是代际会计(generation accounting)技术。该方法的要点是:在当前的税收与支出政策下,计算数代人的终生净纳税(纳税额减去收受利益)现值。一代人被界定为出生于同一年的所有男性与女性(由于税收与受益有别而分别予以考虑)。代际会计有苛刻的数据要求,而结果的可信度在很大程度上取决许多被简化的假设。它通常被当作分析可持续性与代际分配问题的一项附属技术。

与或有负债的计量(Christopher M. Tower, 1993)、环境会计(environmental accounting)和其他工具一样,代际会计着眼于通过评估当前政府政策对政府净值(净值是政府资产与负债的差额)的影响,来评估当前政策的长期后果。根据增长率、人口统计学假设和某个特定的贴现率,代际会计技术可被用于核算长期内公共消费、税收、债务以及世代间财富转移(如养老金)的价值。它在承担相关交易的那代人的基础上,通过加上收入减去政府预期由寿命期内该代人承担的付款之现值,并考虑政府岁入和费用。作为描述政府预算影响代际分配,以及由当前和未来预算政策给未来几代人施加的负担的分析工具,代际会计可为预算如何影响国家储蓄、投资、利率和增长提供重要的信息。为此,这一方法要求界定出生在同一年份的人,并区分男性与女性两个组别,代际差异由其税款支付和支出受益加以界定(Buiter, Willem H. 1996)。

代际会计的开发者最初把它当作评估政府岁入和支出未来影响的一个替代性工具,主要目的在于弥补传统方法(年度预算)的缺陷,这一方法仅仅关注非常短期的问题,进而导致对财政政策的偏见,并且不会考虑到政府政策的未来含义。人们认为,在传统方法核算政府岁入与支出的概念性框架不再存在,而且分类是武断的并且经常被政治原因所驱动。代际会计方法被用于预算流量间的平衡,以避免对未来几代人增加额外负担。

当前已经有许多国家进行采用代际会计技术。美国是第一个使用代际会计 OECD 国家，它在 1996 年财政年度中首次在预算中列出了这类账户。一些 OECD 国家随后仿效，包括德国、意大利、新西兰、挪威、瑞典以及最近的荷兰。一般认为，由 IMF 和 OECD 进行的关于政府预算如何影响代际分配以及储蓄问题的研究，具有一些潜在的缺陷，因此在使用和解释时需要高度谨慎。在缺乏对政府经常性支出类别的规划（program）的代际含义予以清晰考虑的情况下，使用此类生命周期模型可能产生误导。正因为如此，代际会计只适合于作为描述政府政策趋势的一个分析性工具（Hagenmann R., C. John, 1995）。

必须强调的是，代际会计是在许多方面是非常前沿的分析方法，有些国家继续在努力改进中。例如新西兰除了将卫生保险支出外，还将教育支出纳入代际账户中（Salvatore Schiavo-Campo and Daniel Tommasi, 1999）。但无论怎样改进，代际会计方法都不能代替（只是补充）中期基础预算。与后者相比，对于评估政府政策的未来影响和财政可持续性而言，中期基础预算是一个更正式、更制度化也更有用的工具。

迄今为止，长期性的预算预测在 OECD 成员国中尚未普及，也不如中期计划与预测那样制度化。但由于开发了代际会计技术和其他工具，美国、澳大利亚、新西兰以及丹麦等国家在长期预算预测方面已经走得很远，它们编制覆盖 30~40 年的长期计划与预测，主要用来捕捉未来的人口变动趋势对预算的影响，其中人口年龄因素是迄今为止影响政府未来开支的最大因素。鉴于对未来经济活动的筹划具有很高的不确定性。长期预算预测倾向于指向性（indicative）而不是预见性（predictive），这是与中期基础预算最显著的差异之一。

在引入中期基础预算体制过程中，发达国家普遍改革了传统的预算程序，主要是在不同程度上采取了自上而下的支出控制措施，包括为各支出部门（提出正式的预算申请之前）建立较高级别的预算限额和支出削减目标，这些措施促进了预算资源从较低优先级转向较高优先级的用途，也有助于激励支出部门建立自己的支出优先性排序。

目前加拿大、瑞士、爱尔兰、荷兰、芬兰以及英国已经采纳了自上而下的预算程序。斯堪的纳维亚国家尤其典型：在预算过程的起始阶段即由内阁制定公共政策，以此为各部门下一财政年度的预算设定支出框架，并对新的支出需求产生了强有力的约束作用。法国也遵循这一新型的预算程序，它以部门会议的形式为各部门确立各个项目的预算。自上而下的程序要求在预算准备的早期阶段即公布具有可信度的预算限额，预算申请者得以认真考虑减少自己负责实施的效益低下的现有规划数目，这反过来为新规划的引入开辟了道路。①

与此同时，财政部（以及美国的预算与管理办公室）的作用也发生了显著变化。具体地讲，管理预算过程仍然是财政部的中心工作，但是，发挥这一作用的方式方法却与传统的做法大相径庭，主要表现在以下三个方面：

■ 中期预测

具体做法上各国有异，有些国家（比如澳大利亚）由财政部自身从事这项工作，也有不少国家只是由财政部牵头负责，具体预测工作由各部门分工进行。在后一种情况下，财政部通常会提供主要经济数据，指导预测工作，包括如何采集预测数据。

■ 管理战略性政策选择

预算决策的三个层次依次是总量决策（确定适当的财政收入、

---

① 在发展新的预算决策程序方面，立法机关也参与进来。许多国家的立法机关参与了总量预算限额的确定，这使承诺在行政层次上更加具有可信度，并且有助于抑制各支出部门寻求增加开支的企图。

支出和其他财政总量水平)，配置决策（基于政府战略优先性和政策重点在各部门间或规划间配置预算资源），以及运营决策（如何以较少的投入获得较多的产出并支持政策成果）。与配置决策相对应的工作是管理战略性政策选择。在采用中期基础预算的国家中，总量决策通常由政府高层内部运作完成，战略性政策选择的管理大多通过财政部与支出部门的互动过程完成。财政部的角色不再是单纯地制定支出政策，而是约束各部门在总的支出限额内，对支出部门在本部门层次上的支出政策排序、取舍提供强有力指导，包括为各部门提出新的政策建议和评估现行政策制定方针和操作程序。

■ 从控制到监管和提供信息

传统上，财政部在预算执行的作用主要是控制（确保公款被用于指定的目的并符合预算的初衷）。改革后，财政部的这一角色仍然保留，但强化了对预算执行过程的监管，以及为各部门旨在改进资源配置和提高资金使用效益的努力提供信息。此外，在改进预算编制方法和政府会计系统，修改预算报告内容使其与绩效导向管理更好兼容，以及确保定期公布财政预算信息方面，财政部的作用也大大加强了。

2.1.2 英国

英国的中期基础预算历来为人称道，无论就其形式（规范性）还是效果而言，在发达国家中堪称典范。早在1961年，英国就实行了多年期"公共支出调查"（PES），成为发达国家中推动中期基础预算的先驱。PES的目的在于将传统的年度预算置于一个多年（中期）的框架下加以准备。在以后年度的探索与实践中，英国逐步认识到了中期基础预算相对于年度预算的突出优势，尤其是在强化预算过程的财政纪律，评估政府达到中期目标所需要的财政政策措施的适当性，以及促进预算与公共政策的连续性和财政可持续性方面。在英国，MTEF 称为"公共支出计划和控制框架"（public expenditure planning and control），于 1998 年首次正式实施。

■ 预算文件

与美国（从本年的 10 月 1 日开始到次年的 9 月 30 日止）等国家一样，英国的财政年度也采用跨历年制：从本年的 4 月 1 日开始到次年的 3 月 31 日止，但其年度预算是在中期（预算年度后的 3 年）基础上准备的。构成英国中期基础预算的两份最重要的政策文件分别是"经济与财政战略报告"（Economic and Fiscal Strategy Report）和"财务与预算报告"（Finance and Budget Report）。[①]

经济与财政战略报告主要概括经济与财政预测、满足的财政规则（最重要是"黄金规则"和"永续投资"规则）和政府拟采取的预算措施，并要说明当前的财政收入、支出和政府融资情况。在经济与财政预测部分中，需要说明所采用的预测假设，并且说明相关的税收和支出政策变动及其对预测的影响，包括年度开始前两年的政策措施造成的实际影响，以及拟采纳的政策措施的中期财政影响。宏观经济展望是这份文件核心的内容之一，这是进行预测和制定预算最重要的一个方面。如果宏观经济筹划错了，那么所做的预测和制定的预算就会严重脱离实际。

预测是广泛的，除了包括收入、支出、赤字/盈余外，还要覆盖政府融资和净借款（借款减贷款）。非常重要的一点是，这份政策文

[①] 支出机构有公共服务协议（Public Service Agreements：PSA）也是重要的预算文件，用以说明机构的产出目标和预期实现的成果，实现这些目标和成果的资金来源。这份文件必须与 3 年期的 MTEF 相衔接。

件清楚地区分政府的经常性预算和资本支出预算。① 资本支出的融资来源，包括公共部门融资和私人融资，在预测时也要清楚地区分开来。

部门支出限额（departmental expenditure Limits）也需要在经济与财政战略报告中公布。最近5年的预算限额以及下一年预算年度的支出限额要分别披露。另外，部门支出限额需要区分经常性预算限额和资本预算限额。

财务与预算报告披露政府中期财务状况和预算安排，通常以从概述政府战略开始。比如：②

"政府的核心经济目标是实现高而稳定的增长和就业水平。本预算有助于为英国建立一个更好的经济前景。通过保护环境并确保可持续增长，本预算将为现在和未来一代提供更好的生活品质。

政府战略的关键因素是：

- 锁定以经济稳定作为长期可持续增长的平台
- 通过促进企业（enterprise）和投资提高生产率
- 增加就业机会
- 建立一个更公平的社会"

黄金法则和永续投资法则

英国的公共支出与预算系统中，与中期视角最紧密相关的两项重要法则分别是黄金法则和永续投资法则。黄金法则要求在一个完整的经济周期内，政府借债获得的资金只能被用于投资（资本支出），不能用于经常性支出（见图2-1）。

与黄金法则限制政府债务资金的用途不同，永续投资法则要求公共部门净债务水平被约定在不超过 GDP 40% 的水平上（见图2-2）。

---

① 资本支出是指获得土地、设备、其他实物资产和无形资产、政府存货，以及非军事和非财务资产。通常有最低价值标准和长于一年的使用期。所有资本支出以外的支出被称为"经常性支出"。

② http：//www.offical-documents.co.uk/document/hmt/budget99.

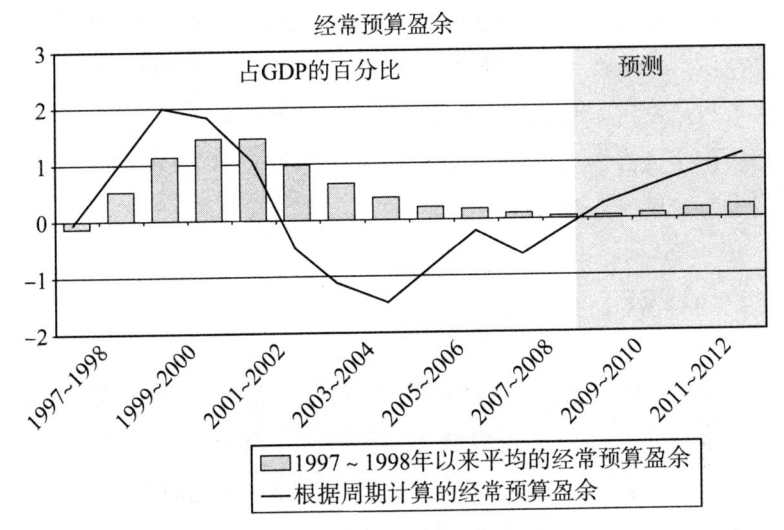

图 2-1 基于黄金法则的预测

资料来源：英国财政部。

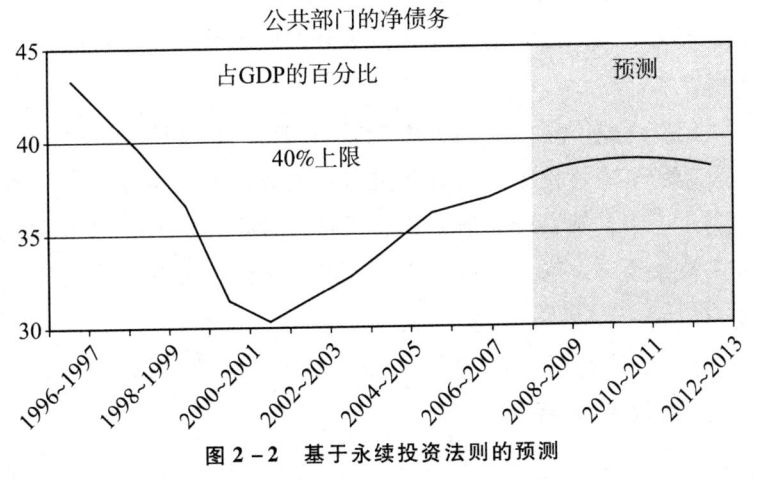

图 2-2 基于永续投资法则的预测

资料来源：英国统计局及英国财政部。

许多国家都建立了黄金法则，但在细节上和应用上有所差异。英国的黄金法则规定：政府在一个经济周期内的借款只能用于投资，而不能用于经常性费用开支（包括折旧和维护性开支）。德国的黄金法则包含于宪法第115条中：在任何年份，除非在"宏观经济失衡"

的环境中，政府借款不应超过政府的投资支出。与德国不同，英国规定在任何年份都允许赤字超过投资，只要在一个经济周期内总的赤字不超过投资。日本也有自己制度化的黄金法则，这一法则将政府的"赤字债券"与"建设债务"区分开来，目的在于将政府的借款限定为建设债券并只能用于中期的建设性支出。

■ MTEF

与多数国家一样，英国的 3 年期 MTEF（中期支出框架）的主要作用也是建立部门支出限额，并在经济与财政战略报告中公布。MTEF 覆盖预算年度后的三年。支出部门当年未用完的支出限额可以在下年度继续使用（有助于避免或减轻年末"突击"花钱）。正如前述，DEL 需要区分经常性限额和资本支出限额分别建立。由于环境和政策因素的变动，实际的开支与支出预算限额总会产生偏差。为此，英国财政部建立了预算储备基金以处理预算执行过程中不可预见的变动。

法定支出或不可控支出并不包括在 DEL 中，那些难以预料的、突然发生的事项（例如大的自然灾害）需要的开支也是如此。这些支出类别由于其独特性，通常不宜以预先确定的、通常固定不变的中期限额来约束。可控支出与法定（以及其他不可控）支出构成总的支出。

■ 预算准备程序

财政部负责在 MTEF 框架下准备年度预算。MTEF 的相关工作也由财政部负责组织与准备。预算程序由财政部向支出部门发布预算指南开始（这一自上而下启动预算准备程序的做法是中期基础预算的显著特征之一），然后各部门制定概算（支出申请）提交财政部审查，收入概算的制定由财政部自己负责。之后，财政部将预算的这两个部分都提交给国会审查和表决。在这个过程中，11月份直到圣诞节以前，政府都要为秋季报告做准备。根据经济预测系统所提供的新报告、税收政策的变化，讨论公共支出计划，形成初步方案，包括政府的最新的短期经济预测和后3个财政年度的公共支出的关键数额（刘长琨，1999）。

MTEF和年度预算的准备工作始于每年的春末夏初。此时，财政大臣（Chancellor of the Exchequer）与其高级顾问、国内税收局和海关消费税局的负责人一起提出未来3年的财政战略，这是制定MTEF的基础，相应的经济与财政战略报告于11月份向议会提交年度预算时正式公布。

一旦确定了财政战略，内阁中的公共支出委员会就会制定总的和部门支出的多年期限额以控制支出总量。之后，政府内阁要审视现有的对未来两个财年的支出承诺，并形成一个新的对第三年的预测，这个过程就是所谓的"公共支出调查"（PES）。

在英国，各个部门负责在财政部制定的限额内决定其项目优先性，这种做法在其他英联邦国家也很普遍。部门在预算形成过程中被赋予了相当广泛的资源配置和支出使用方面的自主权。20世纪90年代以来，作为推动绩效预算的、范围广泛的改革战略的一部分，向支出机构下放管理自主权的做法在OECD国家相当盛行，而英国（以及新西兰和澳大利亚等）是率先推动这项改革的国家之一。

英国模式的一个特点是将中期基础预算完全融入年度预算过程。如前所述，经济与财政战略报告，以及财政与预算报告是预算准备过程中最重要的两份文件，需要提交国会审查，但并不投票表决（只针对年度预算）。在微观（支出机构运营）层面上，英国的中期基础预算要求支出机构与部长签署公共服务协议（Public Service Agreements：PSA），用以界定支出机构需要实现的产出目标和成果。这是将绩效导向方法融入中期基础预算的一个显著标志。

2.1.3 澳大利亚

澳大利亚是世界上最早建立正式 MTEF 并在此框架下准备年度预算的国家（Allen Schick, p. 28, 2002）。从 20 世纪 70 年代中期以来，澳大利亚公共部门支出规模和赤字迅速扩大，以至经济已经难以承受来自经济全球化竞争的压力，传统的年度预算和公共支出管理体制明显不能有效运转。从 80 年代初开始，澳大利亚联邦政府开始对其进行全面改革，改革者将关注的焦点集中于加强政策—预算—规划间的联系上来，中期基础预算顺理成章地被建立起来。与英国一样，澳大利亚也采用 3 年期（滚动式）中期基础预算。预先估计程序以滚动方法为基础，估计当前财政年度之后 3 年的支出水平和构成，假设 3 年中政策不变（Bhajan S., 2008）。

■ 财政管理的目标

联邦政府将财政管理的主要目标定位为：将具有竞争的支出需求按照价值最大化方式进行排序和配置。竞争性需求必须按照某种一致的标准进行排序和详细分析。需求排序是动态的，人口和经济方面的变化都需要进行新的排序。而且，政府通常会制定一个较长时期的经济战略以达到 3~5 年的经济增长率目标。为此，自 20 世纪 90 年代以来，澳大利亚财政管理模式已经从投入控制为主的合规性传统模式逐步转向以成果为基础的模式。

■ 相关法律与报告框架

1997 年国会颁布实施的《财务管理和受托责任法案》（Financial Management and Accountability Act 1997）规定了特定的报告要求：在

整个财政年度中报告成果与产出。之后就是行政管理当局对政府支出排序和下年的政策目标提出建议。机构便在建议的基础上编制新政策提案。这些提案汇同成本、潜在资源节约以及与上年方案的对比被一同呈交财务管理部。在财政部公布的年中经济和财政展望以及其他关于就业与物价水平等宏观经济预测基础上，每个机构都向财务管理部呈交新的预算提案的运营和资本成本。

该法案要求提交的报告包括：预算前报告（The Pre-Budget Report）、月度报告、半年度报告与年度最终预算报告。预算前报告要求至少在预算公布前一个月发布，并且必须阐明政府的中期经济与财政政策目标，重点强调财政总收入、支出、赤字或盈余以及负债。

1998年国会颁布的《预算诚实章程》（The Charter of Budget Honesty Act 1998）要求以更透明的方式强化健全的财政管理，以及在预算准备期间内报告财政战略和财政展望（财政可持续性报告），目的是为了使政府财力在应对人口变化方面具有更长期的可持续性。报告期为10年到40年。新的报告每5年公布一次。《年中经济与财政展望》（The Mid-Year Economic and Fiscal Outlook）要求在每年1月末披露，包括披露预算的全面性（comprehensive budget）和基本的经济假设。其他任何决策带来的预算影响也被要求讨论。该法案还要求提供最新的政府资产负债报告和最终预算成果（The Final Budget Outcome）。后者是一个关键性的受托责任文件，需要阐明预算收入与支出合规性，赤字或盈余和预算平衡情况，审计总署代表国会对该报告进行审计。

■ 支出审查委员会

作为引入中期基础预算改革的重要步骤，工党政府在20世纪80年代中期建立了支出审查委员会（ERC），作为内阁的下属委员会并对内阁负责。委员会的规格很高，除了其他政府部门的代表外，首相和财政大臣（财政部部长）也是该委员会的成员。委员会的职能是制定战略与协调政策，审查公共支出，以及最终决定各部部长在年度预算中能够得到的预算限额。

在公共支出审查中，委员会的一项重要职责是将预算限额与各支出部门提出的概算（budget estimates）中的线下部分（假设现行政策不变需要的后续支出）进行比较，并根据比较的结果要求各部部长做出必要的预算调整，包括需要削减的规划或引进的新规划。但是，支出审查委员会并不能具体干预支出部门的配置决策。支出部门在严格的预算限额给定的硬预算约束下，被赋予预算资源配置与使用方面相当大的灵活性。在澳大利亚的体制中，总量决策（对应于财政纪律）即确定适当的支出、收入、赤字/盈余和债务水平（支出至少需要按经济分类和功能分类）由支出审查委员会负责；优先性配置决策大体上被留给支出部门，支出机构则被要求对运营绩效负责。这种清晰的决策机制和责任机制产生了很好的效果，在很大程度上消除了此前支出部门为争夺预算资源展开的过度竞争，内阁也不再需要过度干预支出部门与机构配置决策和运营决策，支出部门和财政部之间建立的信任也逐步得以建立起来。更重要的是，总体的经济和财政绩效得到了显著改善。

▍基线筹划

基线筹划被作为中期基础预算体制的核心技术，于1993～1994财政年度开始引入。此前的做法是：财政部从各部门收集支出申请，但除第一年之外，后续年度的支出申请均不加以严格审查。因此，第一个规划年度后的各年中，支出部门的支出申请只是反映"需要"多少支出，并未与政府总的资源可得性以及政策目标之间建立基本的联系。改进后的中期基础预算采用了基线法，财政部门与支出部门之间的协调机制得以建立起来：两者都被要求采用"基线"来制定和定期更新预算估计，以反映经济、技术和政策因素变化对政府决策与预算的影响。评估和确认这些影响极端重要。

对于新的政策和项目提议，同样采用基线（线上部分）法和相同的程序。在此程序中，支出部门得到了财政部的有力指导。事实上，财政部门在线下和线下部分的决定中起着主导作用。实践表明，基线方法将各部门的关注焦点从"我们能够得到多少"引导到"我们如何更好地实施政策和规划"方面来。这一方法产生的另一个主要效果是大大增强了预算编制所需要的、宝贵的预见性，因为它隐含（甚至明确地）假定：如果政府政策不发生改变，那么，任何预算单位（支出部门与下属机构）都可根据事先的估计提出预算申请。正因为如此，预算单位没有多大必要对每个新的预算年度的基数争执不休（除非是预测技术方面出了问题）。这一积极的变化意义重大。

从1983年开始，采用基线法制定的中期估计（覆盖预算年度之后的3年）被要求在预算文件中，连同预算年度数据一起公布，并对实际数与预算估计之间的偏差做出说明，以确保决策者在决策时能更清楚地意识到未来的责任，并向国会和公众提供更好的关于预算真实情况和公共支出模式及重点的信息。这项措施也有助于支出部门和政策制定者更认真地对待和改进预算估计，也有助于促使各部部长和高层官员将关注的重点转向中期（四年）而不是当前预算年度。

■ 预测

在澳大利亚，联邦预算在每年5月呈报国会，但预算程序开始于11月并对预测估计进行更新。在政府政策保持不变的适当假定下，对预测估计每3年计算一次。这种估计包括包含预算时已有的决策，但不包含新规划、政府未同意的现有规划扩展以及即将结束的规划。初步预测（Forward Estimate）是建立在当前与未来年度按收入与支出项目分类的基础上。预估的及时更新是为了使支出检查委员会和内阁资政能够利用最新信息考察新政策提案并为下年支出建立排序。

2.1.4　美国

美国州和地方政府普遍实行中期基础预算，联邦政府只是在较小的程度和范围内实施。1996年，联邦政府的预算与管理办公室（OMB）采用了具有权威性通告——A11第三部分——代替了先前的指导规定，要求制定为期五年的资本支出计划，鼓励机构考虑使用灵活的资金提供机制，包括对所有正在进行的和新的固定资产采购项目实行全额拨款，但采取分阶段独立拨款方式（Aaron Wildavsky, Naomi Caden, 2006）。与许多国家相家相比，美国的中期预测（包括经济与财政预测）工作相当细致并且经验丰富，预算与政策间的联结机制也有不少可圈可点之处。

基本情况

与许多发达国家不同，美国虽然很多州和地方政府现在实行多年预算，但联邦政府现在没有实行正式和全面的中期基础预算，只是联邦政府预算包含有几项多年期因素。首先，行政机构被要求为其每年的财政支出计划呈交一份五年的预测，但主要用于联邦政府的预算与管理办公室（OMB）的管理目的（B. Guy Peters, 2008）。其次，联邦预算中的某些资本项目的拨款是多年期的。另外，预算中包括即将到来的下一个预算年度及随后4年的收入和支出估计，目的是为当前的财政政策提供一个多年期框架，以保证这些政策决定与政府的中期赤字遏制战略相吻合，因而成为年度预算形成过程的正式起点。

1990年国会通过的《预算强化法案》（BEA），对现存的预算过程规定了广泛的改革措施，包括建立总体支出限额以促进联邦预算平衡。与其他国家相比，美国年度预算的多年期视角的一个独特之处在于：关注预算授权（budget authority）与支出（outlays）的区别。预算授权是赋予支出部门现在或将来支出政府资源的责任和义务；而支出则是政府资源实实在在地流出。美国的预算过程中，国会并不直接表决支出水平，而是表决预算授权水平。尽管预算授权在一年以后一般会自动失效，但在某些情形下，未动用完的预算授权可以结转到下一年度。

对大多数采购项目和建设工程而言，尽管其持续时间通常要长于一年，但主管部门必须在项目的第一年就要从国会获得足以完成项目的拨款。未使用完的部分不必再次申请，可直接结转到下一财年。此项政策旨在确保多年期的项目和工程有足够的资金。不过，对某些资本资产而言，预算包括预算年度的正常拨款和随后的提前的预算授权，这两方面共同保证形成此项资产的资金需求。在这个意义上，可以说美国有一个多年期的资本预算。

▓ 组织架构

联邦政府预算的制定和执行涉及多个机构（见表 2-1），在联邦政府的行政部门内，主要负责预算制定的是预算与管理办公室（OMB：The Office of Management and Budget）；主要负责税收政策和评估的是财政部。一般来说，财政政策和经济预测是由经济顾问委员会（CEA：The Council of Economic Advisers）、财政部和 OMB 三者共同分析和制定的。经济顾问委员会由 3 名成员组成，由总统任命，负责为总统参考的经济政策提供建议。在联邦政府内部，许多重要角色直接或间接参与预算过程，彼此间存在复杂的、同时又有高度协调性的互动，共同完成预算运作。

OMB 约有 600 名职员，由一名主任和两名副主任领导。他们须由总统任命并经参议院建议和同意。一名副主任主要负责预算部分，另一名副主任则主要负责管理部分。OMB 的主要工作有：（1）协助总统检查监督行政部门的组织结构和管理程序；（2）协助总统做预算准备以及政府的财政计划；（3）协助总统清理和调和各部门关于

表 2-1　　美国联邦政府财政管理职责的组织机构

宪法		
行政部门		立法部门
总统		国会
预算与管理办公室	会计总署	国会预算办公室
会计决算和信息系统	会计政策	经济预测
预算执行	信息系统	财政和预算分析
财政和预算分析	风险管理	
内部控制	执行评估	
经济预测和估计	内部控制	
建议与磋商		
财政（战略的）计划与控制		
普通服务管理部门	财政部	员工管理办公室
存货管理	信托管理	职员的报酬与福利
不动产管理	银行	
数据处理和通信系统	银行往来	
	债务平衡法管理	
	投资者往来	
	现金管理	
	证券投资管理	
	外汇管理	
	会计政策	
	募集和支出	
	会计账目的维持	
	财政报告	
	经济预测和计划	

立法建议的意见，为总统的立法活动提供建议；（4）按照总统的政策和原则，监督联邦机构的管理行为；（5）制定政策以促进经济发

展、提高效率、有效管理财产和服务；（6）完善政策指南，包括机构的财政报告、财政体系的效能和运作情况、信用及现金管理、内部控制。

OMB分为预算部门和管理部门，并相应安排行政管理和配备职员。预算部门的职员协调并负责检查政府计划，准备预算，监督开支。它由国会授权，进行财政、金融和经济的分析和预测，参与预算、税收、信托和财政政策等活动的进行。预算部门检查各个部门和机构的资金需求。专门的研究部门对可选择的计划进行深层次的研究，为制定预算、建立基金、政策选择建立更好的基础。

▪ 预算与政策间的联结机制

在建立与预算—政策间联结方面，OMB扮演了一个关键性角色。OMB的传统角色是管理总统年度预算提案的制定过程，为国会提供参考。为了这一目的，OMB为每位在任总统提供政府现有的和被提议的政策与预算信息，以及分析性的和综合各方面意见得出的最重要的政策目标建议。

无论联邦政府资源总量是增或减，这些资源总是不能满足各个机构、利益集团和国会需求。OMB需要将来自各方面提出的支出（政策与规划）提议与总统的整体计划相比较，然后筛选掉（上千个）提议，直至最后剩下那些最为重要的，并且只有总统本人才能解决的问题。这样，OMB事实上就成为一个能够以总统的名义说"行"或"不行"的部门。决策一旦被制定出来，OMB还得在某个时间将其严格整理成一整套的文件，尽可能确保其中数字的正确以及各项政策间的一致，最终形成总统的年度预算提案，并需要与国会"磨合"使之成为最终通过的预算。

OMB并非在促进预算—政策间联结中发挥关键作用的唯一机构，事实上这项工作是由多个部门共同完成的。这是因为，预算与政策间的联结旨在解决任何预算（决策）系统都面临的三个层次的问题：宏观政策（旨在确定的预算总量），战略选择（预算资源的配置），以及规划与活动的执行（支出机构的运营）。① 美国联邦政府的预算系统中，这三个层面的运作框架大体如表 2-2 所示。

表 2-2　　　　　　　处理预算决策问题的框架

层次	职责机构
1. 宏观政策	由国家经济政策顾问和财政部来执行 （产生由上至下的支出限额）
2. 战略选择	内阁/财政部/预算办公室 （要求：由下至上的预算编制）
3. 规划和活动的执行	支出机构

国会在预算—政策形成与联结过程中发挥重大作用。美国的总统和国会是各自独立运作的，相应的，在公共支出和预算事务方面也有两个体系：总统即行政部门管理的体系以及国会的体系。总统和国会最后是要坐在一起，进行一定的妥协，以达成统一的预算。大体上，国会参、众两院的预算委员会确定预算的宏观经济与政策框架，但战略选择——资源的部门间配置决策主要由 OMB 做出并对总统负责。

■ 支出部门的中期战略计划

联邦政府的部门预算文件中包括一份部门战略计划，用以阐明各部门促进政府整体和部门的政策目标的途径与方法。美国国会于 1993 年颁布的《政府绩效与结果法案》第 306 款的名称即为"战略计划"，规定从 1997 年 9 月 30 日起，每个政府支出机构的主要

---

① 与此相适应，政府整体和部门的预算草案需要阐明预算的宏观经济框架、财政政策目标、预算政策（包括预算总量与分类），以及可确认的主要财政风险。

负责人，都要专门为其规划（program）与活动（activity）向 OMB 主任和国会提交战略计划。在战略计划中，各机构要说明它们的目标是什么、绩效如何得到衡量、在未来 5 年中如何去实现这些目标。提交 5 年计划的同时，联邦机构还要向国会提交其年度绩效计划。2000 年预算年度中，机构提交了首份年度绩效报告来说明其绩效计划的实现情况。同时，OMB 综合各机构的绩效计划形成了一个整体的联邦政府绩效计划，这个计划连同总统预算一起按程序提交给国会。最终目标是通过连接年度绩效计划与支出机构的预算请求来增加预算透明度，这在 2003 年的总统预算中首次得以实施。

战略计划要求恰当而详细地阐明各机构的战略目标。比如，联邦紧急事务部管理局（FEMA，1979 年成立）为自己界定的战略目标为：在灾害发生时保护生命并防止财产遭受损失；灾后减轻受害者的痛苦并推动重建工作；确保公众得到及时、高效的服务。战略计划通常需要包括以下要点：（1）任务说明；（2）目标（总目标与分目标）及相关产出的界定；（3）对如何实现目标与产出的说明（包括营运过程及资源）；（4）建立特定规划的绩效指标及其目标值；（5）关于规划评估的说明。根据该法案，联邦政府各部门的战略计划自预算年度往后顺延 5 年，每 3 年更新一次。

■ 基线法

为制定预算，国会和 OMB 需要一个起点——基线（baseline），也就是如果现行的规划和政策持续下去而不在下一财政年度改变，那么包括收入和支出水平将是多少的一系列筹划。至于公民权益性支出规划，除其他考虑外，基线需要对通货膨胀和人口变化导致受益人数目变动的效应加以调整，这是法律的要求。这被称为"当前政策/服务基线"（current policy/service baseline）。另一类已经被国会用以随时调整通货膨胀效应的基线，只是在法律要求这样做时才会进行。这通常被称为当前法律基线（current law baseline）。在考虑提议的收入和支出水平时，参众两院的议员通常会描述提议的支出是否高于、低于或等于基线（Committee on the Budget of United State，1998）。

从 20 世纪 80 年代起，联邦政府即广泛运用基线法帮助进行中期预测、预算分析和预算编制。预算基线确定后，再测算新法律和经济状况对预算收支造成的影响（"线上"预算），从而计算出新财政年度的预算收支。基线法在预测经常性支出（对应资本性支出）时尤其有用。现行生效的法律如果没有修改，则经常性预算基线本身就表明了未来年度的收入、支出和预算授权水平。这样的基线提供了一个"中立性政策"（假设没有政策变动）的所对应的预算基准，为预算编制设定了特别重要的起点，并且可以预先警示政府整体的财政政策或特定的收支计划可能出现的问题或面临的挑战。

经济预测

经济预测的预测期为 10 年，具体内容包括四个方面：经济现状评估，经济预测，与国会预算办公室（CBO）及私立部门预测的比较，以及经济假设变量对预算的影响。经济预测不仅要考虑宏观经济因素，还要考虑在预算准备过程中已经确认的、需要纳入预算的政策，例如减轻美国政府工作人员及其家庭的税收负担、最大限度地削减联邦债务、紧缩联邦开支，以及保持社会保障盈余并将其用于社会保障。这些政策直接或间接地影响未来的宏观经济运行。主要的经济预测（按日历年度）指标包括：（1）GDP 增长率；（2）失业率；（3）劳动力增长率；（4）通货膨胀率；（5）资本支出/GDP 比率；（6）税收/GDP 比率；（7）工资/GDP 比率。

预测的基调是相对审慎和保守，以避免制定过于乐观的预算。国会预算办公室（CBO）和许多私立部门也进行 10 年期预测。国会根据CBO的预测制定预算政策，政府部门由财政部、经济顾问委员会及OMB共同完成预测。政府预测总是假定总统的政策意图要完全体现在预算中，CBO通常假定现有法律仍然保持不变，而私立部门的预测则基于"最可能的一种政策结果"，所以三者难免会有不同的预测结果。这三个部门预测的主要经济指标包括：实际GDP、GDP价格指数、消费价格指数和利率等。

在预测时，非常重要的一项工作是确认和检验经济假设的变化对预算的影响，也就是敏感性分析。实际的经济增长率、失业率、利率、通货膨胀率等都会影响预算收入、支出、赤字/盈余以及公共债务水平，甚至相当显著。检验这些经济假设对预算的影响，通常需要假设税收结构（各税种收入占GDP比率）保持不变。在实际预测时，需要考虑这一假设可能并不成立，因而需要适当调整。

■ 收入预测

根据经济预测进展的收入预测的时间跨度为年度预算后的连续4年（包括美国采用的跨日历年度的预算年度则为6年），主要有四个方面的内容：收入预测、主要立法变化对收入的影响、总统行政建议案对收入的影响和其他税收激励措施对收入的影响。其中，收入预测需要考虑实际经济增长率和通货膨胀率等主要经济假设，以及总统减税（或增税）方案等政策因素对收入的影响，这些预测按单个的税种或其他收入类别进行，在显示预测结果的表格中不仅需要表明4年期各年的预测数据，还要给出此前两年的实际数据。表2-3是假设预测期为2010~2014年的一个说明性例子（外国政府预算编制研究课题组，2003）。

在按照收入项目预测时，还要给出影响收入变化的立法或政策因素（例如国会通过的减税法案），以及非政策因素（例如符合资格的社会保险缴款人数的增加）对预算收入的影响。这些预测在国会和行政部门两个层次上展开。

表 2-3　　美国联邦政府的收入预测：说明性例子

预测的收入项目	2008 年实际数	预测数					
		2009 年	2010 年	2011 年	2012 年	2013 年	2014 年
个人所得税	*	*	*	*	*	*	*
公司所得税	*	*	*	*	*	*	*
社会保障与退休缴款	*	*	*	*	*	*	*
预算内	*	*	*	*	*	*	*
预算外	*	*	*	*	*	*	*
消费税	*	*	*	*	*	*	*
遗产与赠与税	*	*	*	*	*	*	*
关税	*	*	*	*	*	*	*
其他	*	*	*	*	*	*	*
总收入	*	*	*	*	*	*	*
合计	*	*	*	*	*	*	*
预算内	*	*	*	*	*	*	*
预算外	*	*	*	*	*	*	*

■ 经常性收入、支出与盈余预测

这项预测覆盖三部分内容：预测假设、经常性预算基线和经常性预算支出，并且需要区分可控（由年度拨款程序决定）支出，以及不可控的法定支出（由特定立法授权的支出、主要是公民权益性支出），采取不同的方法。另外，需要区分不同的支出项目分别进行预测。

鉴于经济条件和政策因素的变化，尤其是 GDP 增长率、通货膨胀指标（包括 GDP 环比价格指数和消费价格指数）、国债利率、公务员工资标准、税收政策和有效效率等方面的变化，都会直接或间接影响经常性预算。清楚和明智地设定预测假设是采用基线法进行预测和制定预算所必不可少的。联邦政府主要的预测假设的说明性例子如表2-4所示。

表2-4　　　　　　　　预测假设：说明性例子

预测假设的类别	2008年实际数	预测数					
		2009年	2010年	2011年	2012年	2013年	2014年
GDP总量							
当前价格	*	*	*	*	*	*	*
可比价格	*	*	*	*	*	*	*
GDP环比增长							
当前价格	*	*	*	*	*	*	*
可比价格	*	*	*	*	*	*	*
通货膨胀指数	*	*	*	*	*	*	*
消费价格指数	*	*	*	*	*	*	*
GDP平减指数	*	*	*	*	*	*	*
国债利率							
短期	*	*	*	*	*	*	*
中期	*	*	*	*	*	*	*
长期	*	*	*	*	*	*	*

在预测和预测假设基础上制定的中期经常性预算基线，表明了联邦政府在预测期内的经常性收入、支出与盈余。这是在假设继续现行政策（包括法律）、不出台新的政策、只是非政策因素变化的情况下，得出的经常性预算的"起点"（反映现状的预算）。表2-5是一个说明性例子。

经济与财政预测对于国会制定经常性预算的授权十分重要。联邦国会通常按照支出的功能—次级功能—规划制定经常性预算的预算授权，对应的时间跨度与表2-3和表2-4完全一致。

表 2-5　　　　　　　经常性预算基线：说明性例子

收入与支出类别	2008年实际数	预测数					
		2009年	2010年	2011年	2012年	2013年	2014年
收入	*	*	*	*	*	*	*
支出							
可控支出	*	*	*	*	*	*	*
民用支出	*	*	*	*	*	*	*
国防支出	*	*	*	*	*	*	*
法定支出							
社会保险	*	*	*	*	*	*	*
医疗保健	*	*	*	*	*	*	*
其他	*	*	*	*	*	*	*
利息	*	*	*	*	*	*	*
其他	*	*	*	*	*	*	*
支出合计	*	*	*	*	*	*	*
预算盈余	*	*	*	*	*	*	*

2.2　非洲国家和俄罗斯的中期基础预算

部分地基于本国的实际需求，部分地基于发达国家中期基础预算的示范效应，20世纪90年代以来，不少非洲国家（至少九个）和俄罗斯也引入了中期基础预算，但其效果和进展相差甚大。

2.2.1　非洲九国的中期基础预算

目前包括加纳、几内亚、肯尼亚、马拉维、莫桑比克、卢旺达、南非、坦桑尼亚和乌干达等在内的至少九个非洲国家已经引入了某种形式的中期基础预算，主要目的在于以此改革传统的年度预算制度与程序,以便在政策制定、计划安排和预算编制之间建立有效联系。大体上包括两种情况:全面引入和局部引入。南非和乌干达等国家一开始就制定了全面的、政府整体层次上的中期支出框架,由财政部采取自上而下的办法在部门间分配资源。另一些国家(如马拉维)采取一种更为自下而上的办法,把重点放在建立部门层次的中期支出框架(MTEF)上。这种局部方法旨在控制各个部门内部的资源分配,也有助于在开始阶段降低操作难度和改革成本。

虽然所有国家都在一定程度上具有相似性,但基本的差异依然十分明显,这些差异既反映在整体设计方面,也反映在中期基础预算所采用的技术方法与组织层面上。就整体设计方面的差异而言,有些国家覆盖了政府整体的全部支出,有些国家只覆盖到特定的支出类别——尤其是资本性支出,也有些国家只是覆盖经常性支出而将资本支出排除在外。局部方法虽然有助于降低操作复杂性,但导致中期基础的范围相对狭隘从而减弱其支出控制功能。①

与发达国家不同,非洲国家的中期基础预算缺乏良好的分类系统(尤其是层次分明、条理清晰的功能分类系统)予以支持。虽然几乎所有国家都采用了功能分类和经济分类(中期基础预算所要求的最基本的两种分类),但功能分类由于过于笼统,因而很少能够提供特定支出部门内部预算资源(在各项功能与次级功能间)配置的信息,这反过来促使支出部门把关注的重点放到了争夺预算资源方面。另外,关于组织分类与部门分类(department category)的详细程度也远远不够,以至支出部门下属机构(通常涉及好几个纵向的层次)缺乏支出方面的详细信息。这种情况也表明,只有在中期基础预算能够在公共支出管理的三个核心目标方面起到重要和持久的促进作用时,才能证明这项改革是成功的。反之,如果没有发挥这样的作用,或者支持这一作用的基础条件不能达到,那么这项改革就要三思而行。

---

① 由于工资等经常性支出即使在中期也具有刚性,排除资本支出还会加剧预算僵化,从而削弱中期基础预算在优先性配置方面的作用。

另一个显著的特点是：非洲国家的中期基础预算大多由中央政府采纳，地方政府很少使用。另一方面，许多非洲国家的地方政府的行政管理能力相当欠缺，这反过来影响中期基础预算在地方层次上的可行性和有效性。一般的讲，中央政府的行政管理能力高于地方政府，如果决定引入，那么，率先在中央政府层级上引入中期基础预算通常是较为明智的选择，但需要在适当的时候，并且需要积极创造条件将这项改革引入到地方政府，否则其意义就会大打折扣。

引入中期基础预算的非洲国家大多采用的是包括预算年度在内的3年期框架（南非4年、莫桑比克6年）。3年期也许是合适的选择，因为时间越长，中期预测乃至整个中期基础预算就越不可靠。

中期基础预算在两个层面上涉及采用相关技术：宏观经济与财政政策（总量）框架（MFF）以及部门支出框架（SEF），后者系按经济分类、功能分类和组织分类建立的支出框架。建立 MFF 时常用的模型技术包括：（1）可计算的一般均衡模型（Computable General Equilibrium Model，CGE Model）；（2）电子数据表模型（spreadsheet models）；（3）经济计量模型（econometric models）；（4）IMF 的财务规划筹划（financial programming projections）。这些模型的选择各不相同，非洲国家也是如此。[①]

SEF 的筹划要求在部门战略报告（阐明目标、优先性以及实现规划目标的策略）的基础上，以产出为中心（对产出负责）、以成果（outcome）为导向核算规划（旨在促进同一政策目标的若干活动的集合）的成本。在理想的情况下，各支出部门对规划或活动的成本核算采用标准化的方法（例如活动成本法），但很少有非洲国家做到了这一点，甚至不能区分和提供规划必须包含的经常性成本（比如

[①] 选择模型方法的通用原则是：必须适合特定的行政管理能力。完全依赖 IMF 的宏观经济和财务资源数据（如几内亚和卢旺达的做法），在起始阶段是有用的，但长期未必如此，因为它没有考虑到各国的具体情况。在行政管理能力相当欠缺的国家，选择可靠性和简便性较高的电子数据表模型或计量经济模型或许是明智的，但仍然应该充分考虑本国的具体情况进行选择和应用。数据可得性和运用模型的能力对中期基础预算的质量影响重大。

工资和维护成本）和资本成本信息。

在组织与程序方面，只有少数国家将中期基础预算完全融入年度预算程序中，其他国家则按照两套程序运作。这意味着引入中期基础预算的国家，没有能够通过此项改革来改善其通常有问题的（年度）预算程序。另外，有些国家的中期基础预算（核心是 MTEF）并不提交政府内阁和议会审查，而是由财政部颁布实施。①

2.2.2 俄罗斯的中期基础预算②

2006 年，俄罗斯开始试行编制中期预算，2007 年正式全面推开。从这一年起，俄罗斯正式开始编制为期 3 年的中期预算，俄罗斯联邦预算第一次成为长期财政计划的一部分。俄罗斯的中期预算编制突出了以国家战略方针、政策目标和优先发展方向的导向，使联邦预算支出同政府的政策目标紧密地结合在一起。在俄罗斯的中期预算中，不论是联邦、联邦主体，还是地方政府，在编制预算时都必须明确列出各自的发展目标、可计量的预期成果及其相关的考核指标，并应对预算政策的连续性、可预见性以及公开透明性负责。这表明，俄罗斯的预算管理已进入了一个新的历史时期。

■ 中期基础预算的目标

根据普京提出的"实现国内生产总值翻番，提高国家经济竞争能力；消除贫困，提高居民生活水平；保障国家安全和法律秩序；

---

① 这种未能得到高层审查即予颁布的做法损害了中期基础预算的权威性和实施效果，容易造成这样的印象：中期基础预算只是财政部的一个技术性文件，而不是政府需要致力实施的一个战略框架。

② 本部分引自童伟："俄罗斯中期预算改革：原因、现状及发展趋势"，载《俄罗斯中亚东欧研究》，2008 年第 3 期。已获作者授权全文引用，仅作少量的技术处理。

推进军事现代化，提升国家的国际地位"的发展战略，俄罗斯将2007～2009年中期预算的主要保障任务确定为：提高居民生活水平和质量；保障经济稳定高速发展；保障国防安全；为国家的未来发展创造条件。

■ 中期框架下的收入预测

据俄罗斯财政部和经济发展与贸易部预测，2007～2009年，俄罗斯联邦的财政收入将保持稳定上升的态势，具体如表2-6所示。

表2-6　　　　　俄罗斯联邦中期财政收入预测　　　　单位：亿卢布

	2006年 数额	所占比重（%）	2007年 数额	所占比重（%）	2008年 数额	所占比重（%）	2009年 数额	所占比重（%）
预算收入	61 591	100.0	69 653	100.0	69 056	100.0	74 640	100.0
组织利润税	4 444	7.2	5 710	8.2	5 390	7.8	5 602	7.5
统一社会税	3 104	5.0	3 688	5.3	4 221	6.1	4 755	6.4
增值税	15 345	24.9	20 718	29.7	23 468	34.0	30 194	40.5
消费税	1 075	1.7	1 267	1.8	1 401	2.0	1 558	2.1
矿产开采税	11 277	18.3	10 377	14.9	9 054	13.1	8 061	10.8
出口关税	19 359	31.4	19 988	28.7	16 818	24.4	14 941	20.0
进口关税	3 256	5.3	3 953	5.7	4 757	6.9	5 591	7.5
其他收入	3 731	6.1	3 951	5.7	3 946	5.7	3 937	5.3

资料来源：Постаиоvleніе Правительства РФ от 28-08-2006 г. 《Основные налравлеиия бюджетнойи налоявой иолитнкв на 2007 г.》.

（1）在未来几年间，来自矿产开采税和出口关税的收入将大幅减少，与此同时，增值税将成为最重要的收入来源。在2007～2009年间，增值税的平均增长幅度达到17.9%，占财政收入的比重将由2006年的15.6%上升到2009年的40.5%，提高了159.6%。

（2）石油收入减少的部分原因是基于对石油价格将会逐步下降

的考虑，如由目前的每桶80~90美元降至2009年的40美元，但也与俄罗斯有意降低石油开采速度、减少石油出口量，致力于经济结构调整有很大的关系。

（3）税收制度的改革同样会进一步减少俄罗斯的财政收入。在主要税种的税率已降至世界最低水平的情况下，俄罗斯还在不断出台新的法规，以进一步减轻税负，如从2007年开始，增值税出口退税将由批准制转向申请制，企业将因此获益1 400亿卢布；开设了组织利润税"投资奖励"，亏损额可从利润税应税额中全额扣除，该项措施的实施可使企业少缴税130亿卢布。这些税法的实施将使2007年的联邦财政收入减少1 667亿卢布，约为联邦财政总收入的2.4%。

中期支出预测

俄罗斯将2007年的联邦预算支出设定为82 130亿卢布，比2006年提高27.9%，占GDP的比重也由2006年的15.4%提高到17%。财政支出快速增长的原因是国家将大幅度提高国家公务员、预算领域工作人员、军人的工资和津贴以及提高退休人员及其他弱势群体的社会保障水平。具体如表2-7所示。此外，在俄罗斯的预算支出中，从2006年起新添了一个全新的科目——国家优先项目。作为国家优先发展项目，教育、健康、住房和农业被列入2006年的联邦预算，得到1 337亿卢布的资助；2007年，这一规模继续扩大，比上年提高了近一倍，增加到2 565亿卢布。

（1）教育项目的主要目标在于提高教育质量和教育的普及率，发展职业教育，建立高效的教育服务市场，提高教育领域的投资吸引力，从而最终提高俄罗斯人力资源的质量。2007年教育工程支出由2006年的489亿卢布增长到600亿卢布。

（2）健康项目希望通过向居民提供相应的医疗服务、发展现代医学科学和技术以及提高医务工作人员工资等方式，来实现改善居民的健康状况、提高医疗服务的水平和质量、预防流行疾病传播的目标。2006 年"健康工程"的预算支出总额为 626 亿卢布，2007 年提高到 1 200 亿卢布，提高了近 1 倍。

表 2-7　　　　　俄罗斯联邦中期财政支出预测　　　　　单位：亿卢布

年份	2006	2007	2008	2009
全国性问题	6 420	8 213	8 585	9 050
全国性问题的领导和管理	1 790	2 825	2 934	3 175
基础性研究	392	485	579	620
国家物资储备和储蓄基金	450	699	706	730
国家和地方债务	1 924	1 568	1 741	1 807
其他全国性问题	1 298	2 047	2 172	2 248
其中：投资基金	679	1 106	1 042	933
国防	6 592	8 212	9 195	10 372
国家安全和护法活动	5 395	6 648	7 208	8 465
国民经济	3 468	4 959	5 336	6 059
住房公用事业	534	499	373	314
环境保护	64	78	85	99
教育	2 081	2 785	2 925	2 966
文化、电影和大众信息工具	512	651	642	628
医疗卫生和体育	1 561	2 062	2 025	2 137
社会政策	2 172	2 109	2 545	3 248
转移支付	14 437	18 419	21 173	22 725
划拨给其他级次的预算[1]	3 863	5 028	5 055	5 315
划拨给国家预算外基金[2]	9 015	10 647	13 369	14 958
总计	43 243	54 638	60 092	66 065

注：1. 指联邦中央给联邦主体和地方政府的转移支付资金。
　　2. 指联邦预算划拨给国家预算外基金，即俄罗斯联邦养老基金、社会保险基金、强制性医疗保险基金。

资料来源：Постаиовление ПравитеПъства РФ от 04 05 2007 г. 《Основные налравления бюджетной и налоговой политики на 2008 г.》。

（3）住房项目的实施目标是改善中产阶级及低收入人群的住房条件。2007 年住房工程的预算支出由 2006 年的 199 亿卢布增长到

2007年的500亿卢布,增长率达到250%。

(4)农业发展项目的主要支出方向为:加速畜牧业发展、促进小型农业生产组织的发展、改善年轻的农业专家及其家庭在农村的居住条件。2007年农业发展工程支出由2006年的219亿卢布增长到2007年的230亿卢布,仅增长7%,在四大国家项目中增幅最低。

俄罗斯以结果为导向的中期预算从根本上将政府的公共管理活动直接化、微观化,为政府有效配置资源提供了可靠的政策工具。然而,在俄罗斯快步前行的预算改革中也暴露出诸多的缺陷和不足,如宏观经济预测可靠性不足,缺乏必要的外部条件,税收法律处于不断变化之中,预算收入受国际经济环境影响较大,预算支出受制于正在进行的结构改革等,这些问题的存在大大降低了俄罗斯中期预算的准确性和实施效率。

2.3 理论基础与经验教训

过去数十年中,中期基础预算的国外实践与探索,为我们总结其理论基础提供了丰富的素材和深厚的背景,也为包括中国在内的其他国家考虑或推动这项改革提供了可资借鉴与汲取的宝贵的经验教训。

2.3.1 理论基础

从广泛和长期的国外实践中,我们可以很贴切地概括中期预算的理论基础所依托的四个核心概念:前瞻性、政策关联性、预见性和透明度。公共支出管理的所有三个关键目标(财政纪律、优先性配置、运营绩效)和一般目标(合规性与管理财政风险)都与这四个核心概念紧密相连。

■ 前瞻性

教科书通常将预算定义为"政府的年度财政收支计划"。实际上这是从立法机关的角度看待预算（要求行政部门按年度申报和执行预算），主要问题在于忽视了预算认知上的两个要点。首先，预算是前瞻性的，而年度（12个月）视野限制了前瞻性，因为多数政府活动、公共政策的周期及其财政效应（尤指所需要的后续支出）是跨年度的，涉及若干年。因此，年度预算充其量只能提供公共部门活动及其未来财政影响的"年度片段"，而不是一个完整的、动态的、跨年度的连续画面，而识别这种连续画面（前因后果）对于评估公共政策的可持续性，以及决定公共政策与活动的取舍、重点与优先性排序至关紧要。中期基础预算的理论基础之一在于：无论是作为计划还是作为政策工具，预算都必须是前瞻性的，而前瞻性必须建立在跨年度（中期甚至长期）的基础上，年度基础上的前瞻性是远远不够的。

为什么前瞻性如此重要？因为我们身处一个变动和不确定性的世界，而且全球化的发展、技术进步、人口统计学方面的变化（老龄化就是如此）以及经济社会生活的复杂性，导致不确定性和风险日益加剧，而忽视它们很可能造成严重的后果。政府有时不能对显著的社会变化包括人口统计方面的变化做出及时的反应。最近几年美国联邦政府发现，当新生的孩子在5~6年后将进公立学校读书时，这才使公共官员看来吃了一惊。人口老龄化带来的退休和医疗保险问题也是如此（B. Guy Peters，2008）。其实类似的例子每天都发生在我们身边。许多没有预料到的或者被忽视的变化，很可能在未来若干年里让我们付出代价，而且可能让我们来不及采取有效的应对行动。因此，我们需要一种机制，能够把环境和政策变化造成的未来后果，以及需要采取的应对方案提前展现出来。

有许多方法可以帮助我们做到这一点。一种方法是借助政府会计（和财务报告）系统。但这不是一种好的方法，因为会计信息是回顾性的（历史导向），它收集的是已经发生的历史信息。对于及时采取有效的行动而言，历史信息的作用是有限的，因为它只是在"坏结果发生以后"才告诉我们产生的财务后果。这时除了承受代价，我们已经来不及采取任何预防性行动了。

因此，政府通常至少拥有两个基本的信息系统：会计系统（回顾性的）和预算系统（前瞻性的）。会计系统告诉我们过去的交易和事项在财务上造成的客观结果。它的主要功能在于帮助评估政府的财务状况和财务受托责任。但是，会计系统（包括资产负债表、运营表和现金流量表）不能告诉我们在未来若干年中，政府打算做什么，这些活动将要花多少钱，预期的绩效和结果是怎样的。会计系统也不能告诉我们：假如现行的政策和活动保持不变，只是外部环境发生变化（例如通货膨胀、利率和其他政府不能控制的外生变量），那么支出、收入、赤字/盈余和公共债务总额将会如何变化。会计系统同样不能帮助我们：假如继续现行政策与活动导致未来年度支出（例如由于老龄化加剧导致相关的社会保障支出）猛增，以至超过资源的可得性（供给能力）时，我们应该如何作为？是调整现行政策使其适应我们的承受能力，还是任其发展下去而置可持续性概念（未来公民的利益）于不顾？

前瞻性信息不仅对于政策筹划（取舍、优先性排序与确定重点）至关紧要，对于证明支出的合理性也是必不可少的。应该批准某个支出机构提出的1 000万元的年度预算申请吗？机构作为"公共组织"这一事实并不能表明其支出申请的合理性（无论申请多少）；我们也不能因为它是一个强势组织（具有很强的讨价还价或谈判能力）就批准其预算申请。在一个运作良好的公共支出管理系统中，表明其预算申请合理性的最强有力的因素是这笔资金的预期绩效（基于客观事实和诚实）。只有能够（至少在原则上）证明这笔资金产生足够的社会回报（绩效），以及这一回报值得我们花费这些成本时，支出申请的合理性才是清楚的和充分的。因此，即使在那些没有引入正式绩效预算体制的国家，预算也必须与预期绩效相联系。支出机构应该（必须）在预算文件中提供适当的绩效（和成本）信息，来表明其支出申请的理由和适当性。这也是支出审查的主要依据。

然而，对于公共组织从事的活动而言，预期绩效的实现（比如确保90%的人通过培训实现重新就业）大多需要超过一年的时间周期，而证实和评估这些绩效需要更长的时间。因此，绩效导向的方法和预算只有与中期（甚至长期）的时间框架才能实现较好的兼容——年度基础上的前瞻性太短了。

前瞻性的不足也会损害管理财政风险的能力。预算从定义上看就是与未来相关的，但年度预算将关注的问题放在过于短促的时间内，限制了政府对未来的更为长远的考虑，由此带来的一个主要缺陷就是忽略潜在的财政风险。许多当前的政策或政府承诺隐含着导致未来开支或损失剧增的财政风险。在年度预算框架下，由于这些开支不能在预算中体现出来，这些可能造成高昂代价的潜在风险在预算过程中就被忽略了；一旦潜在风险转化为现实的损失或支出责任时，采取防范措施已经为时太晚。因此，虽然预算的年度性从立法机关的角度讲是绝对必要的，但它不能使决策者在早期阶段就确认风险，并采取相应的措施以防患于未然。相比之下，中期基础预算的一个突出优点在于把注意力导向当前政策的长期可持续性，使人们在早期阶段就能鉴别和暴露那些不利的支出趋势，这样便于早做打算，及时阻止、减缓这些支出或为其筹资。正是在"为将来而预算"的理念下，多数发达国家已采用了3~5年甚至更长时间的多年期预算框架，以弥补年度预算的不足。多年期预算框架并不是一个法定的多年期预算资金分配方案，其作用只是在于为未来若干年提供了一个支出导向或目标。

对于应对未来挑战而言，既然会计系统太滞后、年度预算的前瞻性又不足，为何不选择某种"长期视角的预算方法"呢？这里的主要困难在于时间跨度过长，不确定性越大，难以达到预算所要求的基本的准确性。因此，虽然前瞻性越长，预算与政策的相关性越强，但准确性变得越差了。当基本的准确性（容许一定的误差）无法达到时，预算也就不成其为"预算"了。可以恰当地说：年度视角较适合做"预算"（法定的资金分配方案），中期基础较适合做"估计"（中期基础预算的核心成分就是 MTEF 给出的预算估计），长期基础大概只能算"猜测"（甚至谈不上预测）了，即使采用最复杂和最尖端的模型技术也不能解决这个问题。因此不难理解：迄今为止，为什么中期预算在许多国家已经制度化了，但没有任何国家制定"长期预算"（超过 10 年）。

虽然"预算"方法在长期基础上不可行，但引入"评估"方法仍然是有益的，并且十分重要。许多国家引入这些方法对当前政策的长期财政效应进行评估，据以决定适当的政策行动。美国联邦政府就是通过对未来 75 年间的现金流进行预测，来考虑和制定社会保障政策的。20 世纪 90 年代的研究表明：政府需要在未来兑现的承诺比过去实际收到的税收要多出 12 万亿美元。可能的应对方案是有限的：或者通过举借更多的债，或者征收更多的税收来实现承诺；或者干脆不兑现承诺（将降低政府可信度）；另一种选择是"鸵鸟"政策：继续隐藏这部分未备基金的应计债务（David Mosso，2005）。

由于财政风险大多超越中期（许多政策和环境变化的财政影响延续到 5 年甚至 10 年以后），甚至采用中期基础预算（更不用说年度体制）对于评估和管理风险也是不充分的，因此即使在没有正式的中期基础预算的国家，采用长期视角评估风险也是非常重要的。美国联邦政府就是如此：它至今没有建立正式的中期基础预算（州和地方普遍采纳这一体制），但估计目前政策对将来预算的影响扩展到了 10 年的基线。

政策关联性

预算的本意是支出控制。在资产阶级革命的早期阶段，议会从君主手中夺取课税权，紧接着就是夺取预算权。基于控制和约束政府权力的考虑，现代预算在其诞生之初就被设计成议会控制政府的工具。事实上，在西方民主政体中，预算至今仍然是议会控制政府的主要工具。其背后的理念是：没有控制的政府是不安全的政府，不安全的政府很容易将其权力和行为边界扩展到公民价值观和规范经济理论不能认可的领域，包括营造豪华的"办公帝国"以及浪费性的支出行为。

但预算还有另外一面：不只是控制的工具，还是政策工具（支持政府施政）。在凯恩斯理论盛行之前，政府的角色和职能是有限的：虽然不是亚当·斯密时代的"守夜人政府"（只履行警察和防卫职能），但其活动范围特别是对经济与社会生活的干预远不能与现代政府相提并论。现代政府职能的大规模扩展发生在20世纪（尤其是第二次世界大战）以后。凯恩斯创立的功能财政理论（预算被当做纠正宏观经济失衡的工具）及其影响加剧了这一趋势。功能财政理论的焦点是对财政政策的宏观经济分析理论，它在很大程度上改变了工业化国家的预算方法，尤其是在分析政府支出的效果方面受到凯恩斯理论的极大影响。这种宏观预算革命的精华在于促使人们认识到：政府全部支出的效果必须在预算策划时就要考虑到，而不应简单地侧重于平衡预算或降低税收。

伴随"新公共管理运动"（NPM）在20世纪80年代产生的广泛影响，公民对政府的期望也提高了：不仅要求政府行为的合规性（compliance），还要求政府活动与预算必须在某种程度上与服务绩效（performance）相联系。与此相适应，宪政理论也发生了很大的变化：从早期的有限政府转变为有效政府。与传统宪政理论强调对政府的限制不同，现代宪政理论更强调政府的积极作为。这是因为，民主的政府现在不仅要维护正义（这是私人之间互动的基础），而且要制定政策。新宪政论并不否认在宪政制度中政治生活的民主化是件好事，但它需要表明民主政府怎样能够既是受约束的，又是能动进取的，也就是讲，要表明既能积极促进社会福利，同时又不会陷入只是在其组织得最好的公民（少数既得利益者）之间分配利益的专制之中（斯蒂芬·L·埃尔金，卡罗尔·爱德华·索乌坦，1997）。

现代政府主要是通过制度和实施公共政策来发挥作用（积极作为）的。这在客观上要求预算理念从单纯的"控制工具"到"政策工具"的转变。要使预算成为有力和有效的政策工具（从而成为政府施政的利器），从年度基础预算转向中期基础预算的变革是必不可少的。这是因为，年度预算的本意和功能主要在于控制：公款必须被用于指定的目的（促进公共利益），而且用于促进这些目的的支出（以及收入和债务）必须处于公民和立法机关的监控之下。政策意图和控制意图往往是冲突的：促进政策目标要求预算成为支持政府积极作为（以解决公共政策问题）的工具，而不是只是帮助立法机关实施支出控制的工具。

就其本质而言，预算是最重要的政策工具，也是政府唯一综合性的、最重要的政策文件。我们生活在一个资源稀缺性的时代。资源稀缺性这一事实，以及绝大多数政府活动与政策必须花费资源（无论多少）这一事实，客观上要求公共政策筹划在预算过程中加以制定，以便在充分权衡资源可得性和政策（引发的支出）需求的基础上实施政策筹划，包括决定政策取舍、政策目标的优先性排序以及政策重点。由于种种原因，要求所有公共政策都在预算过程中制定是不可能的，但在预算与公共政策之间建立直接而紧密的联结机制是绝对必要的，并且极端重要。在缺乏这样的联结机制或者只是松散联结的情况下，要确保公共资源的分配准确反映政策重点和优先性，以及充分评估当前政策的可持续性，将成为不可能完成的任务。以下观点是很容易得到认可的：不与政策相联结的预算是没有意义的预算，不与预算相联结的政策是虚幻（不可实施）的政策。

理论上，年度预算体制也可以在预算与政策之间建立某种联系。但实践表明，这种联系要么是松散的，要么是有（其他）缺陷的。由于公共政策需要在多年基础上制定和实施，因此，时间跨度越短，预算与政策间的联系就越弱。较长的预算周期有助于加强预算与政策之间的相关性，这是中期基础预算的巨大优势之一（相对于年度预算）。

这种联结机制不只是反映在更长的时间跨度上，更反映在中期基础预算所要求的基线筹划上：既是筹划中期预算估计的方法，也是筹划中期政策（确定取舍、优先性排序和政策重点）的方法。就前者而言，基线筹划要求将执行现行政府的未来成本，与采用新的政策提议导致的未来成本清楚地区分开来，并要求对两者进行全面和严格的审查，在此基础上确定适当的支出估计（和其他预算估计）的水平；就后者而言，基线筹划要求在"硬预算约束"（可得的资源总量）下，在竞争（而不是逃避竞争）的基础上决定政策选择，包括是否采纳新政策和取消（停止执行）某些现行政策，以确保满足政策目标要求的预算估计（尤其是支出水平）也能满足财政约束和财政可持续性的要求。① 由此可知，中期基础预算所采用的基线筹划的两个方面——预算估计和政策筹划实际上是同一个过程的两个方面，它们紧密相连不可分割。预算与政策之间的这种磨合（一致性筹划）是中期体制相对于年度体制最显著的特征和优势之所在。

中期体制与政策之间的内在关联性反映在所有的公共政策方面，但尤其典型地反映在宏观经济政策方面。凯恩斯所创立的、影响深远的稳定（财政）政策的基本原理简明易懂：政府的财政政策应基于经济（商业）周期来操作；经济繁荣时期采用财政紧缩措施并形成财政盈余，经济衰退时期则应实施财政扩张——赤字和债务因此是必要的和有益的；景气时期的财政盈余应能够抵补衰退时期的赤

---

① 好的预算程序必须是竞争性——任何一项政策或政策提议都必须通过与其他政策的比较来竞争资源，而不应该受到特别的保护（例如专款专用或隐藏的预算外活动），无论保护其理由如何。竞争必须是良性的：必须基于事实、诚实和成果导向的绩效，而不是互投赞成票式的"你好我好大家都好"的交易。这类投票交易在现代西方政治民主政体是很普遍的。

字，以便在一个完整的景气循环中实现预算平衡。这一基于商业周期的财政政策规则（逆周期运作和周期平衡），无论内在逻辑上还是政策实践上，都明显地在一个中期基础上加以操作，原因很清楚：一个完整的商业周期（从低谷到高峰）对应的时间跨度是若干年，而不是一年。这就意味着，与年度预算相比，在中期基础上实施逆周期操作的财政政策，包括采纳周期平衡规则而不是年度平衡规则，更符合稳定政策的内在逻辑并产生更好的效果。

预见性

作为基本善治（good governance）原则之一，[①] 预见性（predictability）要求法律、政策和管制措施是清晰的，预先可知的，以及统一和有效的实施（Salvatore Schiavo-Campo, p.54, 2007）。预见性对法治的重要性已经得到强有力的确认。按照弗里德里希·哈耶克的观点，法治的根本就在于法律的预见性。虽然"不管是任何人，只要他享有过量的自由裁量权，都必将会导致人治而非法治"，但是，"法治的目标，不是去消除自由裁量权，而是去寻找最佳的自由裁量权水平，使其受到限制并且具有可预见性"（Ronald A. Cass, 2007）。在西方国家，目前预见性标准已经成为学者和法官判别法律制度是否井然有序的标准。可以认为，这一得到普遍认同的标准同样适合其他国家（包括中国）。

预见性之所以特别重要，还因为人类的行为具有目的性。无论目的大小，达到目的即谓成功。但在这个日益复杂和充满不确定性的世界里，如果没有一个能够具有最低预见性的制度环境，人们就得冒很高的风险追求其目的，这使他们投入资源、精力和聪明才智为之奋斗的事业，到头来很可能落个"赔了夫人又折兵"的结局。当这种行为不是发生在个别人身上，而是发生在许多人身上时，这

[①] 善治的另外三项基本原则分别是受托责任、透明度和参与。

个社会的效率（当然还有平等正义）就崩溃了。社会制度和法治的最高意义，就在于为理性和明智的人类行为，提供一个具有起码预见性的制度环境，使人们能够在此环境下或多或少肯定为之奋斗的事业取得成功的前景。在这样的环境下，那些利己又利他的人类活动才能源源不断地涌现出来，并极大地提升个人和社会的整体福利水平。人类社会美好生活的前景和源泉正在于此。

作为社会制度的重要组成部分，预算体制的一个宝贵功能在于其预见性，它在公共支出管理决策的三个关键层次（总量、配置与运营）上都极为重要。具有较强预见性的预算体制，能够帮助我们在较长的时间视野上，较充分地评估公共政策与预算之间的一致性和连贯性。就预算申请者（政府整体也是其中之一）而言，预见性要求在制定预算之前，对能够获得的资源有一个起码的和清晰的预期。在缺乏这种至关紧要的预见性的情况下，预算申请者不可能有效地制定预算。很清楚，与年度预算相比，中期预算给出了更长时间跨度内的预算估计（尤其是支出限额），这使其预见性大为加强。不仅如此，中期基础预算还使人们更容易预见和评估当前政策（以及假如采纳新政策）的未来财政效应，特别是在未来 3~5 年里对公共支出造成的影响。当我们预见到这类政策将变得无法维持时，提前采取适当的调整措施就显得非常重要。在缺乏预见性（年度预算就是如此）的环境下，政策制定者很可能错失采取恰当行动的最佳时机。

■ 透明度

透明度和公开性是善治的基本成分。如同公司管理者掌握着远比利益相关者（尤指股东和债权人）多得多的有用信息一样，政府也比公众和其利益相关者掌握着多得多的公共信息，包括公共财政方面的信息，这些利益相关者通常会明确地或隐含地要求政府公开这些信息。① 政府与公民（以及其他利益相关者）之间的信息不对称，只有通过法律和其他途径约束政府披露更多的相关信息，才能得到矫正。

与私人部门不同，公共部门需要通过法律赋予并保障公民的发言权，也就是容许和鼓励公民通过对公共政策进行全面深入的辩论来实现有效治理。在民主政体下，了解关于政府在做什么以及为什么这样做，乃是公民的一项基本知情权（a basic right to know）。Joseph E. Stiglitz（1999）曾有力地论证道：由公众付费而由公共官员收集的信息应由公众拥有，正如其他实物资产归属于公众一样；因此，一个公共官员基于私利而侵占公共信息，与偷盗其他公共财产没有什么两样，两者都是对公众的公然冒犯。

很清楚，要求通过预算制度（包括《预算法》）确保财政透明度和公开性是不现实的，它需要专门的法律加以规范。尽管如此，预算制度在促进财政透明度方面可以起到重要作用。财政透明度概念强调对政府预算和预算外活动进行全面的、可靠的和及时的报告，确保向公众和资本市场提供关于政府结构和融资方面的全面信息，使其能够对财政政策的健全性做出可靠评估。国际货币基金组织（IMF）财政事务部在2001年4月发布的《财政透明度手册》中，采纳了如下定义：财政透明度指向公众公布政府结构与职能、财政政策取向、公共部门账目和财政筹划，公众被定义为包括所有与制定和实施财政政策有关的个人与组织。

财政透明度是良好治理的关键因素，它意味着政策意图、程序和实施的公开性，要求以及时和系统的方式对所有相关的财政信息——包括预算信息——的充分披露，包括：用来编制预算的经济假设，政府资产和负债的报表，税收支出，以及对受托责任、控制和数据可靠性的建议（Alex Matheson, 2001）。另一方面，缺乏透明度可被

---

① 公共部门的利益相关者包括一个长长的清单：立法机关、公众、政府证券投资者、贷款人、经济与财政分析人员、审计机构等，它们都是政府财政信息和其他公共信息的需求者。

描述为某些人故意限制人们获取信息、或者提供虚假信息，或者不能确保所提供的信息的充分相关性或质量。透明度涉及公民知情权，只有涉及国家安全、市场稳定、隐私等少数例外（Tara Vishwanath, Daniel Kaufmann, 1999）。一般地讲，只有在预算是透明的、能够适当提供有关公共财政的准确和全面的信息时，约束财政机会主义行为的各种制约手段才会是有效的（艾伦·希克，2001）。

不言而喻，与年度预算相比，中期基础预算更切合以上界定的财政透明度概念内涵和外延，因为它不仅包括年度预算的所有信息，也包括了年度预算文件通常不能包括的其他信息。

虽然理论基础是牢固的和清晰的，但转化为实际的操作过程并取得成功却并非易事。发展中国家主要由于其公共行政与管理能力相对欠缺，引入中期基础预算的改革遇到了更多的困难，其成效和进展参差不齐。发达国家虽然并非一帆风顺（许多国家早期经历了某些挫折），但总体而言，引入中期基础预算的实践相对成功。无论如何，在考虑或正式推动引入中期基础预算的变革时，中国需要从其他国家的实践与探索中汲取宝贵的经验教训。

2.3.2　对发展中国家的意义

实践证明，对许多发达的市场经济国家而言，将年度预算过程赋予多年期视角是一种成功的预算管理和赤字控制工具。事实上，中期基础方法在 OECD 国家的预算过程中是普遍采用的，只有法国在 1998 年 12 月才首次在其年度预算中引入多年期展望。有充分的理由相信，这一方法对于发展中国家和经济转轨国家同样意义重大。首先，这些国家传统的年度预算体制不能有效运转的重要原因，正在于缺乏一个中期视角。原则上，可以将其预算改革的重点集中于年度预算框架，之后再选择时机引入中期基础预算。但这样的改革次序实际上存在问题：年度预算体制带来的问题，很大程度上是因为缺少一个中期的时间框架。因此，如果将改革仅仅关注改进年度预算的执行，会导致对年度预算过程与其面临的长期的预算问题之间的紧密联系的忽视。事实上，任何一个预算过程如果不能从中期角度对支出进行优先性排序，或者无法将当期预算决策与随后年度的支出需求紧密联系起来，将会导致前后不一致，从而最终失败。

对发展中国家和转轨国家而言，引入中期基础预算有助于从许多方向上改进其预算系统的运作，特别是从实质上纠正这些国家的"财政病"：可得资源与政府支出承诺的不平衡。决策程序与机制方面的获益也会相当可观，因为中期基础预算提供了一个分析财政战略问题的框架，以及建立了一种就国家发展优先排序问题达成政治一致的机制。另外，中期基础预算包含了一套成熟和有效的方法，用以确保在中期视角上基于政府战略优先性和政策重点，来筹划支出结构和支出总量，从而有助于避免或减轻年度预算体制下武断的（不分青红皂白）支出削减，以及支出结构调整方面的困难重重（源于刚性很强等）。①

2.3.3 作为改革年度预算的方法

最重要的是，无论在实践中还是在观念上，都不要把中期基础预算与年度预算割裂开来。引入中期基础预算的变革，其出发点本应是加强和改进年度预算（方法与程序），弥补年度预算的不足，特别是将年度预算的构造置于一个战略性的中期框架下。多数国家在其传统的年度预算体制下，难以清晰连贯地表达政府的政策目标和

---

① 其他方面的潜在利益包括：通过预测不同经济（假设）与政策条件下的财政效应，中期基础预算能够发出预警信号，帮助提前发现与政府中期财政目标不一致的政策；通过将本年的支出预测作为下一个年度预算的起点，中期基础预算保证了预算的连续性和稳定性。中期基础预算还有利于鼓励支出部门（line ministries）参与预算过程。

优先性，以及识别和评估现行政策及其未来影响是否与政府的财政战略（尤其是可持续发展）相一致，而且预算准备过程支离破碎（包括政府部门内部缺乏有效的协调机制），关键性的基础工作（宏观经济预测与政策筹划、核心部门强有力的预算指导、预算的早期阶段即应公布并严格遵守的预算限额等）要么根本不存在、要么流于形式。如果不对其进行深刻的改革，传统的年度预算体制要想促成公共支出管理的关键目标（财政纪律、优先性配置与运营绩效）甚至基本目标（合规性与财政风险管理），几乎是没有希望的。虽然各国的情况不尽相同，但引入中期基础预算的改革，其首要的战略意图必须清楚地定位为对改进年度预算的运作，修补年度预算的内在缺陷。

为此，在概念层面应避免将中期基础预算狭隘地理解为"一份规定政府中期收入和支出水平的预算"，或者"一份规定政府在中期如何在各支出部门间分配资金的预算"，而应理解为加强年度预算的方法，其目的主要在于通过加强预算与政策间的联系，来促进公共支出管理的目标（尤其是三个关键目标中的前两个目标）。在实务层面，这意味着需要以引入中期预算的变革为契机，着手改革传统的预算程序和有问题的预算策略。改革后的预算程序应确保按照自上而下的方法启动预算准备过程，而不是保留原来按自下而上的方法启动预算准备过程的程序，或者保持两套不同的程序；在此程序中，核心部门与支出部门（预算单位）之间、支出部门与支出部门之间以及核心部门之间的协调机制必须建立起来并且能够正常运作，支出部门在形成正式的预算申请之前，必须获得核心部门的强有力指导，以及在资源可得性和政策筹划（确保政策早筹划、早知道）方面的预见性。在实践中，许多国家（多为发展中国家）没能正确地定位此项改革的战略意图，以致引入中期基础预算后，传统的预算程序以及某些不良预算方法与策略（例如过于乐观或脱离现实的预测）并未发生根本变化，以致中期基础预算的潜力和优势未能充分显现出来。不言而喻，这种换汤不换药、形式多于实质的改革，不可能取得成功。

与年度预算的衔接要求中期基础预算遵守与（改进后的）年度预算相同的程序，包括预算文件的提交。中期基础预算文件可以在预算程序的起点提交（如奥地利）；也可以与年度预算同时提交（大多数国家如此）；或者在预算过程中不止一次提出（如新西兰）。与年度预算文件同时提交可使政府从中期视角处理当年的预算争论，从而有助于强化年度预算过程的财政纪律，特别是有助于形成符合政府中期目标的财政政策，以及预警与中期财政战略不吻合的预算政策。通过将预算争论置于中期框架中考虑，这些预测还能提高预算过程的透明度。

2.3.4 与行政能力和管理能力相适应

中期基础预算隐含着对一国行政与管理能力的高度依赖，但许多发展中国家和经济转轨国家的行政与管理能力严重不足。在公共部门的政策筹划（政策取舍、建立目标与优先性排序），部门间协调，以及在既定资源约束基于政策与战略优先性安排公共支出方面，能力欠缺问题尤其明显。技术能力不足也很普遍，尤其是在经济与财政预测、发展良好的预算分类系统、规划管理（要求界定产出、成果并核算产出或活动的成本）以及会计系统和政府财务管理信息系统（GFMIS）方面。支出审查和预算分析能力的不足也会妨碍中期基础预算的变革和有效运转。另外，计划与预算的脱节在许多发展中国家和转轨国家相当常见（制定资本支出计划和制定预算分别由不同部门负责并且缺乏协调与整合），造成许多问题，包括计划（比如中国的国民经济与社会发展规划）僵化和缺乏可实施性（脱离实际或者没有配合以必要的资源）。将计划过程与预算过程有机地结合起来，要求有较高的行政与管理能力。

行政与管理能力对中期基础预算的重要性，集中反映在 MTEF

的三个支柱上：（1）资源总量预测；（2）部门规划的成本估计；（3）连接二者的政治/行政程序。三个支柱在概念上非常清晰，但许多国家设计和实施这一框架的操作性的指导相当模糊，因而在实践中产生诸多疑问：中期支出框架应该包括哪些部门？部门支出框架应该包含哪些信息，这些信息的详细程度如何？财政部和各部委的正确角色是什么？中期支出框架如何与现行预算系统接轨？这些问题在文献中较少涉及，这意味着我们不容易找到现成的关于具体操作的指导，各国应根据自己的情况探索这些问题的答案。

由于管理和行政能力因国家而异，发达国家的多年期预算方法并不能简单、直接地嫁接到发展中国家。即使在发展中国家和转轨国家间，行政与管理能力也相差很大。这意味着没有任何一个适应于所有国家的"最优"中期基础预算模式。推动这项改革的战略、路径、步骤和进度安排也是如此。在 OECD 国家中，这项改革比较成功的六个国家分别是奥地利、澳大利亚、德国、新西兰、英国和美国，但在具体做法上各有自己的特色，前三个国家的预测期都是 3 年，新西兰和英国为 2 年，美国为 4 年；奥地利和新西兰的中期预算估计每年分别更新 4 次和 2 次，其他国家都只更新一次。其他方面的差异更为明显。例如，与其他国家不同，澳大利亚的预算估计是在支出部门（line departments）层次上进行，但从 1998 年开始不再由财政部进行。

2.3.5　从简单方法开始

发展中国家和经济转轨国家引入中期基础预算的必要性和重要性毋庸置疑。这主要是因为：许多国家所遇到的持续财政困难，很大程度上正是因为缺乏一个对财政政策进行多年期审视的战略；其次，传统预算程序的缺陷和不良预算策略，需要通过引入中期基础预算的变革予以推动。

然而，考虑到发展中国家和转轨国家的行政与管理能力普遍欠缺，在开始阶段即引入全面且复杂的中期基础预算模式是不明智的。一般而言，这些国家应该（且完全可以）从一个比较简单的（局部性的）中期基础预算模式中获益。

2.3.6 需要中期和长期方法

无论是发展中国家还是发达国家，仅仅采用中期方法对于改进传统的年度预算过程而言是不充分的。中期方法只是在最多 5 年（预算年度后的 5 年）内筹划预算事务，虽然比年度预算大为改进，但对于展现长期的财政可持续性和评估现行政策的长期后果而言，中期方法仍有不足。正因为如此，许多国家较早（早于中期基础预算）就开始采用多年期方法，包括采用政府或有负债计量和代际会计技术，最终目的在于确保国家（经济和其他）政策目标与政府中长期财政战略（比如总体税收负担水平和赤字水平）的一致性，以及财政政策和预算程序的稳定性。

这些长期方法大多在发达国家采用，发展中国家相对较少，部分原因在于完整的多年期财政计划（长期方法）要求高度的政治一致性和社会共识，这在发展中国家可能做不到。此外，这些国家的经济状况和面临的内外环境通常更不稳定，制度和管理系统僵化，也使多年期方法在许多情形下不可行或不受欢迎。虽然如此，中期预算方法仍然不足以取代长期方法，它需要长期方法作为补充。

英国、澳大利亚和美国是除了实施中期基础预算之外，采用长期财政评估（预测）方法的三个主要发达国家。中国可以从这些国家吸取经验。美国已经将估计目前政策的变化对将来预算的影响移到 10 年的基线（baseline）。由于政策变化效果的时滞，长期框架使政治家逃避财政纪律变得更加困难。① 澳大利亚和英国都在2002年开始进行系统的长期财政评估。澳大利亚的代际会计（generation accounting）报告评估了当前政府的政策在40年内的长期可承受性，其目的是确保政策决策要考虑对未来子孙的财政影响。其他的情景展望则集中关注人口变化趋势和医疗保健成本的增长。英国第一部年度长期公共财政报告提供了一个对长期的经济和人口发展及其对公共财政的可能影响的综合分析。这一报告纳入对英国现有的预算的补充分析，如代际会计估算和对政府养老基金的长期精算分析。两个国家的报告尤其具有开拓性，但也存在不足，提出的风险范围相对有限。对环境问题的关注亦不够，而且对许多类别的未来支出占GDP的份额简单地设定为常数（Peter S. Heller，2003）。

2.3.7 政府部门的广泛参与

可能存在这样的疑虑和争论：引入中期基础预算是政府总体范围内的改革，如果没有包含所有的部门，则不是严格意义上的中期方法，它能否在控制支出总量和财政赤字方面发挥作用，也不得而知。包含所有部门的中期基础预算的运作成本和对能力的要求都比较高，并且要求政府广泛的参与。虽然如此，相对于其潜在的利益而言，仍然具有很大的吸引力。

传统上，发展中国家的政府机构一直仅仅关注其职责范围内的部门政策的执行与实施，参与政府预算过程的程度很低。这种狭隘的做法往往导致部门支出请求的膨胀、财政部和支出机构之间的对立关系，以及预算执行过程中浪费性的支出行为。从中期视角清晰地阐明政府的中期战略目标，并使政府各部门参与战略目标的形成

---

① 政府要为预计将来的预算状况、建立目标并衡量政策改变对财政造成的影响而保持一条基准线。基准线要覆盖3年或3年以上的时间跨度，并且在每年年度预算的基础上向前滚动。

过程，有助于增强"同心同德"感和激发更负责任和合作性的财政行为。

在发展中国家，由于支出机构和财政部缺乏相互合作、遵守预算纪律的传统，中期基础预算的运作多半会由财政部负责，而财政部的责任多年集中于所属预算司，或预算司下面的某个处。在这种情况下，具体负责形成中期基础预算（尤其是中期估计和中期财政战略）的核心机构，应与财政部所属的其他机构（特别是负责宏观经济政策和收入预测的机构）保持密切协调与合作。①

责任集中模式有助于在启动这项改革的早期阶段降低成本和积累经验。这一模式随时间推移和改革取得的进展，应逐步调整，主要是将较多的责任由其他核心部门（包括政府内阁和立法机关）分担，并且应鼓励支出部门积极参与到运作程序中来。责任过分集中于财政部不利于建立和表达部门（支出）政策优先性，以及尽早鉴别削减支出的机会。原则上，只要预算限额确保形成针对各支出部门的硬预算约束，那么，多部门分担责任的模式就具有显著的优势。

2.3.8 避免成为增加支出的借口

采用中期基础预算的一个风险是：支出部门（与机构）把它看做是满足其增加支出要求的工具，并且想方设法趁机提出增加支出的种种借口。如果这样，这项改革就会失败，因为它与中期基础预算的下述基本逻辑背道而驰：只应着重考虑纳入年度预算的现行政策决策的财政影响，并且排除没有确定资金来源的新规划。为避免中期基础预算"变异"为支出部门增加开支的工具，牢记以下要点

---

① 在法国，中期基础预算主要是由财政部预测司和预算司共同形成。预测司负责预测财政经济发展趋势，提出计划安排的基本原则和重大的财政改革措施，预算司则负责测算财政收支具体情况，编制年度预算和财政收支计划，提出具体财政政策措施。这种分工协作，有利于集思广益，发挥各部门的优势。

非常重要：

（1）MTEF 所确认的支出总量应适应低于计划的、从所有来源得到的收入（收入预测）。

（2）MTEF 和据此形成的预算限额应严格地基于预算的宏观经济与政策框架构造。

（3）预算限额应在支出部门提出正式的预算申请前予以公布，在预算过程一开始就向支出部门施加硬约束，可使其对预算资源的"需要"心态转向"可得性"心态。

（4）MTEF 中只应包括那些有确定融资来源的规划（以此确保这一规划关注的是现行政策），以及那些只是在年度预算准备过程中确定采纳的新政策。

（5）支出估计和支出限额应包括按功能和按大的经济类别（工资、其他商品与服务、转移、利息和投资）分类得出的部门估计和部门支出限额。

2.3.9 对中期基础预算的批评与争议

虽然中期基础预算的实践得到了广泛认可，但批评意见与争议从一开始就产生了，主要集中在以下几个方面：

（1）预测的准确性：相对于中期基础预算而言，年度预算数字的准确性高得多。相反的意见是：在编制预算的过程中，不准确的、或者可疑的数据比没有数据好，因为政府必须采取行动。在大多数政策领域里，直到政府对手中掌握的资料感到满意，他们才会采取行动，但是预算编制中这种情况是不存在的。

（2）中期预算框架不足以为财政政策可持续性评估提供可靠的基础，因此需要其他机制来识别和管理财政风险。脆弱性分析和其他类型的风险评估将在预算编制中扮演更为重要的角色。许多国家甚至国际组织采用脆弱性标准评估财政可持续性。例如，欧洲货币联盟就是按照持续性或风险因素而不是年度或中期展望来评估成员国的预算。还有些国家的政府从基于预算的评估转变为基于常规的财务报表的评估,这相当于财务管理过程中一次革命。

其他批评包括(B. Guy Peters, pp. 332-333, 2008):

(1)就预算事务而言,重要的不是对预算时间跨度的讨论,而是对公共部门与私人部门资源分配的相对份额的争论——哪个部门将被要求承担通货膨胀的成本,哪个部门将被允许扩张,从而挤占其他部门的资源。如果某些部门实行年度预算而其他部门实行多年期预算,问题就归结为:哪些政府部门应该承担(短期内)命运兴衰的风险,哪些应该得到保护而免受这些风险的损害。因为预算时间越长,通货膨胀因素变得越来越重要。将价格变化的影响自动消除的预算编制——定量预算——使某些政府活动有了保证。如果没有指数化,以现金衡量的多年期预算必将减少公共部门的相对规模,导致私人部门变得更大。

(2)另一个潜在的不利方面是增强了项目的持久性。一些项目往往经过非常艰难的努力才进入到预算中。难进也意味着难出。终止这一计划的代价很高。这样,年度预算的支出控制就变得更加困难。而在维持年度预算的稳定变得非常困难的时候,延长预算周期则可能只是增加了预算的不确定性。

(3)多年预算对预算的某些部分非常有效,例如军事采购通常需要数年才能完成。但是薪金和运营支出这类预算不太适合长期预算,因为这些项目的规模受外部因素如通货膨胀影响非常大,很难预测。

一些国家的实践表明,采用中期基础预算还可能引发或加剧过于乐观的多年期预测,成为不合理的公共支出的借口。还应注意的是:全面和正式的中期基础预算依赖于政府追求的目标和选择的方法,这可能非常复杂,并且行政、管理成本很高,从而分散本应发展年度预算的精力和资源。这些都是中国在考虑全面推动这项改革时需要审慎考虑的地方。

【注释】

［1］Christopher M. Tower. Who to Measure the Fiscal Deficit, in Blejer and Cheasty, 1993.

［2］Buiter, Willem H. Generational Accounts, Aggregate Savings, and Intergenerational Distribution. Washington, D. C. IMF. 1996.

［3］Hagenmann R. and C. John. The Fiscal Stance in Sweden: A Generational Accounting Perspective. Washington: IMF. 1995.

［4］Salvatore Schiavo-Campo and Daniel Tommasi. Management Government Expenditure. Asian Development Bank, 1999.

［5］刘长琨：《英国财政制度》，中国财政经济出版社1999年版，第22页。

［6］Allen Schick. Does Budgeting Have a Future? ISSN 1608 – 7143. OECD JOURNAL ON BUDGETING – Vol. 2, NO. 2©.

［7］Bhajan S. , From Input Controls to Outcome Based Fiscal Management: The Case of Australia. International seminar on fiscal comprehensive budget management system, Jointly organized by Budget Affairs Commission of the National People's Congress, Institute of Finance and Trade Economics of CASS, China Australia Governance Program, November 5th to 6th, 2008, Conference Center of NPC, Beijing, China.

［8］阿伦·威尔达夫斯基、内奥米·凯顿（Aaron Wildavsky、Naomi Caden）著，邓淑莲、魏陆译：《预算过程中的新政治学》（第四版），上海财经大学出版社2006年版，第350页。

［9］盖依·彼得斯（B. Guy Peters）著，顾丽梅、姚建华等译：《美国的公共政策——承诺与执行》（第六版），复旦大学出版社2008年版，第162页。

［10］Committee on the Budget of United States Senate: The Congressional Budget Process—An Explaintion, U. S. Government Printing Office, 1998.

［11］外国政府预算编制研究课题组：《美国政府预算编制》，中国财政经济出版社2003年版，据第44页数据加工整理。

［12］David Mosso. Accrual Accounting and Social Security. Journal of Government Financial Management, Vol. 54, NO. 3. Fall2005.

［13］斯蒂芬·L·埃尔金、卡罗尔·爱德华·索乌坦：《新宪政论——为美国好的社会设计政治制度》，生活·读书·新知三联书店1997年版，第39页。

［14］Salvatore Schiavo-Campo. The Budget and Its Coverage. Edited By Anwar Shar, Budgeting and budgetary institutions. The International Bank for Reconstruction and Development / The World Bank, Washington, D. C. , 2007.

［15］Ronald A. Cass：""产权制度与法治"，载《经济社会体制比较》，2007年第5期。

［16］Joseph E. Stiglitz. On Liberty, the Right to Know, and Public Discourse: the Role of

Transparency in Public Life, Oxford Amnesty Lecture , Oxford, U. K. January 27, 1999.

［17］Alex Matheson：更好的公共部门治理：西方国家预算及会计改革的基本理论，2001 年政府预算与政府会计国际研讨会会议论文，北京。

［18］Tara Vishwanath and Daniel Kaufmann. Towards Transparency In Finance And Governance. The World Bank Draft, 1999.

［19］艾伦·希克：《公共支出管理方法》，经济管理出版社 2001 年版，第 3 章"总额财政规范"。

［20］Peter S. Heller："谁来付账？"，载《金融与发展》，2003 年第 9 期。

第3章

对年度预算的改进

传统上,政府预算是以年度为基础进行准备和编制的。作为法定要求,立法机关要求按年度准备、审查、批准和实施预算。这一历史悠久并被普遍遵循的原则对于立法机关监控行政部门的预算行为、对预算过程实施基本的合规性控制和促进对公民的受托责任(accountability)是有效的。然而,随着公共部门的不断扩大和承担更多的责任,年度预算的内在弱点日益暴露无遗,主要问题在于年度预算体制难以在预算和政策之间形成强有力的联结机制。联结机制的缺乏导致预算资金的分配无法准确反映政府政策的目标、重点和优先性,也不能确保良好的财政纪律与总量控制、运营管理与支出绩效以及风险控制。在这些方面,中期基础预算都具有对年度预算的显著优势。

3.1 预算与公共支出管理

现代预算早已不仅仅是一份简单的表述政府年度收支计划的文

件，它更多地被视为一个通过公共支出管理实现国家战略和政府政策目标的强有力的工具。基于此，预算（通过支出决策）必须明确地表述国家战略和政策意图。通过预算文件阐明政府政策目标及其优先性是当今 OECD 国家的通行做法，也是良好预算过程的起点，这对包括中国在内的发展中国家和经济转轨国家没有什么特别的不同。①

3.1.1 公共支出管理的关键目标

中期基础预算的相对优势集中反映在对公共支出管理的三个关键目标方面。任何公共支出管理系统都需要达到这三个基本目标：（1）加强总额财政纪律（aggregate fiscal discipline）；（2）在部门（sector）间和规划（programs）间的支出配置方面建立战略优先性，也就是配置效率（allocative efficiency）；（3）加强预算资源使用的技术效率（以最低的成本得到产出）——运营效率（operational efficiency）(Ed Campos；Sanjay Pradban，1996)。

与此相适应，预算的核心功能也被界定为三级结构：总额财政纪律、配置效率和运营效率（支出或服务绩效）。其中，财政总额（支出、收入、赤字/盈余和公共债务）的决策属于预算过程需要处理的宏观问题，主要涉及政府高层（核心部门）的内部运作，或由核心部门通过与支出部门的互动完成运作。预算与政治的紧密关联主要反映在这个环节。恰当的财政总量筹划（预测、估计和决策）需要以宏观经济筹划为基础，并且需要预算的全面性。如果宏观经济筹划错了，财政总量的决策也会出错，那么，财政政策（作为宏观经济稳定的工具）就会与宏观经济运行脱节，因而不可能成为稳

---

① 中国的现实与此相距甚远：每年政府向人大提交的预算报告中也会提及一些政策重点，但其重心是解释收入、支出、赤字和债务这类总量指标的完成情况及未来一个年度的预测情况，而这些指标与政策之间的联系却是不清晰的。

定经济的有效工具：加剧经济波动而不是使经济更"稳定"。不仅如此，财政总量与宏观经济的不一致，还会造成要么过于乐观（高估收入与支出）的预算，或者过于保守的预算（估低收入与支出）的预算。无论哪种情况，都会带来糟糕的预算执行，因为未被"制定好"的预算是不可能被"执行好"的。总额财政纪律不仅要求基于宏观经济筹划确定适当的财政总额，而且要求政治家、官僚和财政管理者严格遵守它们，支出部门则被要求在严格的预算限额（核心是支出限额）下制定预算。总额财政纪律还要求财政总量筹划和预算限额的建立，必须符合政府承诺遵守的财政约束基准——例如欧盟为其成员国规定的赤字比率不超过3%、债务比率不超过60%的标准。另外，总额财政纪律还要求有适当的惩罚机制，对任何违背财政纪律的行为严惩不贷。

在总量决策制定完成后，预算过程接下来要处理的就是做出关于预算资源如何在部门间和规划间配置的适当决策。① 配置效率要求预算过程应致力促进社会利益或公共利益最大化，即在既定的资源（预算）总量下，预算资源的配置要符合微观经济学中的帕累托最优概念：如果不损害某些人的利益，就不可能增进其他任何人的利益。

在现实生活中，由于种种原因，这种静态的最优状态是永远无法达到的，但预算过程要致力于朝着这个方向前进。原则上，配置效率要求了解公民的偏好，公共财政的本质就是政府得自人民的资源，应最大限度地以符合人民偏好的方式配置资源。这进一步要求选举或以其他方式来了解个人偏好。问题在于，了解相互冲突且人数众多的个人偏好，并且把它转化为公共决策（预算制定）所需要的某种"集体"偏好，实际上无法做到，正如"阿罗不可能定理"

---

① "部门间"不仅指组织结构意义上的政府部门，也指按功能（比如一般社会服务与经济服务）和经济类别（例如资本性支出与经常性支出）形成的结构；"规划"是指旨在促进同一政策目标的若干活动的集合。规划是一个等级式的结构，依次包括"政策目标—规划—活动—绩效与成本计量"。

(Kennth Arrow,1963)表明的那样,设计一个能满足理性要求、合乎逻辑的条件的社会选择机制是不可能的。在现实生活中,作为一种替代,政府需要在充分尊重民意的基础上制定战略与政策(政策是促进战略的工具),而预算资源的配置则被严格要求准确反映政府战略优先性和政策重点。在年度预算下,做到这一点是很困难的,中期基础预算体制则要好得多(稍后加以分析)。

在总量和配置决策确定以后,预算过程还要处理如何在规划管理(政策实施的关键环节)与机构(使用资源提供服务)层面确保良好的运营。这里的关键目标是运营效率(产出/投入比)——更一般地讲是支出绩效。相对于宏观层面的总量决策,支出机构如何以较低的成本(投入)获得较多的产出,本质上是绩效管理(微观层面)的问题。计量绩效(performance)要求与产出(outputs)和成果(outcomes)相联系,因为绩效与投入(inputs)间的联系是很弱的,这也是传统(投入)预算的特点。与产出相比,成果(例如促进儿童体能与健康)更贴近政策目标,但较难计量(难以量化并且受很多外部因素影响),因此,要求支出机构对成果负责通常是很困难的,这也是那些建立了正式绩效预算体制的国家,几乎无一例外地锁定基于产出的受托责任体制的关键原因。在这样的体制下,产出需要清晰和恰当地界定以便与成果之间形成紧密的联系。① 绩效方法(最激进的方法是绩效预算)的内在逻辑是:绩效信息只是与特定"规划"(programs)和"活动"(activities)相联结才有意义,这就要求将规划分类(包括活动分类)体制引入预算分类系统中(见第 5 章 5.1.2)。预算准备过程不只是制定总量决策与配置决策,处理运营绩效也是其中一个非常重要的组成部分。支出部门与机构的预算文件需要阐明其支出申请与绩效(所实现的或打算实现的财政成果)间的协调性。在发达国家中,预算申请者被要求提供充分的绩效信息表明其预算申请的理由和适当性。预算限额(中期或年度)

---

① 投入—产出—成果形成清晰完整的关键链是绩效管理的基本要求,但在实践中却存在相当困难,尤其是在产出与成果之间。

的建立也高度依赖这些信息。

与总量决策和配置决策不同，这一环节较少具有政治色彩，因为需要处理的是与公共服务相关的具体（运营）事务。对于公民（或政府服务的"消费者"）而言，运营环节是他们能够"近距离"感受和判断政府工作质量的环节。[1]

除了以上三个关键目标外，公共财政管理还要关注合规性（compliance）和风险。合规性的核心是确保公款被用于法定的目的，这要求有适当的程序（用以约束预算的准备、制定、审查、批准、授权、执行、评估、报告和审计），其他制度安排（尤其是公开性和透明度）和实施机制也是很重要的。

相对于（总额）财政纪律、优先性配置（配置效率）和运营效率（支出绩效）而言，合规性和风险管理通常被看做公共财政管理的"一般性"目标，这倒不是因为它们不那么重要，而是因为它们在任何时候都是重要的，而且旨在促进合规和风险管理的制度安排和实施机制需要融入预算过程的所有方面和所有环节，这与前三个（关键）目标分别对于预算过程（尤其是预算准备过程）特定的决策层级有所不同。另外，与合规和风险管理相比，如何解决总量问题、配置问题和运营问题是将一种预算制度与其他预算制度区分开来的更关键的因素，它们在更高程度上决定了预算制度的质量（Ed Campos; Sanjay Pradban, 1996）。

本章后面的分析表明，年度预算虽然能够较好地满足公共支出管理的合规性目标，但对于促进三个关键目标以及在管理财政风险而言，年度预算是不充分的。这是因为，在年度预算下，预算与政策之间的联结往往是松散的和脆弱的，以至预算在很大程度上变成"分配"（资金）的工具，而不是有力和有效的政策工具。

---

[1] 在20世纪90年代以前，发达国家的预算改革，关注的重点是强化总额财政纪律与支出控制，新近的改革将重点转向了绩效管理（核心是绩效预算和绩效评估），以及建立正式的中期基础预算，将年度预算的准备置于MTEF之下。

3.1.2 预算的功能与作用

为使预算成为促进公共支出管理目标的有效工具，正确的定位和清楚地确认预算的功能与作用十分重要。一般认为，预算具有三项基本功能：计划、控制与管理（Robert M. McNAB, Francois Melese, 2003）。中期基础预算对年度预算的显著改进，集中在这些功能上。公共预算的计划功能强调预算资源在互相竞争的公共规划（public programs）间的分配，这大致相等于经济效益中的配置效率概念，这一概念要求在既定的预算资源总量约束和技术约束下，将预算资源配置到最具价值的地方。预算的计划功能本质上是一个政治运作问题，它比管理功能和控制功能更加密集地触及政治过程的核心，因而主要在政府的最高层次上（立法机关、内阁、财政部等主要扮演支出控制者角色的核心部门）完成。预算的管理功能强调的是预算资源在每个公共规划内部的分配、使用和使用结果，控制功能则强调对公共资源的支出进行法律、行政和其他方面的限制，这也通常被认为是政府履行对纳税人受托责任的机制。

在实践中，预算的上述功能要求预算发挥八个方面的作用（David Nice, 2002）：

（1）建立目标和优先性。预算过程涉及许多技术方法的应用，但预算主要不是一个技术工具，而是现代政府最重要的政策工具。在一个十分复杂、充满不确定性并且资源有限的世界里，通过预算为国家建立目标并设定其优先性极端重要。政策目标可以是定量的，例如提高国民的识字率；也可以是定性的，例如纠正市场失灵。有些政策目标可以通过管制、贷款担保，或其他干预方法达成，并不需要直接或立即的支出达成。然而，大部分政策目标需要财务资源，预算是这些财务资源最重要的来源。

（2）联结目标与活动。政策目标是抽象的和高度概括性，它需要通过与目标密切相连的一系列活动相联系，才可能转换为实际行动并产生有意义的结果。

（3）管理经济。现代政府的基本经济职能是稳定（宏观经济）、配置（核心是提供公共物品）和再分配。公共预算与三者紧密相连，并且强有力地影响这些职能。

（4）促进受托责任。在政治民主社会里，政府得自人民的资源，应按人民的意愿使用，并产生人们期望的结果。为了确保政府为人民服务，人民将权力和责任一并授予政府。理论上，政府权力的合法性来自受托责任。为促进合法性和政府的可信性，政府必须就其资源来源、使用和使用结果向人民承担受托责任。公共预算作为一个阐明政府法定义务和责任的工具，在促进政府向人民履行受托责任方面发挥着关键性的作用。

（5）控制公共资源的使用。受托责任与控制（以及报告）机制紧密相连。受托责任要求政府对公共资源的使用必须处于立法机关（代表公民）的控制之下。在政治民主下法治社会里，没有来自公民（通过立法机关）的授权，政府不仅不能从公民那里拿钱（征税），也不能实施任何公共支出。

（6）促进效率与有效性。要确保政府对公共资源的使用产生有意义（满足公民偏好与需求）的结果，效率和有效性（effectiveness）必须得到保证。效率不仅包括配置效率，也包括反映投入产出关系的运营（生产）效率。有效性反映以既定成本达成政策目标的程度。

（7）引导与支持社会规划与改革。许多与公民权利相关的改革，例如教育、医疗卫生和社会保障体制的改革，如果没有预算和预算变革的支持，几乎注定难以成功。

（8）保持程序的可管理性。"程序"对于确保政府正常运转至关紧要。预算本身就是在一套严格界定的程序下年复一年、日复一日完成运作的。这套程序如此复杂又如此重要，以至于现代社会大部分（所有需要花钱）的公共政策（需要花钱的）都在此程序上制定和推动，而且构成一个社会最重要的那些"元素"——公民、立法机关、行政部门、支出申请者和使用者、政治家、官员、公共服务供应者等——都以某种方式参与到预算程序中，或与预算程序存在直接或间接的关联。

不言而喻，只是在好的预算制度的基础上，预算的上述功能与作用才能有效和充分发挥出来。"预算"的含义是广泛的，预算系统包含了众多的构成要素，但预算制度是其中特别重要的一个方面。在这里，预算制度被定义为在行政与立法框架下，用以规范（governing）预算过程的正式和非正式的规则和原则的集合（Jurgen Von Hagen, 2002）。

预算制度将预算过程区分为不同步骤，决定谁在某个步骤的什么时候做什么，以及处理各阶段的信息流量。广义的预算制度还包括受规划与原则约束的预算程序和实施机制（包括旨在增进预算透明度的各种机制）。

当预算制度不能有效运转时，预算的功能与作用要么无法展现出来，要么以扭曲的形式展现出来。在这种情况下，预算改革（核心是预算制度改革）就被提上日程，以妥善应对环境变化带来的挑战和机遇（政府施政本质也在于此）。20世纪80年代以来，在新公共管理运动的推动下，发达国家率先推动了大规模的预算改革：先是在预算管理功能（规划内部的资源配置和支出使用）方面赋予支出部门较大的自主权，包括减少支出条目；其后是引入结果导向（result-oriented）的绩效预算；新近的改革是引入中期基础预算。艾伦·希克（Allen Schick, p.9, 2002）将这些旨在系统改善公共支出管理的预算改革区分为三个层次：宏观预算（macro-budget）、配置预算（distributive budget）和微观预算（micro-budget），其中，宏观预算处理预算总量（the budget aggregates）和维护总额财政纪律；配置预算关注如何通过做出更好的预算决定来分配成本与利益；微观预算涉及的是政府规划与机构（government programs and agencies）的运营。很明显，这一分类完全对应于根据预算的核心功能区分的三个基本的公共支出管理目标：总额财政纪律、配置效率和运营效率

(绩效)。促进这些目标要求有一系列的制度安排和实施机制,这些制度安排和机制虽然是广泛的,但大多与预算过程——特别是预算准备过程——紧密相连,而中期基础预算就是其中最重要的组成部分,它对年度预算的显著改进反映在每个公共支出管理目标上(除了合规性目标),以及针对每个特定目标所建立的制定安排与机制上,而焦点则是在预算与政策(规划属于政策实施的范畴)之间建立紧密联系,确保这种联系的存在和有效是促进公共支出管理所有目标的前提条件。

3.1.3 联结目标的制度安排

要使预算发挥上述功能与作用,必须将预算制度、程序与机制与公共支出管理的特定目标联结起来。例如,以自上而下开始的预算程序、预先(在支出部门提出正式的预算申请前)公布必须遵守的预算限额,以及赋予核心部门在预算准备过程中的支配地位,对于促进总额财政纪律(支出管理首要目标)尤其重要(也有助于促进优先性配置);旨在确保预算过程竞争性(避免投票交易)、赋予支出部门管理自主权的预算程序和机制,以及采用某些客观规划(包括成本效益分析和支出归宿分析),对于促进配置效率尤其重要;在预算过程中融入绩效导向方法,包括要求支出机构在预算申请文件中清楚地阐明中期财政战略和绩效目标,对于促进运营效率尤其重要。当然,许多预算方面的制度安排和机制对于所有的目标都起着支持性作用,尤其是旨在加强预算全面性和提高预算透明方面的制度安排与机制。

各国在致力实现公共支出管理目标方面无一例外地面临很多困难,虽然具体情况因国家而异,但基本原因是共同的。其中,总额财政纪律受制于"共用池问题":所有的预算申请者都把预算视为一个可以"滴入"极少甚至无须花费任何成本的公共资源池(common resource pool），没有人具有节约使用的动机，从而产生类似公共草场（被过度放牧）、渔场（被过度捕捞）、森林（被过度砍伐）方面的问题，即所谓公共的悲剧（tragedy of the commons）；预算资源的优先性配置（配置效率）则主要受制于信息披露和投票交易（为避免冲突而对预算方案互投赞成票妨碍预算竞争），信息披露涉及的是跨部门和跨规划支出的战略优先性，理论上这种优先性排序应建立在公民偏好信息的完全了解的基础上，并且要求有一套能够将相互冲突的个人偏好"加工"（整合）为某种"社会偏好"的机制（即使民主政体也未能解决）；运营效率则受制于政府官僚制体系中存在的信息不对称（asymmetry）和激励不相容（incentive incompatibilities）问题，前者典型地出现在委托—代理关系中。这些问题反过来都能影响支出结果（Ed Campos；Sanjay Pradban，1996）。

为应对上述问题而建立的制度安排，尤其是预算制度安排，使一个国家的公共财政管理系统和预算系统得以与其他系统区别开来，而不同特征的制度安排在很大程度上决定了所能实现的财政成果（fiscal outcomes）的质量和水平。[1] 在实践中，制度安排并非总是有效，因此旨在系统和持久改善公共财政管理的实施机制——特别是与透明度和受托责任相关的机制，非常重要，因为它们给那些违反规则的政治家和官僚施加了隐含的成本，因此也能够使他们的承诺有更高的可信度（Ed Campos；Sanjay Pradban，1996）。

一般地讲，处理总额财政纪律和财政总量控制的制度安排与实施机制的有效性，取决于四个因素（Sanjay Pradhan，2000）：（1）预算是否在一个宏观经济框架的基础上来制定；（2）对于支出总量、赤字以及借款是否有正式的宪法约束或援助方条件约束；（3）在预算制定和实施过程中，各部是否对总支出上限（可用实际支出与预算支出的差额所占的百分比衡量）有控制权；（4）每个部门是否有超支的限额。

---

[1] 财政成果包括宏观和微观两个层面。宏观层面要求财政支出、赤字和债务总量是可持续的和令人满意的；微观概念反映政府财政活动给公民带来的服务结果，要求政府向公民支付高质量的充足的公共服务。

处理总额财政纪律和财政总量控制的制度安排与实施机制的有效性，取决于能否建立一个正确的支出优先性排序，这进一步取决于以下因素：

（1）排序过程中协商的广泛性以及透明度，即由支出部门还是核心部门决定，特别是政府在预算执行过程中对支出优先性排序进行调整的协商规则是什么，预算与实际支出构成之间的偏差有多大，是否适时公之于众，对于过大的差异是否有惩罚性措施。

（2）支出优先性排序的基础以及核心部门与支出部门之间在配置决策中如何解决其宏观与微观的矛盾。在这里，关键的问题是中期支出筹划过程，这需要一个中期的宏观经济框架，并根据战略优先性考虑如何在部门（sector）间和规划间配置资源。即使有这样的框架，还要确定相对配置的基础是什么，特别是要看有没有具有前瞻性的概算，以便支出部门可以将它与社会目标结合起来，根据政府职责，估计要达到的目标产出及其成本。

（3）考虑援助方的影响。①

就运营效率（绩效）目标而言，关键性的制度安排是否有效主要取决于支出机构在预算资源配置与使用方面的相对自主性，支出机构能够在多大程度上对绩效负责，进入部门预算（ministerial budgets）的资源流量的可预见性，机构官僚的能力，以及招聘和晋级基于其才能（merit）的程度（Ed Campos；Sanjay Pradban，1996）。

3.1.4 年度预算的弱点

实践和理论分析表明，在年度预算框架下建立的旨在联结公共支出管理目标的上述制度安排与机制存在内在弱点。这是因为，在

---

① 外部援助对预算程序的好几步都有影响。所产生的协调方面的问题是：保持捐赠者和政府内优先次序间的一致性（有些项目是由于有资金而实施的，与政府所确定的优先次序并不一致）；跟踪监控捐赠者花了多少，资金都用于哪些方面了，以及政府是否实现了这批资金的价值。

缺少有效的中期战略规划和决策程序的情况下,公共部门的政策制定和规划之间不仅相互独立,而且游离于预算程序之外。此外,政策制定、规划以及预算三者同样不受资源可获取性和战略优先性的限制,这种情况直接导致了政府政策承诺与实际履行之间的严重脱节。由此,年度预算过程往往为了应付各种偶然因素而变得面目全非,丧失了其根据清晰的政策选择配置资源以完成战略目标的本意(The World Bank,1998)。

与中期基础预算不同,年度基础预算只是针对未来一个年度的收支进行预测,而很少关注较长时期内的政策变动或宏观经济条件改变对预算的影响,这种预算决策方式相对于国家的长期战略方针和政策来说,是十分短视和缺乏远见的。对于年度预算的内在弱点,阿伦·威尔达夫斯基曾做了下述总结(Aaron Wildavsky,1986):(1)短视,因为它仅仅考虑了下一个年度的支出;(2)容易导致支出膨胀,因为它掩盖了未来年度的巨额开支;(3)过于保守,因为收支的巨大变化不会在一个长期前景进行战略安排;(4)狭隘主义,因为各项计划彼此分割,而不是把未来成本与其收入联系起来进行比较。

由此可见,要使预算真正成为有力且有效的政策工具,必须跳出以年度为界限的狭小圈子,而将视野扩大到所有对中长期预算产生显著影响的领域,如未来宏观经济运行情况、政府长期战略与政策、未来的预期收入和支出。当然,在预算过程中,在政策的相关性和确定性之间还存在一个权衡取舍问题,一种极端是:政府对明天的"预算"很有把握,但作为政策工具,其相关性很小;另一个极端是:对于一个跨越相当长时期的预算而言,虽然包含了广泛的内容和雄心勃勃的政策目标,但也伴随着非常大的不确定性。因此,一个包括年度预算在内的3~5年的中期预算展望,不论是从政策的稳定性,还是从确定性来说,都是非常合适的,而这正是中期基础预算的一个主要优势。

年度预算本身也可以在一定程度上实现与政策的衔接。但是,如果没有配合以中期基础预算的导向和约束,在纯粹的年度预算框架下，政府政策（例如教育政策和卫生政策）与预算（资源）配置之间的联结是脆弱的。即便负责制定和管理部门政策的政治家在预算的早期阶段即制定并宣布部门政策，年度预算框架通常也不能提供成功地将实施这一政策所需要的资源安排到预算中。这种现象在我国年度预算实务中极为普遍。①

下面我们区分公共支出管理的目标，依次分析年度预算的弱点，以及为何使用中期基础预算能够弥补这些弱点，从而显著改善年度预算的运作和公共支出管理。

3.2 财政纪律与总量控制

强化（总额）财政纪律的目的在于确保有效的总量控制（核心是支出总量控制），要求政府整体、支出管理者以及预算过程的其他参与者的综合行为，不能破坏所建立的财政总量约束（核心是预算限额和诸如赤字比率不高于3%之类的财政约束基准）。为最大限度地减轻预算过程的共用池问题对财政纪律和总量控制的损害，为预算准备宏观经济框架、良好的协调机制、赋予核心部门以预算过程的支配地位、正式和量化的财政约束、严格的预算限额制度以及加强预算全面性，都是至关紧要的制度安排。将这些制度安排置于一个中期框架下加以运作，相对于年度预算的运作而言有效得多。

3.2.1 总量控制与"公共的悲剧"

制定预算的过程首先是总量决策的过程：确定适当的支出、收

---

① 政府经常宣布农村基础教育、基本卫生保健等是施政的重点，但这些领域反而经常是得不到足够预算资源的领域，就是生动而有力的例子。

入、赤字/盈余和债务水平。其中,支出总量还包括(并且应该)按照功能和经济性质作进一步划分,以提供进一步的信息帮助我们对预算及其影响进行分析。总量控制(核心是支出控制)要求预算过程确保将财政总量水平约束在与资源供给、宏观经济(和其他公共)政策和财政约束相适应的水平上。总量控制还要求控制各项具体的支出,以确保各项支出之和不至于突破总的支出限额。如果预算过程确立的预算总量水平反映了预算的初衷(政策意图),那么,确保实际执行结果不至于(过分)偏离初衷,就是任何良好的公共财政和预算系统的首要目的。

预算的本意就是"控制"(控制政府的"钱袋子")。没有控制就没有预算。如果以更尖锐、更触及实质的方式提出问题,总量控制和财政纪律之所以成为预算(或预算改革)的首要目标,是因为它与人们熟悉的"公共的悲剧"有关:

"这是一个悲剧。每个人都被锁定进一个系统。这个系统迫使他在一个有限的世界上无节制地增加自己的牲畜。在一个公地自由使用的社会里,每个人追求他自己的最佳利益,毁灭的是所有的人趋之若鹜的目的地"(埃利诺·奥斯特罗姆,2000)。

公共悲剧通常也称为"共用池"(the common pool)问题,它的三个基本特征是:(1)资源总量的有限性,再生的速度和能力有限;(2)众多的使用者,但没有人对资源总量(可持续性)负责;(3)如果过度使用就会将资源耗尽(通常是强势成员捷足先登导致的结果),最终导致每个人都陷入"悲剧"之中。

预算系统本身就是一个典型的开放性的共用池:每个支出机构都把预算当作一个可以提供资源,但却极少甚至无须花费任何成本的公共资源池。他们主观上可能都希望政府保持良好的财政状况,但又都从自身利益出发,尽可能多地要求资源,同时希望减少其他支出机构的提取。因为没有一个单独的支出机构需要对支出总额负责，所以，每个支出机构并不在乎自己的过度提取是否会破坏政府的财政能力，即使所有支出机构提出的总和导致这一结果也是如此。公共支出、赤字和债务膨胀不仅影响宏观经济稳定、财政风险和财政政策可持续性，而且显著地影响财政结果。这是因为，耗尽国库来向公众提供福利，不仅会导致经济混乱，而且几乎肯定导致内部争吵并随之导致滥用权力为基础的政治（斯蒂芬·L·埃尔金，卡罗尔·爱德华·索乌坦，1997）。

适当的财政总量取决于许多因素，尤其是与宏观经济稳定相适应，以及（微观层面）确保公民能够获得必要的服务，而控制机制及其有效性主要取决于预算体制的特征，尤其应包括以下要素：（1）赋予核心部门在财政总量决策中的支配地位；（2）旨在建立严格预算限额，并分离线上预算与线下预算（基线筹划）的中期支出框架（MTEF）——其实质是估计政策变化造成的财政后果的约束性程序；（3）预算的全面性；（4）正式和量化的财政约束。

显而易见的是：这些对于强化总量控制至关紧要的要素集中反映在中期而不是年度预算体制中；至少，中期基础的预算更容易满足这些特征。主要由于两个原因，年度预算在实践中经常不能有效地实施控制。首先，在一个年度内控制或削减开支和赤字是相当困难的，较大幅度地削减尤其需要在若干年内采取行动才会有效；其次，作为一个具有法律约束力的文件，年度预算所设定的支出、收入约束只是在一个年度内有效，支出机构很容易利用这个漏洞，通过操纵（故意推迟或提前）开支或收入的时间来规避这些限制。这类机会主义行为也可能出现在中期基础预算中，但动机和机会大大减少了（部分原因在于未来若干年的财政总量被预先公布了）。

3.2.2 中期预算限额

中期基础预算的首要功能在于根据宏观经济与政策筹划确定未

来各年度的预算限额,并据此对支出、赤字和债务等实施总量控制。与年度预算相比,以中期基础预算为依据对预算总量实施控制,更有利于政府在编制年度预算时确定支出重点,更强有力地约束各支出部门的支出需求,并确保政府政策的连续性和可持续性,削弱由于某些政治和社会因素对预算和政策造成的冲击。中期基础预算在强化财政纪律和总量控制方面的作用,主要是通过建立和实施强有力的中期预算限额(总额财政制度的核心)实现的。

鉴于核心部门在评估支出总量和宏观经济筹划方面的相对优势(相对于支出部门),预算过程的共用池问题可以通过赋予核心部门在支出总量控制中的支配地位而得以减轻。然而,仅有这些是不够的,来自支出申请者的持续压力往往会迫使预算突破限额。这就有必要建立明确的规则,规定特定的预算限额——尤其是支出限额和借贷限额,并对突破限额的支出机构进行惩罚,这样,核心部门就有控制支出和预算申请者的更多手段(包括增强其讨价还价的能力)来捍卫总额财政纪律。

在这里,年度预算的局限在于所建立和实施的只是年度限额,而不是跨年度的(中期)限额。在一年的基础上实施预算限额,很容易带来两个问题。首先,年度基础(一年一定)的预算限额难以使预算成为实施政策的有效工具,因为政府的经济政策和发展计划是在多年的基础上实施的,并且具有连续性。与年度基础相比,中期限额能够更好地匹配和支持政策和计划的实施。其次,一年一定的预算限额诱使支出部门和支出机构将预算内的开支推迟到未来年度以满足限额要求,这种做法无疑加大实现未来预算平衡或总量控制目标的难度。

为有效地发挥作用,预算限额除了必须在中期基础上制定和实施以外,还必须具备如下特征:

(1)强大的约束力。预算限额不仅构成对预算编制的财政资源总量约束,而且对整个预算执行过程都具有强大的约束力。这意味着,在正常情况下,一旦预算通过法定程序进入执行阶段后,任何支出机构超过预算限额的支出需求,都可能被无情地拒绝。

(2)限额应该是全面的。预算限额应该包括公共部门的全部支出,覆盖所有的预算外资金和"税收支出",即政府通过税收优惠措施而放弃的税收。理想的情形是,预算限额中还应包括政府贷款——包括在许多国家中数额巨大的对国有企业的担保贷款,以及政府债务——尤其是大量的或有债务和其他隐含的债务。

(3)总量限额和部门限额分设。总量限额是指政府整体(在单一制国家中包括全部各级政府)的预算限额,通常基于宏观经济形势分析、(经济)政策筹划、预测的收入水平和预算赤字的目标水平确定,并在一个具有约束的 MTEF 中反映。总量预算限额确定后,必须分解为部门支出限额,这是为各个部门或部长而设立的。部门限额同样必须是强约束性的。部门限额的必要性在于确保总量限额得到遵守,并有助于鼓励各支出部门在限额范围内进行资源再分配,从而改善预算过程的配置效率。

(4)预算限额的多样化。支出限额最为重要,但需要其他限额的支持。除了支出限额外,预算限额制度还应包括财政收入限额,预算盈余或赤字,以及政府债务限额。如果没有其他方面的预算限额,支出限额就很难落到实处。①

(5)预算限额是预先(而非调整后)决定的。"预先"的含义是:预算限额在各支出部门提出预算申请之前就确定下来了,而且是由核心部门基于国家政策目标和预测而为每个支出部门和每位部长制定的。从这一意义上讲,目前我国实际上并不存在严格意义上的预算限额制度,因为在现行的预算管理体系中,预算限额是事后决定的而不是事前决定的,具体地讲是在预算过程之中由预算申请者与支出控制者之间的讨价还价决定的:支出部门自下而上向支出

---

① 不难理解,如果不对收入实施有效控制,政府就可以通过增加财政收入(包括出售资产)支持其开支水平,或者避免通过压缩支出的办法来满足赤字控制目标,两者都加剧了支出控制的难度。类似地,如果不对债务施加限制,政府的债务规模极易膨胀并将负担轻易地转嫁到未来的纳税人身上。

控制者提出允许无节制的预算支出申请,然后由支出控制机构进行综合平衡并做出削减。这种机制允许各支出部门和支出单位提出无限制资源需要。

(6) 限额应该严格实施但不能僵化。预算限额制度通常会产生两重效应:一方面,限额迫使管理者进行资源的重新分配,以便为效益评价更高的项目提供资源;另一方面,僵化的预算限额也可能使新的项目更难得到资金,即使这些项目具有更高的效益评价也是如此。

在准备支出限额时还必须考虑以下因素:宏观经济与政策筹划,包括建立政策目标的优先性排序和确定政策重点;对支出部门现有规划的审查结果;继续现有支出规划对下一个预算造成的影响,以及这些规划的支出刚性程度,特别是那些与持续性承诺相关的支出——如公民权益性质的开支(养老保险尤其典型);政府关于部门间支出(资源)转移的战略,可分配给新政策的支出数量,以及服务需求。一般地讲,在年度预算框架内,这些因素难以得到充分的考虑,一个覆盖未来3~5年的中期基础预算则要好得多,它为政府和政府各部门提供中期内各年度的预算申请务必遵守的财政约束(预算限额)。与一年一定的预算限额制度相比,通过中期基础预算建立的预算限额更有助于促进政府政策的连续性,减弱政府领导人的更替对预算和政策造成的不利影响。中期限额制度也有助于减弱一年一定的预算限额激励各支出部门将支出推迟到未来的动机。①

3.2.3 财政约束基准

为了加强总额财政纪律,预先建立正式的和量化的财政约束基

---

① 多年来中国的情形就是如此。各级政府、政府部门和支出单位不同程度地存在着推延支出的倾向,其中一个典型的做法是财政拖欠:将当年的支出以应付账的形式处理,人为地制造财政平衡。

准,并确保这些基准在预算过程的每个阶段得到严格遵守十分重要。20世纪90年代以来,发达国家不仅致力于建立定量化的财政约束基准,也致力于建立旨在确保这些基准得到顺利执行的实施机制。欧盟的例子就很典型。为了强化对欧元区成员财政状况的约束,欧盟成员国在经过激烈争论达成的《稳定与增长公约》中,要求成员国在进入经货联盟后保持必要的财政趋同政策,否则将面临被处罚的威胁。(1)成员国必须遵守年度财政赤字不超过3%的要求,除非年度国内生产总值超过了2%的负增长,否则,违反规定的成员国将面临包括向欧洲央行缴存额外的无息储备金以及对该成员处以罚金等处罚;(2)欧盟为落实在整合过程中于1991年签署的《马约》中设立的"财政门槛"——3%的赤字比率和60%的债务比率,要求成员国每年3月须向欧盟委员会提交上一年预算执行结果,5月底前委员会即公布违反规定的名单,连同改善建议,送还成员国办理。如果会员国未依照建议改进,将被课以GDP的0.2%~0.5%的罚款,依其预算赤字偏离3%的幅度而定。

与许多国家和地区不同,中国现行《预算法》及其《中华人民共和国预算法实施细则》没有对中央和地方政府的预算行为设定任何定量化的财政约束。财政约束贵在定量。定量化约束要求明确设定关于财政支出、收入、债务和赤字/盈余的上限。这至少有两个方面的潜在利益。首先,为政府承诺(将财政总量控制在与宏观经济目标相适应的水平)建立定量化和可验证的尺度,可大大增强承诺的可信度和违背承诺的成本。其次,为预算申请者准备和编制预算总量设立定量化的"硬预算约束"的环境,有助于抑制支出机构想方设法通过扩张支出(追加预算)应对额外支出需求的行为,迫使其将关注的焦点转向通过减少低价值项目支出应对额外支出需求,从而有助于激活预算过程的再分配机制,促进配置效率。另外,与定性化的约束方式相比,定量化财政约束的另一个巨大优势就是易于识别和验证,只要实际的财政总量超过了设定的定量化约束水平(例如欧盟规定的60%的债务比率以及3%的赤字比率),人们立即可以判断政府的财政行为违背了自己的承诺。

非常重要的是：虽然在年度预算下也可以并且需要建立正式和量化的财政约束基准，但只有在这些基准被要求在中期而不是年度内遵守的情况下才会更加有效。这是因为，以年度目标（比如每年都要实现预算平衡、每年都要确保赤字比率不低于3%）表达的财政约束基准，经常容易诱使支出部门把支出推迟到未来的年份，从而使政府能够声称已经实现了当年的目标，而同时又使今后的目标变得难以实现。财政约束条件越是严格，就越容易刺激政府为规避责任而推迟结账日的到来。这些考虑表明，相对于年度预算而言，中期基础预算是有效的——或许是必不可少的——财政约束手段。实践证明，在中期基础预算运用得当时，政府就会迫于压力而对当前开支行为对未来预算的影响进行评估。如果财政约束只是在年度内有效，支出机构就可以轻而易举地通过推迟支出和赤字，或采取其他机会主义行为（例如提前收税、出售资产或干脆做假账）来达到年度目标。如此这些约束基准是在中期内而不只是年度内有效时，预算执行者刻意破坏财政规范的动机和机会就会大大减少。

财政约束基准应覆盖收入约束、支出约束、赤字约束和债务约束和年度平衡约束，其中以赤字约束和债务约束最为重要。收入约束、支出约束和债务约束可以采用比率方式——通过设定为GDP的某个百分比（例如赤字/GDP比率），也可以采用增长率的方式。[①] 其实，关键不在于财政约束采取何种形式，而在于所采用财政约束必须能够确保对财政总量（特别是支出总量）的有效控制。然而，财政约束的有效性取决于许多因素，包括政府体制的特征。[②] 引入中期预算体制的变革通常要求引入自上而下开启的预算程序、基线筹

---

① 从国际层面看，在各国政府之间或一国内部各地方政府之间维持一种竞争机制，也是一种较好的约束机制，但这需要较为严格的条件——尤其是保持各成员的财政政策自主性。

② 根据艾伦·希克（Allen Schick, 2001）的研究，政府体制被分割得越零碎，就越不能集中主要力量采取维持财政纪律所需的强硬办法；最具凝聚力的政府是多数主义体制下的政府：政府由单一的政党组成（在议会制下），或者一个单一的政党既控制着行政部门又控制着立法部门（在总统制下）。

划、强化核心部门的作用和建立有效的冲突裁决与协调机制，所有这些都有助于加强政府体制的有效性，弥补年度预算中通常存在的决策机制支离破碎的缺陷。因此，中期基础预算不仅通过减弱机会行为，也通过强化政府体制加强了财政约束基准的有效性。

两种常用的财政约束形式是比率约束和平衡约束（我国现行《预算法》要求地方预算遵循年度平衡原则）。平衡约束看似严格，但实际上会带来严重的软约束问题，因为它允许政府通过增加税收甚至出售资产，而不是通过限制支出来实现平衡。这样一来，预先设定的预算限额很容易被突破。因此，无论是平衡约束还是比率约束，都不能代替总量性的预算限额，而且预算限额的重点应集中在支出总额方面，并且独立于收入限额（不应与收入限额挂钩）。另外，即使建立了严格的总量预算限额和独立的支出限额，收支平衡（收支挂钩）形式的财政约束也是有缺陷的，因此需要独立的、比率形式的、量化的支出约束、赤字约束和债务约束。其中的一种形式是将支出总额限定为 GDP 的一部分（欧盟规定其成员国赤字比率 3%、债务比率不高于 60%），另一种形式是规定本年支出相对于上年或基准水平的变动幅度。这些多样化的财政约束（平衡约束、比率约束和总量性的预算限额），无论在年度预算还是中期基础预算中，都必不可少并且十分重要。但正如前述，基于中期而非年度建立和实施财政约束，才会更加有效。无论对于强化财政纪律和支出控制，还是对于促进基于战略优先性的资源配置，都是如此。

3.2.4　更好的预算程序

引入更好的预算程序也使中期基础预算更有助于强化财政纪律和总量控制。包括中国在内的许多发展中国家，传统的年度预算准备程序是以自下而上方式启动的。在此程序中，支出部门在准备预算的早期阶段，既没有得到核心部门强有力的指导（包括预算的重点、政策上的优先事项以及技术细节），也没有资源可得性方面起码的预见性和正式的、具有约束的预算限额。图3-1、图3-2和图3-3分别显示了我国现行年度预算编制的总流程、财政部审核和上报预算的流程和部门编报预算流程。

仔细检讨上述程序不难发现两个主要弱点。首先，在预算准备的早期阶段，预算申请者（包括政府整体、支出部门和基层单位）的预算申请早于预算限额（预算控制数），也就是说，它们是在缺乏资源可得性方面缺乏起码预见性的情况下准备预算的。其次，上述预算编制流程不能体现预算与政策的相互联结，也就是在政策方面缺乏起码的预见性的情况下提出预算申请。虽然后续程序对此有所修补，但由于早期阶段的基础工作并不到位，这样的程序不太可能成为一个"硬约束"程序：不能在预算过程的早期阶段即建立起强有力的总额财政纪律和支出控制。这一缺陷可望通过引入中期基础预算变革加以校正，因为中期基础预算要求自上而下方法开启预算准备过程（参见第4章4.1.7和第5章5.17），这样的程序有助于在预算过程的起点即应为预算提供强有力的政策指导，以及确保预算制约政策（任何可能导致未来支出义务增加的政策提议都必须受到详细的审查），这对于强化财政纪律和总量控制极端重要。

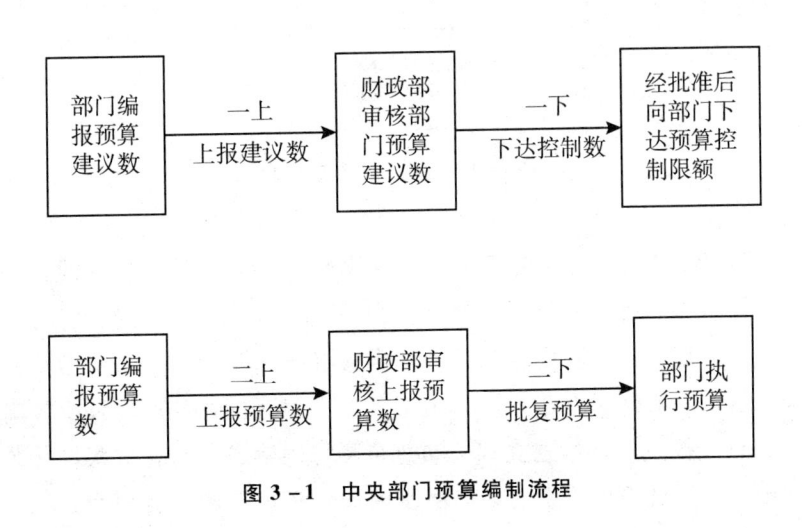

图3-1 中央部门预算编制流程

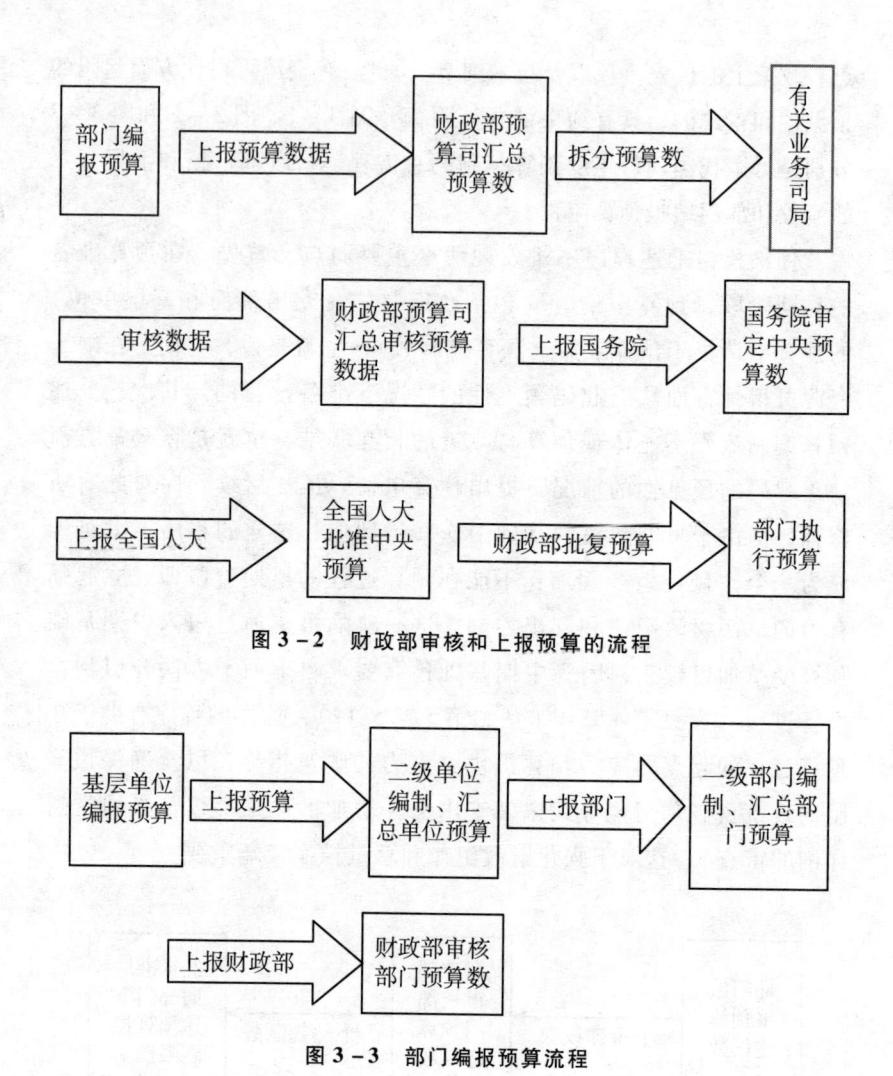

图 3-2　财政部审核和上报预算的流程

图 3-3　部门编报预算流程

20 世纪 90 年代以来,在引入绩效预算和中期基础预算的过程中,许多国家已经在不同程度上采取了自上而下的支出控制措施,包括为各部门建立较高级别的预算限额和支出削减目标。新型预算程序包括两项核心内容:(1)在预算准备过程的起始阶段即由较高级别的(核心)部门建立和公布总量预算限额、部门预算限额,各支出部门与机构在给定的部门限额内确定预算资源在各项规划间的配置；(2) 总量—部门预算限额问题同部门预算限额—规划配置（program allocations）问题，被当作两类相关但又不同的问题处理，在预算过程中分别加以考虑，用以加强财政纪律。这些措施促进了预算资源从低价值领域转向高价值领域，激励各部门和支出机构建立自己的支出优先性排序以促进配置效率。斯堪的纳维亚国家的预算系统尤其典型：在预算过程的起始阶段即由内阁制定公共政策，以此为各部门下一财政年度的预算设定支出框架，并对新的支出需求产生了强有力的约束作用。在发展新的预算程序方面，立法机关也参与进来。许多国家的立法机关参与了总量预算限额的确定，这使承诺更具可信度，也有助于抑制各支出部门寻求增加开支的企图。此外，"自上而下"程序建立和实施的预算限额约束，给予各部门资源总量可得性的明确指示，有助于他们从一种"需要"心理转向"可行"心理（亚洲开发银行，2001）。

3.3 战略优先性与配置效率

在确定财政总量的基础上，预算制度需要面对的是中观层面的优先性配置问题，即如何在部门间（sectors）和规划（programs）间合理配置预算资源。与私人部门不同，公共部门需要面对许多经济、社会和政治目标，而且这些目标常常相互冲突。面对有限的资源总量和无限可能的用途，预算制度必须以国家战略和公共政策为导向，基于效率和公平建立适当的优先性排序，确保把稀缺资源优先用于更具价值的用途。为此，必须存在一套有效的决策机制，公共官员也必须有一套清楚的价值体系（价值观），并确保这套决策机制和价值体系很好地融入预算制度与程序中。然而，年度预算由于缺乏中期战略视角和相应的战略规划，预算往往不能清晰界定政府政策优先顺序以及确保其资金的稳定性（游祥斌，2007），这种情况在很大程度上是因为预算被看做是一种年度资金的分配活动,而不是一种以政策为基础的活动,基层政府官员因而在管理资源方面缺乏权威和责任心(The World Bank,1999)。相对于年度预算而言,中期基础预算提供了一套更有效配置资源的决策程序与机制。

3.3.1 信息不对称、投票交易与配置难题

预算的本质是在给定的资源总量下确保资源的配置能以最大限度促进社会公共利益的方式进行。但每个社会在这一方面都面临很多困难。首先是共用池问题造成的资源紧张,这意味着缺乏充足的资源用于满足具有较高预期回报的用途。社会中那些强势群体(利益集团)也不会自动"让出"自己在预算蛋糕中获得的既得利益,而弱势群体又很难指望现行的政治程序来纠正不平等的分配现状,即使政府宣布把弱势群体置于政策议程的中心位置,通常也是如此。以此而言,解决优先性配置要求推动有效的政治改革。

即使如此,优先配置也会受到两类信息不对称的困扰。首先是政府与公民间的信息不对称,以及获取公民偏好信息反馈的成本。理论上可以根据公民偏好建立优先性排序和实现配置效率,但偏好信息的严重不对称以及获得偏好信息的高昂成本将使其变得十分困难。另一类是纵向的信息不对称:相对于政府核心部门(立法机关、政府内阁、财政部和其他负责预算审查与支出控制的部门)而言,支出部门和机构更了解自己真实的支出需求信息,在关于如何有效配置资源和使用资源(提供服务)方面也拥有更多的信息和专业知识。

优先性配置的困难还会因为有缺陷的政治过程和有缺陷的预算程序而加剧。在现代西方民主政体中,政治过程中盛赞的投票交易使预算过程的竞争变成了共谋:要求各方通过互相赞同预算方案来得到各自想要的东西(B. Guy Peters,2008)。在中国和多数发展中

国家，更常见的一类逃避预算竞争的情形是支离破碎的预算程序：对各种各样的支出需求先后做出决定（预算外活动、贷款担保、税收减免、专款专用和法定支出并未整合到正常预算程序中），以至预算的各个不同部分之间几乎没有相互竞争。无论哪一种情况，在正常预算过程中做出的关于如何配置资源的决策，覆盖的只是政府活动的一个狭隘的部分。在理想情况下，战略优先性和配置效率（支出管理的第二个关键目标）要求在统一的"预算池"中，基于对各类规划与政策的相互权衡，通过仔细辩论和比较各类支出的相对价值，来建立支出优先性排序，并达成广泛的共识。

3.3.2　中期视角下的优先性配置

正因为面临上述困难，配置效率要求建立一种竞争性的预算程序来确保资源是在一个竞争的框架内得到配置的（竞争也是引导市场经济中私人部门资源配置的关键机制）。政治（预算）过程的竞争虽然不同于市场经济中私人部门的竞争，但只要竞争是全面（无预算外支出）、公平（无受到特别保护的拨款）和权威性（无不正当支出）的，那么我们就认为预算结果是正确的。这需要在内阁中形成能够确定战略优先性的决策制定机制，这种战略优先性是在严格的预算约束下，通过比较竞争性政策的中期成本而形成的（Ed Campos；Sanjay Pradban，1996）。不言而喻，这种"中期"机制只是在中期基础预算中通过基线筹划才能形成。对于优先性配置目标而言，中期基础预算比年度预算提供了更有效的、旨在克服配置难题的解决方案。

概括地讲，能够促进优先性的制度安排包括：（1）联结预定成果的支出计划程序；（2）在内阁层次上建立旨在鉴别和辩论（现行政策和新政策）中期成本的程序；（3）支出机构在其内部配置资源方面的灵活性；（4）更全面的预算；（5）客观标准（成本效益分析和支出归宿分析）的使用。

　　对于配置效率而言，将制度安排在年度预算框架内也是必需的，但需要在一个中期基础预算的框架内能够更有效地发挥作用。相对于年度预算体制而言，中期基础预算提供了一套更有效配置资源的决策机制。首先，由于时间短促形成的惯性（刚性），在年度范围内很难作较大幅度的结构调整，以使资源转入更具优先级的用途。其次，政策筹划（包括评估现行的成效、决定是否需要出台新的政策和调整优先性排序）作为一个高度复杂、专业且极端重要的工作，在一个年度框架内很难保证其质量。再次，年度预算所产生的信息（尤其是与现行政策和活动相关的绩效信息）往往是局部的或片段的信息，因为现行规划实际执行结果（包括需要的后续支出）需要在这项规划完成以后才能得到全面评估。在这种情况下，预算制定者很难判断当前的规划或政策是否需要继续，还是停止或做其他调整。年度预算的另一个要素也使其妨碍优先性配置目标：年末"突击"花钱。这种现象广泛存在于中国各级政府的预算实践中。

　　中期基础预算在几个方面有助于避免或减缓年度体制的弱点。由于建立了更严格的和更长时间的预算限额，尤其是要求在全面和严格地评估（当前与新）政策的未来财政效应的基础上制定预算估计，中期基础预算对预算申请者施加了更严格的硬预算约束，这种硬约束有助于激励支出机构通过内部的再分配（挤出资源），来应对新的支出需求，结果，年度预算体制下常见的那种追加预算（造成软约束）的动机就减弱了。引入中期基础预算在逻辑上要求赋予财政部（支出控制的核心部门之一）和其他核心部门更大的权力，以使其在与支出部门预算谈判和预算审查中处于更有利的地位（对于总量控制和捍卫公共利益至关紧要），这样，核心部门更容易在预算准备和执行过程中，控制和削减那些浪费性的或违规性的开支。此外，由于年末尚未花完的钱被允许推延到后续年度，中期基础预算有助于削弱年末"突击"花钱的动机。

3.3.3 避免武断的支出调整与削减

相对于年度预算而言，中期基础预算在支出结构的优化调整以及建立有效的支出削减策略方面，其相对优势尤其明显。首先，正如前述，幅度较大的结构调整需要一个较长的时间跨度，特别是对于调整公共支出政策的优先性排序而言。这在年度框架内几乎是难以完成的，因为年度预算的时间跨度太短，而且一年中可取得的财政资源也是有限的。但在中期框架下则完全不同：中期框架下的预算可以为支出结构的优化调整提供一个可操作的时间维度和资源保障。

在制定年度预算时，预算年度中的大部分资金通常已经有了安排。例如，公务员工资、付给退休人员的养老金、偿还公债利息等在短期内是不会轻易变动的，虽然其他成本可能会进行调整，但调整通常是小幅度的（通常不超过总支出的5%）。这意味着，任何基于支出优先性所做的调整，如果要想取得真正的成功，必须在若干年的时间跨度内才有可能进行。

其次，无论调整支出结构还是削减支出，都需要以政策为导向，否则要么会迷失方向，要么无法持续下去。这一任务在中期基础预算中能够更好地实现。通过阐明当前政策决策对未来年份预算开支的影响，跨年度支出预测使政府能够评估成本收益并判断政府政策是否超过其承受能力。

中期基础预算根据政府的战略重点及政策重心确定未来若干年内的收支政策及其走向，加强了预算的前瞻性。如果没有中期预算的准确测度，当经济环境发生较大变化，特别是出现经济波动或较大的意外支出需求时，缺乏长远规划的预算将很难应对意外变动带来的支出压力，而为应对环境变化而需要迅速进行的支出调整不可避免地过于随意和考虑不周，往往倾向于削减在短期内容易减少或削减阻力较小的投入和活动，例如公共基础设施的维护与保养支出。

此类调整产生的主要问题是：支出调整并不以政府政策为基础，因而经常与政策目标和优先性发生偏离。通过阐明实施现行政策在未来（中期）需要安排的支出，中期基础预算使政府能够评估各项政策的成本与成本有效性，从而决定这些支出规划究竟是本身"具有吸引力才被选择"，还是因为"有钱才被选择"。①

年度预算下经常发生的这类武断的支出调整或削减，由于缺乏明确政策基础，经常与政府的政策目标和优先性发生偏离。中期基础预算基于政府的长期战略与政策及其对宏观经济的影响，对未来年度的预算收支进行合理预期，并根据政府的战略重点对预算支出进行优先性排序，这样，即使在经济出现大幅度波动，财政收入下滑或支出急剧增加的情况下，政府的战略重点也都能得到预算资金的充足保障。

3.4 运营绩效与风险管理

财政总量和优先性配置虽然十分重要，但除非在支出机构和规划层面上确保良好的运营管理与服务绩效，以及在预算过程的各个阶段和财政管理的所有方面有效地管理风险，否则，公民将仍然难以获得满意的和持续的服务，而政府则可能遭遇过高的赤字和债务的困难，并威胁到现行政策和公共财政的可持续性。

3.4.1 弥补年度预算的"绩效短板"

与总量和配置目标相比，绩效目标侧重的是微观层面的目标，

---

① "收入驱动"普遍存在于我国各级政府的预算实践中。大量炫耀性工程（楼堂馆所）并非国家政策重点，只是因为"有钱花"（收入驱动）和炫耀"政绩"而被选择。

它要求支出机构确保支出得到妥善的管理，使服务接受者能以较低的成本获得较充足的、高质量的服务。计量服务绩效的关键指标包括成本（投入）、产出和成果。在理想的情况下，投入—产出—成果之间应形成紧密的关系链：投入（计量的选择）足以支持产出，产出则足以支持意欲的政策成果。① 多年来，许多发达国家的预算改革将重心放到总量控制和优先性配置方面，但从20世纪80年代后半期开始，在澳大利亚、英联邦、新西兰、瑞典和其他一些试图改善政府绩效的国家中，运营效率（政府机构通过规划管理提供服务）得到了关注。这些国家预算进行了大胆的转变，把预算改造为追求绩效的工具，支出机构在给定的预算资源约束下，被要求对绩效负责（Allen Schick, p.35, 2002）。

有许多机制可以用于加强（公共支出或服务）绩效。绩效评价、服务外包、赋予支出机构更多的管理自主权（包括在某种程度上自主决定预算支出的组合和使用），以及引入某种形式的绩效预算，是最常见的机制，但所有这些机制要求获得绩效信息，尤其是关于规划或活动的产出与成本信息。② 也就是说，绩效信息是关于与特定政策目标相联系的规划和活动的信息，而不是条目（line-item）类别上的信息。因此，所有绩效导向的改革，无论是较为稳妥的绩效评价还是较为激进的绩效预算，都要求将规划与活动分类引入到预算支出分类系统中。没有这样的基础性的工作，绩效管理将十分困难（也没有意义）。另外，引入绩效方法需要核算实现特定产出和成果的成本，而成本核算也是在规划和活动的层次上展开的。

由于大部分规划和活动不太可能在一个年度内完成，年度预算体制无法提供关于规划与活动的完整成本和绩效信息——这些信息

---

① 投入与产出之间的对比关系称为运营效率（operational efficiency），它主要取决于管理能力和技术因素。

② 规划是为旨在促进特定政策目标的一系列活动的集合。规划不同于"项目"（形成固定资产），它比"项目"或"工程"概念更为宽泛。活动指实现规划目标所筹划的行动。一项行动或措施是否适合作为一项"活动"引入规划，取决于在这个层次上能否产生恰当的绩效信息。

只是在一个中期框架内才能完全展开。因此，即使在那些没有采纳正式的中期基础预算的政府，通常也需要在一个中期基础上开展绩效管理。时间跨度的差异和绩效信息的跨年度特征，意味着中期基础预算与绩效导向管理方法更具兼容性，这种兼容性在年度预算体制下是很弱的。从实践的层面看，许多国家引入绩效导向方法（尤其是绩效预算和绩效评价）的变革，与引入中期基础预算的变革是同步推动的。

除了较长的时间跨度更有利于绩效导向管理方法外，更"硬"的预算约束也有利于激励支出机构关注绩效。在很多情况下，引入中期基础预算要求改革传统的年度预算程序：这一程序未能在预算准备的早期阶段（编制预算之前）提供来自核心部门强有力的指导（预算指南），并且允许支出机构提出远高于资源可得性的预算申请，以及与核心部门（负责预算审查和支出控制）之间过度的讨价还价。另外，有些国家（例如中国）的预算程序还允许在预算执行过程中反映"修订"（主要是追加和调整）预算。在这种的环境下，支出机构不太可能把主要精力放在如何优化预算资源的内部（规划间或活动间）配置上，以及精细筹划"投入（资源）—产出（服务本身）—成果（规划目标）—政策目标"的关系链上。①

相比之下，中期基础预算要求在预算准备的早期阶段即建立和公布预算限额（MTEF 的主要功能），支出机构只能在这个限额的硬约束下提出预算申请；要求预算申请者（包括政府整体）在预算准备的早期阶段完成政策筹划，而且所有（包括新增）的政策和活动的未来财政效应都应得到全面和严格的审查，以此形成（总量和部门）预算限额。另外，中期基础预算还要求支出机构提供成果（绩效报告），说明所取得的成果（例如空气洁净度和水质改善程度）与相应的支出是否协调。这些因素在很大程度上改进了年度预算程序，弥补了年度体制在促进运营绩效目标方面的弱点。

---

① 对于任何特定规划，在投入、产出、成果与政策目标之间形成紧密的联结，是确保运营绩效的技术基础。确保营运绩效要求每个链条及其相互关系都得到精心筹划和管理。

3.4.2 更好地管理财政风险

　　许多难以进行有效控制的干扰因素会导致政府收入减少，损失或支出增加，这使政府（或组织）面临财政风险。所有的政府或机构都在不同程度和范围上从事一些与风险相关的活动和交易，因而或多或少地存在着财政风险。在许多经济转轨国家和发展中国家中，经济、金融和社会政治领域中的风险都有最终导向政府财政的趋势，由此削弱了财政的可持续性、政府施政能力和可信度。在这种情况下，管理财政风险已成为改进和强化财政管理的一项关键性课题。

　　然而，年度预算体制对于财政风险管理是不充分的。由于纳入当前年度预算的政策和活动的后续成本将延续到未来若干年，这些成本（支出）无法在年度预算文件中得到反映。因此，年度预算具有"隐藏"不利支出趋势的内在倾向，无法帮助我们看清当前政策的中长期后果，从而难以筹划适当的政策措施以应对这些不利变化。对于许多重要的跨年度政策和承诺而言，这方面的问题尤其严重。应对人口老龄化对未来社会保障支出的影响、应对气候变化对环境保护开支的影响，以及应对其他难以预料的变化（例如重大自然灾害、恐怖袭击威胁和经济衰退）对未来（应急）开支的影响，都是典型的例子。由于这些变化的财政效应需要多年才能充分显现出来，政策制定者必须采用多年期视角来审视这些变化，这是及时采取应对方案化解风险所不可或缺的。

　　事实上，许多国家引入中期基础预算的初衷之一就在于帮助评估、披露和控制财政风险。这一体制有助于评估政府或部门现有政策承诺在中期（3～5年或更长）内的财政可持续性，以及某些类别的隐含负债——比如前期投资项目的当前成本。与年度预算体制相比，中期基础预算中的两个关键成分（以及其他成分）——MTEF（中期支出框架）和财政政策报告（筹划），对于管理财政风险意义重大。其中，MTEF 直接展现了继续当前政策以及采纳新的政策承诺将在中期内造成的财政效应（支出、收入、赤字/盈余和债务情况）。了解这些效应是管理财政风险的第一步。

财政政策报告书不仅筹划了政府在中期内广泛（且具体）的政策目标、优先性排序和政策重点，也提供了对当前政策财政效应的评估，以及对中长期财政状况可持续性的评估。这些评估通常量化了财政风险。在可能的情况下，采用（修正的或完全的）权责制会计可以较好地评估明确的（包括确定的和或有债务）政府负债，但对于评估财政风险而言，权责发生制会计既不是必需的也不是充分的，但它比流行的现收现付制会计更有利于披露和评估风险。①

总体而言，年度预算所披露的财政风险是十分有限的。某个具体项目（item）或某项活动上的支出虽然已经在年度预算中加以确认，但可能发生的实际成本具有更高程度的不确定性，因而高于年度预算确认的水平。这类风险需要在财政政策报告中披露。财政政策报告书还应披露其他由于在时间、规模和事项发生的可能性难以预料，而在年度预算中没有包括的具体项目（比如政府已经宣布要在未来某个时候将文盲率降低到规定的水平），但这项政策产生的财政效应并未在年度预算得到充分考虑。

非常重要的是，财政政策报告书还需要披露关键性的预测假设引起的财政效应，包括 GDP 每增长 1% 对财政收入造成的影响（按税种测算的收入弹性）。准备年度预算的两个关键性步骤是经济预测和财政预测。财政总量的变化通常对预测假设的变动非常敏感，这意味着所使用的预测假设即使发生较小的变化，也会导致预算估计的较大差异，从而造成低估支出、高估收入（过于乐观的预算）或

---

① 四种主要的会计基础（用于确定记录交易的时间与标准）是完全的权责发生制和完全现收现付制，以及修正的权责发生制（只记录部分政府资产和负债）与现修正的现收现付制。后者允许一个后延期（通常是一个月），在此期间内的交易仍然按完全现收现付制处理。多数国家的政府会计和预算仍然采用现收现付制，但越来越多的国家已经或打算采用某种形式的权责发生制。

其他形式的财政风险。无论是在宏观经济预测中使用的关键性假设（GDP 增长、通货膨胀率、利率和汇率等）的变动所产生的财政效应，① 还是在收入和支出预测（财政或预算预测）中使用的关键假设（如有效税率和公共部门工资增长率）的变动所产生的财政效应，以及特定支出承诺产生的成本的不确定性，实际上都是财政风险的一个重要来源，在财政政策报告书中应充分披露并尽可能量化。

以上分析表明，与年度预算体制存在的突出弱点相比，中期基础预算为管理财政风险提供了一个完整的、量身订制的方案。一般地讲，采用这一体制并配合以其他措施（例如制定更好的风险管理程序和改革政府会计与报告制度），管理财政风险的工作将变得较为容易和有效。其中特别重要的是：政府的中期财政战略（需要在中期财政政策报告中阐明）必须明确地确认和披露风险，否则，中期财政战略就是不可行的。反映财政风险对综合财政状况产生的中期影响的一个最佳方式是：开发基线中期现金筹划（baseline medium-term cash projections）技术，并对其与风险决定因素间的关联度进行测试。这是因为，对未来的风险计量是建立在一系列假设参数（例如老龄化比率和通货膨胀）的基础之上，这些基本假设参数哪怕是较小的变动也可能对结果（包括未来的现金支出需求）产生重要影响，这种高度的敏感性需要通过测试予以量化，这对于帮助决定财政储备和其他应对风险的相关战略至关紧要。对于隐含的风险，中期财政战略应包含一份可信的关于隐含或直接风险爆发时如何行事的或有计划（Hand Polackova, Brixi Sergei Shatalov, Leial Zlaoui, 2000）。

---

① 在这里，财政效应指预测假设的变动对财政收支估算产生的影响。例如，一旦经济增长率（经济预测假设）或有效税率（财政预测假设）与年度预算编制所依据的假设不同，政府的收支就会发生变化，这种变化具有很大的不确定性，因此构成财政风险的一个来源。

【注释】

[1] Ed Campos, Sanjay Pradban , Budgetary Institutions and Expenditure Outcomes – Binding. Governments to Fiscal Performance, Working Paper, No. 1646. The World Bank , Policy Research Department, Public Economics Division, September 1996.

[2] Kennth Arrow, Social Choice and Individual Valures, 2d ed. New York: John Wiley, 1963.

[3] Robert M. McNAB and Francois Melese, Implement of The Government Performance and Results Act, Perspective of Performance Budgeting. Public Budgeting & Finance. Summer 2003.

[4] David Nice, Public Budgeting, p. 1. Wadsworth Group, Thomson Learning 2002.

[5] Jurgen Von Hagen, Budgeting Institution for Better Fiscal Performance. 2002. See Anwar Shar, Budgeting and budgetary institutions, overview. p. 29. The International Bank for Reconstruction and Development. The World Bank, Washington, D. C., 2007.

[6] Allen Schick , Does Budgeting Have a Future? p. 9. ISSN 1608 – 7143. OECD Journal on Budgeting – Vol. 2, No. 2©.

[7] 桑贾伊·普拉丹（Sanjay Pradhan）：《公共支出分析》，中国财政经济出版社2000年版，第37～39页。

[8] The World Bank, Public Expenditure Management p. 32. Handbook, Washington D. C, 1998.

[9] Aaron Wildavsky, Budgeting: A Comparative Theory of Budgetary Processes, pp. 105 – 116. Transaction Publisher, 1986.

[10] 埃利诺·奥斯特罗姆：《公共事务的治理之道》，上海三联书店2000年版，第11页。

[11] 斯蒂芬·L·埃尔金、卡罗尔·爱德华·索乌坦：《新宪政论——为美国好的社会设计政治制度》，生活·读书·新知三联书店1997年版。

[12] 亚洲开发银行编著，财政部财政科学研究所译：《政府支出管理》，人民出版社2001年版，第117页。

[13] 游祥斌：《公共部门绩效预算研究》，郑州大学出版社2007年版，第46页。

[14] The World Bank, Public Expenditure Management p. 31. Handbook, Washington D. C, 1999.

[15] 盖依·彼得斯（B. Guy Peters）著，顾丽梅、姚建华等译：《美国的公共政策——承诺与执行》（第六版），复旦大学出版社2008年版，第40页。

[16] Hand Polackova , Brixi Sergei Shatalov, Leial Zlaoui: Managing Fiscal Risk in Bulgaria, Policy Rearch Working Paper, Europe and Central Asia Region Poverty Reduction and Economic Management Sector Unit of The World Bank, January 2000.

第4章

引入中期基础预算：意义与可行性

为充分发挥预算在中国经济社会生活中的积极作用，提升各级政府施政能力，中国需要借鉴国际经验（包括吸取教训），着手推动引入中期基础预算改革的进程。这项改革还可以与更为广泛的相关改革（包括引入绩效导向管理方法）有机地结合起来。成功地引入中期基础预算所带来（现实与潜在）的收益是全面的、重要的和持久性的，将对我国公共财政制度框架建设和强化政府施政效能产生正面和深远影响。考虑到一些相关的前期工作已经初步展开，国外实践也能提供宝贵的经验和教训，中国引入中期基础预算是完全可行的。为确保这项改革取得成功，当务之急是积极创造条件，包括建立部门间协调机制，提高预测能力，熟悉和创设适当的运作流程，以及确保"显规则"压倒"潜规则"。

4.1 意义与必要性

由于种种原因，中国现行的年度预算明显地不能有效运作。随着预算规模的迅速扩大和经济社会的迅速转型,年度预算的弱点日益暴露出来。为此,近年来从中央到地方都推动了一系列的相关改革,包括实施部门预算、改进预算分类系统、国库单一账户与集中支付、政府(集中)采购、支出绩效评价等。主要由于这些改革都是在年度预算的框架内进行的,没有考虑以中期视角予以推动,以致年度预算的内在弱点难以克服并扩展开来。时至今日,预算资源的分配不能准确反映国家的战略重点与政策优先性、财政纪律松弛、财政风险未得到妥善管理的现象依然十分严重,且有日益加剧的趋势。发达国家和许多发展中国家的预算实践有力地证明,为控制支出,基于政策配置支出,以及提供运营效率所需要的条件,以下三个基本的前提条件需要在预算准备过程的早期即被满足:中期展望;对于艰难抉择的平衡(配置决策)早做决定;预算过程的开始阶段建立硬性支出限额。不满足这些条件会导致不良预算策略,包括增量(基数)预算,缺乏磨合与协调的复式预算(dual budgeting)以及过度讨价还价。确保这些基本条件融入中期基础预算对于防止那些跨年度支出项目演变为(刚性极强的)权益类(比如养老与退休)支出非常重要(Anwar Shar,2007)。鉴于中期基础预算具有弥补年度预算弱点、改进和支持年度预算运作的极大潜力和显著优势,为提升各级政府的施政能力,将预算打造为支持政府施政的利器,中国需要积极创造条件,致力推动引入中期基础预算的改革。

4.1.1 捕捉挑战与机遇的财政影响

政府施政的本质是适应环境的变化,及时抓住机遇并妥善应对所面临的挑战。目光短浅的政府将无法做到这一点,这样的政府将无力妥善应对挑战,也无法抓住宝贵的发展机遇。年度预算的突出弱点也在于此:它限制了政府把目光投向未来(只是眼下一年)。结果,当坏结果发生时,任何预防措施都来不及了,因为最佳时机

（战略机遇期）已经丧失了。避免这种糟糕的局面要求我们超越年度预算的短视，以中长期的视角来审视面临的挑战与机遇，提前捕捉这些挑战与机遇造成的未来财政影响，据此评估是否需要调整现行政策或引入新的政策。越是面对多变的、充满风险的环境，我们越是需要目光长远的政府。今天的政府施政，正是处在这样高度不确定性的环境下。随着全球化发展、技术进步、人口统计学与气候变化，未来的不确定性还在日益加剧。这意味着在目光长远基础上的政府施政方略，比过去任何时候都显得更为重要，而且越来越重要。不言而喻，只有中期基础预算（配合长期的财政筹划方法）才能展现政府的长远眼光，帮助人们看清未来的挑战与机遇。这不只是政府也是私人部门和公众采取明智行动的前提条件。

与许多国家一样，中国社会也面临包括人口变化、气候变化、经济变化（尤其是经济衰退）、安全变化、技术变化、老龄化、艾滋病与其他大范围传染病对国家经济、社会与公民带来的巨大挑战。这些挑战的许多方面比其他国家甚至更为严峻，特别是日益恶化的生态与自然环境、基本公共服务（特别是养老、医疗保障）的短缺、加速发展的老龄化、各种形式的舞弊与腐败、不断加剧的（收入与财富）分配差距以及频繁的自然灾难。水资源危机、能源危机、地方的群体性事件、民族分裂势力与宗教极端势力的威胁也比过去任何时候更加严重。另外，正在进行的技术革命，包括在生物遗传学、信息与通信、新材料与认知科学领域，也给中国带来巨大机遇。无论是机遇还是挑战，都会给中国经济社会的未来产生广泛而深远的影响。

我们为这些已经到来的机遇和挑战做好了充分准备吗？政府旨在应对挑战和机遇的现行政策与活动需要花多少钱？我们有足够的能力满足这些天文数字般的支出需求吗？政府需要做出新的、调配更多资源的（财政与政策）承诺来应对吗？继续现行政策以及采纳新政策在财政上是可持续的吗？财政风险将如何变化？政府应如何精明地花好纳税人的钱以应对挑战与机遇？由于年度预算无法展现这些挑战与机遇的财政影响，我们对上述问题的答案常常是十分模糊的。政府施政方向与战略的模糊意味着不能给公民带来充分的信心和希望，也难以为他们的明智行动提供一个稳定的、可预期的年度与政策框架。

显而易见的是：年度预算（文件）既不能对政府未来（跨年度）的财政责任提供指导，也很少考虑政府为应对挑战与机遇造成的财政风险。事实上，政府的很多高风险活动（交易），特别是财政担保、其他或有负债以及隐含的财政承诺（例如对国有金融机构亏损或破产承担的义务），极少反映在年度预算中。结果，年度预算文件反映的政府支出义务，以及赤字与债务水平，远远低于与政府承诺和政府活动相对应的实际水平。所有这些都造成系统性的"短视综合征"：它使我们无法看到未来，也无法看到政府活动的全貌和全部结果。毫无疑问，这些应对挑战与机遇的政策与行动造成的未来影响，包括财政影响，势必波及未来的公民。如果应对得当，未来公民将从现行政策中获益，他们将有能力支付更高的税收而不至于降低生活标准。如果应对失当，他们将为当前的政策付出代价。

既然如此，我们有必要现在（制定政策和预算时）就开始关注未来的财政风险。越是存在巨大的不确定性，越需要关注风险。为此，我们必须找到一个更好的方法，用以评估这些挑战和机遇的财政影响。中期基础预算就是这样一个可靠和有效的方法。如果能够与年度预算以及其他长期（财政筹划）方法有机地结合，那么，政府施政的短视症及其后果就能在很大程度上得到克服。需要长期方法的原因在于：现行政策对未来的财政影响通常只是在长期内才能全部显现出来。这就要求财政可持续性分析，不能只集中于当前纳入年度预算中的债务和确定性程度很高的支出，更需要关注广口径的财政总量预测，[①] 以及建立适当的、能够鼓励对现行政策未来影响进行辩论的程序（年度预算通常不鼓励这类辩论）。中国目前既缺乏有效的中期方法，也缺乏长期方法来分析和评估政策可持续性框架。

---

① 澳大利亚和英国是较早进行长期分析的国家，美国在较低程度上也是如此。长期方法通常假设现行政策、法律、财政收支占 GDP 比率等因素保持不变。

从国际上看，中期基础预算先于长期方法被应用于对财政承受性和可持续性的分析，而且更加正式（制度化）和普及。这样的次序（首先发展中期方法）对于中国而言也是恰当的。

在确认当前的政策将造成未来难以承受的风险时，对这些政策做出适当调整就是不可避免的。这意味着要么要求政府创造足够的财政空间（Peter Heller，2005）削减支出、控制赤字与债务，或者努力实现财政盈余（建立预算储备），以使政府有能力为未来支出需求提供资金；要么要求政府减少承担未来支出义务（例如推迟退休年龄和避免公民权利性支出的指数化）。

由于需要考虑预算年度之后 3~5 年的支出安排和政策筹划，中期基础预算比年度预算更具前瞻性，而前瞻性是风险管理的前提。与年度预算不同，中期基础预算（除了第一个年度外）并非一个法定的多年期预算资金分配方案，但可以为未来若干年政府和政府部门提供明确的支出导向或目标。这一优势对于管理财政风险十分重要。年度预算的主要缺陷之一是忽视潜在的财政风险。许多当前的政策或政府承诺隐含着导致未来开支或损失剧增的财政风险，但在年度预算框架下，由于这些开支不能在预算中体现出来，因而在预算过程中经常被忽略，最终酿成高昂代价的可能性很高；而一旦政策制定者开始注意到这些风险时，很可能已经为时太晚。因此，年度预算不能促使决策者在早期阶段就鉴别风险，并采取相应的措施以防患于未然。相比之下，中期基础预算的一个突出优势在于把注意力导向当前政策的长期可持续性，使人们在早期阶段就能鉴别和暴露那些不利的支出趋势，这样便于早做打算，及时阻止、减缓这些支出，以及尽早为需要的支出筹集资金。

对于处理确定性事项（尤其是支出与债务）而言，年度预算是有效的。问题在于我们所面对的是一个高度不确定性的并且经常变化的世界，而且时间越长不确定性越高。中期基础预算和长期（预测与筹划）方法的不足在于：预测未来是很困难的，因此也很难准确。这意味着一些关键参数（例如生育率和死亡率）的微小变化，就可能导致支出或收入预测数的极大变化。这种不确定性在年度预算中被减轻到最低程度。然而，预测的准确性并非年度预算好于中期基础预算的适当理由，因为正是由于不确定性的存在，才需要更多地关注风险——在政策与预算制定的当初就意识到并捕捉它们对未来的全部财政影响。这就要求采用中长期分析技术来澄清不利和有利情况的可能性和结果，也就是确认"乐观地估计、悲观地估计或中间估计的话，情况将会如何？"任何涉及风险和可持续性问题的政策，无论是现行的还是政府打算出台的新政策，都必须在这个基础上进行评估（Peter S. Heller, 2003）。这是中国需要引入中期基础预算（并与长期方法相结合）最重要的理由之一。与年度预算相比，中期基础预算不仅通过提供中期视角来展现和处理政策可持续性问题，也通过建立适当的程序来引导和约束政治家与社会严肃地面对长期的风险因素。当中期基础预算向政治家和公民清晰且令人信服地展现了他们必须面对的风险、挑战以及机遇时，政府和公民就较易凝聚如下共识，即为了明天（以及我们的后代）更加美好，我们必须做出牺牲（包括增加税收或减少享受某些服务）。有充分的理由相信，在年度基础上这是不可能实现的。

4.1.2　带动更全面的预算改革

中期基础预算有助于我们时刻关注如下问题：我们有足够的能力（资源）来兑现政府已经做出或正打算做出的承诺吗？如果不能帮助我们为应对未来（并非一年）挑战与机遇而必须具备的前瞻性，特别是尽早捕捉当前与未来政策的长期财政后果，预算就不可能成为支持政府施政的利器，政府的施政能力也无法（系统而持续）提高，关注和妥善管理财政风险更是无从谈起。

这里的焦点是追踪和监控政府尚未支付的政策（支出）义务究竟有多少。年度预算只是确认了其中一部分义务，通常是已经具有确定资金来源，并且需要在年度内履行的、相对稳定的支出义务，但这些义务的确认是不全面的和短视的，因为跨年度的以及或有负债和其他承诺引发的潜在的支出义务，并不在年度预算文件中确认。从这个意义上讲，年度预算既不能反映政府活动的范围和方向，也不能反映政府活动对未来造成的影响，因而与"透明的政府"和"有效政府"（要求有效应对未来挑战与机遇）的理念是不合拍的。

解决这个问题要求采用中期基础预算，并相应引入能够全面评估政府支出承诺（义务）的技术与方法。其中，最困难的是如何评估数目巨大的隐性支出义务，也就是通常不在年度预算文件中反映的预算外活动、与贷款提供和其他或有负债相关的高风险交易，以及其他隐性承诺（例如对国有企业与金融机构亏损、灾害损失、公民权益保障等方面承担的义务）。这些隐性的和或有的义务构成政府活动中最不透明的部分，尽管其足以对未来经济社会和公共财政的运行产生广泛而深远的影响。鉴于现代社会中预算如此重要，如果没有透明和前瞻性的预算体制，塑造透明的和富有远见的政府是不可能完成的任务。与缺乏透明度和远见的政府相比，透明和富于远见的政府可以更好地为应对未来挑战和机遇做准备，更好地承担对公民和社会的责任，而公民和整个社会也将从中受益（包括预先做出储蓄—消费决策）。

引入中期基础预算的改革不仅有助于推动政府改革、政策改革和财政风险管理方面的改革，也有助于引进更好的预算程序和方法。与年度预算不同，中期基础预算要求建立鼓励与约束核心部门、支出机构和其他预算参与者积极参与的预算准备程序，并在此程序中就未来年度的政策与预算事务进行积极和有效的互动，因而有助于将极端重要的议题——财政可承受性（或政策可持续性）——引入预算（政治）过程的公开辩论，而政府高层通常需要对这些公开辩论做出回应。通过自上而下的预算程序建立和公布的预算限额，通常需要立法机关审议，从而有助于约束超出限额的财政承诺和支出义务，这对于管理财政风险和加强财政纪律极端重要。

引入中期基础预算的改革也有助于推动政府会计方面的改革，这对于管理风险尤其重要。这是因为，当前政策或新政策的未来（中期和长期）影响通常并不反映在年度预算的现金流量（流入与流出）中，而传统的现收现付制会计（cash accounting）不能追踪跨年度的、不产生当前现金效应的财政影响（支出承诺或财政义务）。因此，对于全面评估政府政策措施的财政后果而言，现金会计是很不充分的，它大大低估了这些政策对未来年度预算的影响。现金基础（cash basis）与年度预算的结合，使得我们只能在年度预算文件中了解政策措施的直接和非常短期的影响（对应当前现金流的部分），而无法看清它们对更长时间跨度内潜在和全面的影响。以此而言，引入中期基础预算也有助于推动政府会计改革，包括引入纯粹或修正的权责发生制会计（accrual accounting）。

由于记录交易的时间更早（可提供更具前瞻性的信息）和更全面（覆盖非现金交易），权责发生制会计比传统的现金会计能够更好地帮助管理财政风险。相比之下，对于管理风险而言，现金基础会计信息的滞后（现金流发生后才记录）与狭隘（不记录非现金交易）是远不充分的。在这种情况下，现金基础的财务报告和预算报告不可避免地造成一种错觉：政府的财务（历史导向）和预算（未来导向）状况看上去比实际的好得多。这种风险低估导致的过于乐观，使决策者和管理者难以对所面临的真正风险及时采取适当的预防措施，一旦"坏结果发生"，势必措手不及。

权责发生制会计的这一优势并不意味着在现金会计下，风险管理就是不可行的。关键是要认识到现金基础会计的弱点，以及需要适当的措施予以弥补。一种方法是引入权责发生制会计取代或部分取代传统的现金基础会计，正如最近20多年来发生在多数OECD成员国的改革那样。然而，对于中国这样的发展中国家和经济转轨国家来说，这项改革需要比较苛刻的条件，当前的条件并未完全成熟。在这种情况下，另一个选择方案就是采用长期的财政筹划（估计）方法，以便在保留现金会计基础的前提下，提前识别重大政策（支出）领域的未来风险。美国联邦政府采用的方法是：联邦统一预算以现金流为基础对社会保险项目的结果进行报告；另一方面通过对未来75年间的现金流的预测来制定政策，结果发现：早在1992年，联邦政府的承诺（未备基金的应计债务）比实际收到的税收要多出12万亿美元。这就提前发出了警告：要么增加税收，要么减少承诺（例如提高退休年龄以减少享受人数），否则，政府就只能自食其言了（David Mosso，2005）。

　　弥补现金基础会计弱点的另一个选择就是引入中期基础预算。这一方法虽然比长期方法（财政预测）覆盖的时间跨度短，但比年度预算好得多。另外，中期预测比长期预测的准确性显然要高得多，而且更为制度化。长期方法在很大程度上是一种技术性方法，中期基础预算不仅涉及技术方法，而且包含了一整套正式的运作程序和规则，可以在很大程度上确保将政策辩论和风险管理概念引入预算（政治）过程，立法机关也被融入其中。这些优势是长期方法和年度预算难以做到的。概括地讲，权责发生制会计、长期评估对于管理风险（捕捉政府政策的未来财政影响）都是有用的工具，但它们无法代替中期基础预算的作用。事实上，引入中期基础预算的变革，可以（并且有必要）与政府会计（转向权责发生制）改革和长期财政筹划（包括代际会计和环境会计）方法结合起来。

　　引入中期预算的改革还为扩展和改进当前中央政府的预算稳定基金运作铺平了道路。[①] 在一个不确定性世界里，应对不确定性的最好方法除了引入具有前瞻性的中期基础预算外，还需要创造足够的财政空间——最重要的机制之一是建立预算储备（稳定）基金和创造年度预算盈余，以确保政府在财政上有能力应对未来挑战并抓住发展的机遇。当前的预算储备基金只是在中央政府层面上运作，它无疑应扩展到地方政府。美国大部分州（超过40个）和地方政府都

[①] 2006年中央财政安排500亿元建立中央预算稳定调节基金。中央预算稳定调节基金单设科目，安排基金时在支出方反映，调入使用基金时在收入方反映，基金的安排使用纳入预算管理，接受全国人大及其常委会的监督。

建立了预算稳定基金。该基金应被容许出现赤字（或积累盈余）以管理整体经济活动。这些赤字应用于补偿税收的减少和/或支出的增加。如果有盈余的话，这个基金建议这些盈余应用于偿还公债或"节约"起来用于以后的支出（G. Edward DeSeve, 2004）。除了帮助稳定经济外，精心设计的预算稳定基金可以成为中期基础预算的有效辅助机制，从而有利于促进中期基础预算的有效运作（参见第6章6.4.2）。

引入中期基础的预算变革，还可以与引入绩效导向的管理改革措施相兼容（参见第5章5.3.2）。目前，公共支出绩效评价工作已经在许多地方政府中铺开，财政部也高度重视这项工作，并于2009年7月颁布了《财政支出绩效评价管理暂行办法》（财预〔2009〕76号），规定绩效评价由各级财政部门和预算单位根据评价对象的特点分类组织实施。从各方面的情况看，中国目前全面引入绩效预算的条件尚未成熟，率先推动绩效评价工作以积累经验，再过渡到某种形式的绩效预算，这样的改革次序是明智的。无论绩效评价还是绩效预算，或者旨在驱动绩效的其他方法（包括赋予支出部门在预算资源配置与使用方面的灵活性和服务外包），都要求以（实际的和预期的）绩效信息和成本信息，来表明其支出（申请与使用）的合理性与适当性，这是建立良好的中期预算限额所必不可少的。多数规划与活动需要跨年度才能完成，因而相应的绩效信息需要较长的时间跨度才能全面展开，这在年度预算中是无法实现的。另外，中期基础预算的内在逻辑和某些特征，包括强有力预算限额约束，自上而下开启的预算程序，赋予支出部门在预算限额内配置和使用资源的灵活性，对于促进良好的绩效管理深具意义。

4.1.3 增强预见性和警觉性

为应对大规模失业、人口老龄化和其他种种挑战，一个有远见的负责任的政府必须保持足够的预见性和警觉性，需要及时采取适当的预防性行动,将稀缺财政资源优先分配到最有价值的用途上。然而,在年度预算框架下,正是这些对公民福利至关重要的预防性行动的价值被大大低估了,因而难以获得足够的预算资源。另外,年度预算倾向于将资源配置到那些短期的、效益相对确定的领域,因为这些领域如果没有预算安排,就会有人立即感受到损失或者办公条件的不适。公车、公款消费、公务员工资、办公用品以及政府机关办公楼(会议中心和其他炫耀性的公共工程)都是这样的例子。因此,这些支出项目经常占据了年度预算的绝大部分。

预防性措施成了另一个极端。这些措施产生的效益具有三个显著的特点:不确定性、长期性和隐蔽性。政府负责实施的水与空气净化、食物和毒品管制、航空安全控制和公用事业管制措施、大范围传染病防治、文物和传统文化(例如传统的民间技艺和医药知识)保护、生态与环境保护,以及发展低碳经济、基础教育、医疗保健体系和对外援助,都是典型的例子。似乎没有人怀疑在所有这些领域采取预防性措施的必要性和重要性,因为这些措施的缺失(短视和缺乏警觉)将使公民乃至整个国家付出沉重的代价,即使不是致命的,也是非常有害的。

然而,这些预防性措施产生的效益在空间上是极度分散的(具体的效益不能量化到个人),在时间上则是相对遥远的(没有人会因为缺乏政府行动而感受到立即的损失),由此产生的效益归宿的不确定性和效益实现的遥远性,使得每个特定的公民很难洞察预防性措施和开支的效益,政治家和管理者同样如此(Anthony Downs,1959)。

对于他们来说,要获得这些支出的效益信息需要付出高昂的成本。即使他们有足够的动机,高昂的信息成本也会阻止他们仔细权衡和严肃地看待这些支出的相对价值。结果,这类支出的效益或价值很容易被有意无意地隐藏起来,以致政治决策或预算程序无力为其配置充足的资源。

虽然政府采取的许多这类政策措施在开始执行时无法证明其成本已经产生或将要产生切实的利益,也无法控制其结果,但其重要性随着社会生活的日益复杂化、全球化的加速发展和快速的技术进步而变得越来越突出。因为一旦不利趋势演化为实际的损失，那么遭受损失的不只是个人，而是整个社会或者任何人。正因为这些行动事前广泛的公共利益，政府需要把影响社会的因素当作一个整体来处理，即从"社会重要性"而不是个人角度（个人由于难以判断其成本效益情况而导致低估其重要性），对其保持足够的预见性和警觉性，这意味着要求更多的政府预防性行动，并将其置于预算资源配置优先性排序中的优先位置。

对受益确定性支出的偏好和对不确定性支出的偏见，也意味着在年度预算框架内，要想约束和激励政府推行那些造福于多数人的政策（预算方案），以便使政府对人民负起责任，面临着技术和程序上的双重困难。从技术层面看，纳入年度预算中的开支大多是那些受益具有较高确定性的类别：推断工薪支出、公车开支、公款消费和改善官员办公条件开支的直接受益者和受益程度，从技术讲相当容易；推断环境与生态保护、传染病防治、基础教育和医疗保险等预防性开支的直接受益者和受益程度，则要困难得多。所有的公共支出都使个体受益，但不同类别的开支对于个体的受益情况差别甚大。预防类支出具有这样的特点：人人（从而全社会）都受益，但个体却难以形成清晰的感受和预期（尤其是事前），效益确定性支出的情形恰好相反。这些基本的差异在很大程度上也意味着：与个体受益确定的支出大多惠及少数人（尤其是强势群体）不同，个体受益不确定的支出更能造福于整个社会。

鉴于明确的全面性（宏观经济和政策筹划必须是一个全面的框架）和中期视角的内在要求，中期基础预算为纠正年度预算的系统性偏差，即偏重效益即期、确定和显性开支的同时疏远效益长远、不确定和隐蔽的预防性开支，提供一个有效和可靠的程序与方法。在配合以政治层面的改革和长期评估（财政预测）方法时，中期基础预算将会更加有效。

现实生活中的年度预算体制往往具有这样的特点：政治家（决

策者)、利益集团和其他有能力贴近或影响预算过程的组织(尤其是支出机构),总是倾向于在年度预算中"塞进"那些能够对其产生受益确定且狭隘的支出,同时排斥那些预防性支出。然而,如果政府以中期(或长期视角)来审视,并且基于广泛的公共利益(虽然个体受益不确定但可确保人人受益),以及借助更好的评估方法(例如代际会计和环境会计),那么,预防性行动和相应的开支在预算中更容易得到充分的考虑。以此而言,从年度转向中期基础的预算改革,有助于约束和激励政府推行造福于多数人的政策,即促使政府提供公众分享而不是可分割(受益狭隘)的公共物品,这与政治改革的含义不谋而合(Rotert H. Bates,2006)。

4.1.4 强化政策—预算—规划间联结

为促进预算管理的三个关键目标,在政策—预算—规划之间建立起直接联结机制是必不可少的。由于没有这样清晰而有力的联结机制,年度预算就无法确保预算资源的分配准确反映国家战略优先性和政府政策重点。中国的预算实践中暴露出来的种种问题就是有力的证明,这些问题包括:有限的预算资源被大量分配到那些社会回报率很低的炫耀性(政绩)项目上,具有很高优先等级的政策目标或计划由于得不到充分的资金而落空,公共部门完成同样多的工作量需要的资源比私人部门高得多。[1]

作为政府最重要的政策工具,预算通过将国家战略和政策重点表述为具有约束力的支出决定,来促进政府政策目标的实现。为此,

---

[1] 许多地方和部门的奢侈之风盛行,公款吃喝玩乐屡禁不止,高标准修建办公楼、住宅楼和培训中心,超编制、超标准购置小汽车,扩大公费安装住宅电话的范围,随意购买移动通信设备,盲目追求办公现代化,在办公条件和个人福利方面竞相攀比,标准越来越高,花样不断翻新,造成财政资金的大量损失和浪费。在许多贫困地区,普通老百姓连温饱问题也没有解决,但政府机关的办公条件早早进入了小康水平,反差极为强烈。

预算（重心是公共支出）管理必须面对三个相互关联的关键性目标：财政纪律与（资源）优先性配置，以及运营绩效。与预算管理的三个关键目标相对应，任何预算系统都需要解决三大问题：建立总额财政（预算限额）制度以约束财政总量；主要由政府高层（内阁、立法机关、财政部和直属部委）基于政策优先性的资源优先性分配；以及在支出机构层次上确保预算资源得到妥善管理和有效使用以实现预期的绩效。如何解决这些问题正是一种预算系统区别于其他预算系统的差异所在。研究表明，不同预算系统的制度性特征对于公共财政管理的成果具有重要影响（Ed Campos；Sanjay Pradban，1996）。

多年来，在我国各级政府的预算实务中，主要由于缺乏可操作的中期基础预算，预算与政策之间的脱节十分严重（马骏、侯一麟，2005），导致财政纪律极为松弛（软预算约束十分严重），大量预算资金的配置大大偏离政府政策重点和战略优先性（大量资金被浪费性配置到公车购置、楼堂馆所兴建、公费出国等就是有力的例证）。预算与政策间的脱节反过来损害了公共支出管理（财政管理的重点）。

实践表明，与传统的年度基础预算体制相比，中期基础预算能够更有效地促进预算与政策间的直接联结，这对于促进预算管理的前两个关键目标（财政纪律和优先性配置）尤其重要。就强化财政纪律而言，这一体制的主要作用采用基线（baseline）建立针对政府和支出部门的中期预算限额，据以对支出、赤字和债务总量实施控制。就优先性配置而言，中期体制的主要作用在于通过严格的支出审查机制来确保预算过程受政策驱动而非收入驱动，以及促进预算资源在各项政策目标之间和规划之间做出更好的选择。严格的财政纪律和有效的优先性配置也有助于强化运营（支出）绩效。[①]

就促进公共支出管理的第三个关键目标（运营绩效）而言，在预算与规划（需要基于政策和资源可得性制定）间建立直接联系意

[①] 不言而喻，如果不能确保在宏观经济与财政总量（支出、收入、债务、赤字或盈余总量）层面建立起严格的财政纪律，以及同时在中观层面（预算资源在部门间和规划间）建立有效的优先性配置机制，旨在改进运营效率的努力和效果将大打折扣。

义重大并且必不可少。① 相对于年度预算体制而言，中期基础预算从两个方面强化和改进了政策—规划间的联系。首先，这一体制要求预算申请者根据政府政策来确定纳入预算范围的规划。其次，中期基础预算还要求预算申请者就其负责的各项规划，评估和报告已经与打算实现的财政成果（fiscal outcome），以此表明这些联结政策目标的成果（绩效）与预算申请（包括线上与线下部分）之间的协调性。此外，中期基础预算采用的中期视角也有助于加强政策与规划的联系。这里的逻辑关系是：规划与相应的绩效信息大多需要在若干年度才能展开，政策也是如此。这样，中期基础预算使政策和规划在时间维度上较好地匹配起来。

4.1.5　处理预算超收与收入驱动

由于在政策与预算之间建立联系存在固有的弱点，年度预算在实践中引发出很多问题。其中，近年来特别突出的问题是收入驱动和对"预算超收"（实际收入超过预算收入的差额）的草率处理。这一问题由于有缺陷的年度平衡约束（包括没有相互独立的收入约束和支出约束基准相匹配）而显得越发严重。

20世纪中期以来，在预算规模迅速崛起的背景下（见图4-1），年度预算的上述局限性更加突出。从1993年到2008年，中国五级政府的预算规模从3 000余亿元增加到60 000余亿元（预算数），成长了大约20倍，仅2007年预算收入就比上年增加12 544亿元。② 大额预算增量主要在下半年形成。不难理解，要在短短几个月的时间里完成细致的政策筹划，并以此为基础确保这笔巨额增量资金的配

---

① 在预算系统中引入规划、规划分类和规划管理概念是实施绩效预算和绩效评估的微观基础。

② 财政部：《关于2007年中央和地方预算执行情况与2008年中央和地方预算草案的报告》，2008年3月5日在第十一届全国人民代表大会第一次会议上。

置准确反映政策重点和战略优先性,几乎是一项不可能很好完成的任务。

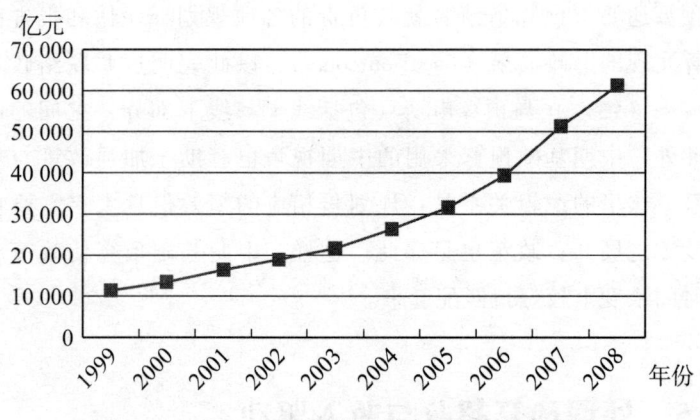

图 4-1 1999~2008 年全国财政预算收入增长情况

收入迅速增长推动了支出以更快的幅度增长(见图 4-2)。但在钱财滚滚而来的背景下,地方政府不是将这些钱,包括大量"预算超收"形成的资金,集中投入到具有战略重要性的领域,也没有用于建立预算储备以备未来的不时之需,而是在预算执行过程中草率地花掉了(包括用于炫耀性工程开支、公车开支和公款消费)。一旦经济形势恶化,许多原来已经初步摆脱财政困境的地方政府,特别是基层政府,将不可避免地重新陷入深度财政困境而难以自拔。

浪费性的支出行为在很大程度上受到年度预算框架下的平衡要求推动。现行《预算法》并未界定年度平衡约束中,究竟是"谁跟谁平衡"。结果,地方政府普通利用这一漏洞,将资产销售(比如土地出让或拍卖)收入堂而皇之计入"经常性收入"中。资产销售收入与税收收入在性质上完全不同,因此应该单独列示并且不容许与"支出"进行平衡。对于个人而言,精明的理财行为要求在收入高增长的情况下,特别是在有浮财(意外之财)的情况下,将"非经常

单位：亿元

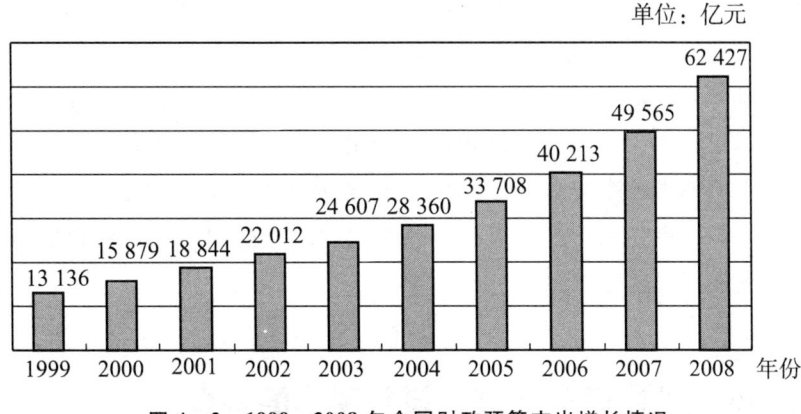

图 4-2　1999~2008 年全国财政预算支出增长情况

年份	金额
1999	13 136
2000	15 879
2001	18 844
2002	22 012
2003	24 607
2004	28 360
2005	33 708
2006	40 213
2007	49 565
2008	62 427

性收入"（对于多数人而言主要是工薪收入）储备起来，而不是为维持当年或当月的"收支平衡"而把这些钱花掉。没有任何理由说明，个人的精明理财行为对于政府而言变为荒唐的事情。事实，我们经常谈到使用财政政策来"稳定"宏观经济，这里的通用规则就是逆周期：在预期宏观经济前景过热（伴随高增长和高通货膨胀预期）的情况下，应紧缩开支；只是在预期经济萧条或衰退的情况下，才扩张开支。这是典型的凯恩斯规则。然而，这个规则经常被违背。铁的事实是：在过去 10 余年高达两位数的 GDP 增长的背景下，各级政府的财政支出不仅没有减速，反而以平均每年高于 GDP 的 6 个百分点增长。在这种情况下，又如何让财政政策运行在"逆周期"的凯恩斯规则上呢？

对于各级政府而言，精明的理财行为也不是花钱越多越好，而是依据国家战略和政府政策，该花就花、该多花就多花、该少花就少花、该不花就不花。这里的基本规则就是要求预算必须是政策驱动型的，而不能是收入驱动型的。在政策驱动型预算中，即使有大把的收入（包括超收入和非经常性收入），但只要缺乏严谨清晰的政策筹划，这些钱就不能在当年花掉，必须以预算稳定（储备基金）的形式，在未来年度存在严格的政策（目标与优先性）筹划的前提下，才考虑开支出去。一般地讲，由于在年度预算框架内时间过于短促，完成这样的政策筹划是十分困难的。这就客观上要求引入中期基础预算，以更长远的时间框架来筹划政府开支、收入、赤字和债务总量；为了使中期基础预算体制更有效，一个必要条件就是对年度平衡原则进行修订，尤其是需要建立与之匹配的彼此独立的收入、支出、赤字和债务约束基准，并建立适当的制度安排和机制以确保它们得以遵守。

4.1.6 促进资本支出计划与预算的融合

为适应中期基础预算的要求，预测应区分经济预测和财政预测，财政预测应包含多个变量的综合预测，但最重要的三个核心变量分别是收入、支出和资本性支出。与经常性支出相对应的资本性支出需要单独预测。在这里，准确界定"资本性支出"十分关键。通常使用的"建设性支出"或"发展支出"概念，通常与资本性支出的正确定义不符，在这种情况下，应以正确定义的资本性支出进行预测。随后预算限额和复式预算也需要严格遵守这一定义。一般而言，"资本性支出"应定义为："获得土地、设备、其他实物资产和无形资产、政府存货，以及非军事和非财务资产；通常有最低价值标准和长于一年的使用期。"另外，所有资本支出以外的支出被称为"经常性支出"（Salvatore Schiavo-Campo and Daniel Tommasi，1999）。

资本支出单独预测的必要性有两个部分。首先，资本支出提供的信息对于确定政府适当的债务水平十分关键，因为许多国家的法律要求债务资金只能用于资本投资，不得用于经常性支出。其次，资本支出在政策议程中往往更受青睐。不过，要尽量避免高估资本支出、低估经常性支出对经济发展的相对贡献。当这两个部分的预算分别由不同部门制定（中国就是如此）时，这种情形很容易发生（参见第 5 章 5.1.5）。

另一个或许最重要的原因是：单独预测资本支出并把它作为中期基础预算的一个内在组成部分，有助于确保资本投资是在政府财政能力的范围内做出预测和预算的（有利于保障其资金需求），以及与政府政策优先性保持一致。将资本支出"计划"与"预算"有机结合起来，正是中期基础预算对于发展中国家特别富有意义的一个突出优势，因为它为解决长期存在的计划与预算脱节（中国也是如此）问题提供了一个有效和可行的解决方案。

4.1.7 更有效的预算策略与程序

引入中期基础预算的改革既有助于纠正不良预算策略，也有助于建立更有效的预算程序。

更有效的预算策略

与许多发展中国家一样，中国在年度预算的长期实践中，产生了一些有问题（缺陷）的预算策略和程序。不良的预算策略主要有基数法（预算决策只考虑当年增量不考虑上年基数）、收入驱动（有多少钱就安排多少预算而无视政策导向）、反复（变更或追加）预算、法定支出（通过部门立法而不是正常预算过程确定支出）以及"消失（隐藏）的预算"。实践证明，由于短期的制约因素太多，在年度预算的框架内，要想真正突破多年盛行的基数（增量）预算法和实现较大幅度的支出结构调整相当困难（联合国儿童基金会、国务院妇女儿童工作委员会办公室，2006）。

所有上述预算策略都会削弱预算的作用。"消失的预算"尤甚。当预算资源和相关运营不遵循正式的年度预算程序时，它们就成了消失的预算。理想的情况下，预算应全面反映政府活动的范围与方向。这是基于如下认识：如果有大量开支（例如税收支出和导致未来财政义务的其他政策承诺）未纳入预算框架中，那么要想有效地控制开支、在各项规划/部门间有效地配置预算资源、实现良好的营运管理、确保合规性（遵从法律）以及管理财政风险和控制损失，即使是可能的也是极为困难的。这意味着，对于实现预算管理的所有关键目标而言，预算的全面性是一个基本的前提条件。

"消失的预算"意味着公共部门的某些运营（活动）在预算中受到特别保护（相当于获得垄断力量），逃避了与其他进入正常预算过程的资源进行竞争的过程。预算外活动的显著特征是不遵循与年度预算相同的法定批准程序的政府运营，因此不受正常预算过程的控制和影响。在某些情况下，建立预算外基金具有合理性，例如道路（建设与维护）基金、社会保障基金，以及其他受到特别保护的法定支出。目前许多法律（包括教育法、科技法、计划生育法和农业法）都对预算支出安排做了强制规定，这使其得以逃避预算控制。还有许多预算外资金和相关活动根本没有法律（甚至法规）依据，但同样不遵循与年度预算相同的法定批准程序。容许或默许这些基金和运营或许有助于增强管理自主性，但显而易见的是：任何旨在增加管理自主性的改革，其底线都必须是不至于牺牲支出控制或者侵蚀诚实。基于此，即使具备法律依据和合理的理由，通常也不是好的理由。

上述所有的预算策略都不能满足公共财政管理的基本要求：立法批准其建立，对收入和支出部门的清晰授权，令人满意的治理安排，以及透明的财务信息。作为一般规则，指定用途的收入只是在成本与受益两个方面存在直接联系的情况下才是适当的（通过道路税为道路维护融资就是如此）；至于或有负债，最低要求是充分披露（Anwar Shar, p.4, 2007）。

引入中期基础预算的变革有助于逐步解决上述预算策略带来的问题，至少为逐步解决这些问题提供了契机和动力。这是因为，从根本上讲，中期基础预算的理念、方法与工具与上述不良预算策略是不相容的。中期基础预算所要求的预算全面性（comprehensiveness)、中期视角、政策导向、基线筹划、基于绩效表明支出合理性与适当性，以及发展健康的预算竞争机制（要求预算资源在各政策间或用途间的配置或竞争基于事实、诚实和绩效），与上述预算策略存在明显冲突。

■ 更有效的预算程序

当前中国的年度预算体制采用"两上两下"的预算程序（地方预算程序与此类似）：

（1）支出部门编制预算上报财政部（一上）。部门编报预算建议数。支出部门首先从基层预算单位开始，按照每年预算编制通知的精神和要求编制项目预算建议数，并提供与预算需求相关的基础数据和相关资料，主要是涉及基本支出核定的编制人数和实有人数、增人增支的文件、必保项目的文件依据；然后层层审核汇总，由一级预算单位审核汇编成部门预算建议数，上报财政部。

（2）财政部下达预算控制数（一下）。财政部与有预算分配权的部委（包括科技部、发展与改革委员会、国务院机关事务管理局等）审核部门预算建议数后，下达预算控制数。对各部门上报的预算建议数，由财政部各业务主管机构进行初审，由预算司审核、平衡，在财政部内部按照规定的工作程序反复协商、沟通，最后由预算司汇总成中央本级预算初步方案报国务院，经批准后向各部门下达预算控制限额。涉及有预算分配权部门的指标确定，由财政部相关主体司对口联系，其分配方案并入"一下"预算控制数统一由财政部向中央部门下达。

（3）支出部门编制本部门预算报送财政部（二上）。部门上报预算。部门根据财政部门下达的预算控制限额，编制部门预算草案上报财政部，基本支出在"目"级科目由部门根据自身情况在现行相关财务制度规定内自主编制。

（4）财政部批复部门预算（二下）。财政部根据全国人民代表大会批准的中央预算草案批复部门预算。财政部门在对各部门上报的预算草案审核后，汇总成按功能编制的本级财政预算草案和部门预算，报国务院审批后，再报人大预工委和财经委审核，最后提交人代会审议，在人代会批准预算草案后 1 个月内，财政部预算司组织部内部门预算管理司统一向各部门批复预算，各部门应在财政部批复本部门预算之日起 15 日内，批复所属各单位的预算，并负责具体执行。

很明显，现行年度预算体制是以"自下而上"方法启动预算过程的，这与中期基础预算以"自上而下"启动预算程序的要求形成鲜明对照。任何预算模式都要求"自上而下"和"自下而上"的结合。从某种意义上讲，制定（甚至实施）预算的过程，其实也就是上下（支出控制与支出需求之间以及部门间）磨合的过程。因此，两种方法的结合是必须的和合理的。另外，主要从确保公共支出管理的两个关键目标——财政纪律（总量控制）和优先性配置——出发，以自上而下方法启动预算过程更为合理并且意义重大。这正是中期基础预算所要求的做法，无论具体程序在各国如何不同。

当前程序的主要弱点是：预算准备过程的早期阶段不能获得来自核心部门强有力的预算指导，这使支出部门在准备预算申请时面临一个高度不确定性的和缺乏预见性的环境。在此程序中，资源可得性和政策筹划（优先性、政策重点与取舍）方面的信息是支离破碎的。鉴于"资源可得性如何"以及"政策如何"是制定预算的两类关键信息，缺乏完整的此类信息，往往诱使预算申请者提出不切实际（超出总的资源承受能力）的预算申请，并且不能提出有力和适当的证据来表明其预算申请的合理性和适当性。这一局限性只有在引入中期宏观经济框架、中期财政政策筹划和一份正式的 MTEF 的情况下，才能得到妥善解决。

现行程序造成的另一个问题是收入驱动。而且，由于缺少特定的部门支出限制，预算准备过程中的大量工作都用来在支出的部门和财政部负责各部门的司之间进行协商。在这个环节上，大量政策的制定是建立在是否还能筹措到资金的基础上（有钱就可以搞政绩工程），而不是建立在所提出的政策是否符合政府战略重点的基础上。这些决策只有在这些部门不能就支出达成共识时，才被重新提出更高的级别。有些部门的额外支出概算到预算程序结束时只有20%被批准。这种低的批准率部分是因为一种协商战略：对资金的过量要求显示了该部门对资金的需求，屡次被拒绝的概算在下一轮的预算中被批准的几率较高。

引入中期基础预算为改造和改进现行预算程序提供了契机。其中最关键的是：预算准备过程必须从自上而下的程序开始，这样的程序是确保预算准备具有预见性的基础。资源流量的可预见性是预算申请者制定好的预算的前提条件。

4.1.8　促进年度预算的有效运作

虽然从年度转向中期基础预算需要一系列的变革和调整，但中期基础预算并不排斥更不是替代年度预算体制，而是对年度预算体制的改进，两者可以（且应该）在相同的程序下运作。所不同的是：中期基础预算要求年度预算的准备应置于一个中期的框架下。无论预算的时间跨度如何，从本质上来说，预算都是将稀缺资源在竞争性用途之间进行分配，以实现公共部门目的和目标的管理工具，也是促进基本的财务合规性控制的一种方法，后者旨在确保公款被用于法定目的并且处于公民和立法机关的监控之下。

然而，预算的这两个主要目的（政策工具和合规性控制）存在冲突。在政府职能扩展（第二次世界大战）之前，由于公共管理的主要目的是合规性，年度预算体制是够用的。然而，当政府被要求对经济社会事务（尤其是稳定经济、再分配和公共物品）承担更多责任时，预算（财政政策的核心）即被赋予政策工具（支持政府施政）这一前所未有且充满挑战性的职能。在这种情况下，主要服务于控制（合规性要求强有力的控制与报告机制）目的的年度预算就明显地不能有效运作，客观上需要采用中期框架与之配合。在国际上，这一趋势部分地由于绩效导向管理方法的采用而被强化了。绩效预算的内在逻辑是"以自由换控制"：赋予公共组织以支出使用的灵活性，但必须在硬预算约束（预算限额）下对绩效目标负责。一般地讲，只有中期预算框架才能满足完整的绩效信息的时间（跨年度）要求。

由于上述（和其他）原因，年度预算只有在被置于中期基础预算下运作时，才较易取得成功。这是因为，中期基础预算的关键成分，包括对公共组织的目标、政策、优先事项的筹划，以及实现目标的战略和计划的资源框架（收入预测及限额）的筹划，通常不可能在1年之内实现。因此，有必要提前制订计划以确保资源能得到最佳使用。

4.1.9 弥补预算改革的不足和滞后

随着预算规模的急剧扩展、预算事务的日益复杂化和专业化，年度预算体制的内在缺陷日益暴露无遗。为改进年度预算体制运作，近年来中央和地方政府推动了一系列改革，包括部门预算（始于2000年）、财政国库改革（始于2001年）政府采购、引入新的预算分类系统（2007年）、建立标准支出定额、延长预算准备时间、修订《预算法》、建立复式预算制度以及推动支出绩效评估。这些改革虽然在不同程度上取得了积极进展，但也表现出明显的局限性，主要表现为这些改革侧重预算执行阶段，预算准备阶段的改革明显不足（大多是技术性的）。更重要的是，当前的改革是在年度预算的框架内进行的，没有考虑引入正式的中期基础预算，以及与之相适应的预算程序与机制改革。结果，一直困扰中国各级政府的公共财政管理难题，包括财政纪律（支出控制）、优先性配置、公共服务绩效、财政风险管理以及有问题的预算策略与程序,难以得到妥善解决。我们坚信,解开现行体制症结的突破口在于引入中期基础预算,并以此为契机推动必要的配套改革。

4.2 可行性分析

基于以下理由,中国引入中期基础预算的时机和条件逐步成熟:前期工作初步展开,可资借鉴的国外实践,转轨的难度和成本是可以接受的。

4.2.1 前期工作初步展开

虽然没有引入正式的中期基础预算,但"中期视角"已经融入我国公共财政管理系统中了。实际上,我国在编制财政长期计划方面有较长期的历史。"六五"以来,财政部一直配合"国民经济和社会发展五年计划纲要",编制"财政发展五年规划"。

1998年,为应对当时的亚洲金融危机对我国造成的不利影响,加强财政管理工作的前瞻性,防范财政风险,财政部(综合司)配合《国民经济与社会发展规划》编制了《1998～2002年国家财政发展计划》。2002～2003年,又先后编制了《2003～2005年国家财政滚动计划》和《2004～2007年国家财政滚动发展计划》,并组织各省(直辖市、计划单列市)级政府(如北京市、贵州省等)开展试点工作,编制地方财政发展3年滚动计划,这被世界银行专家称为"中国第二代的预算改革"。财政部在于2005年制定的《全国财政发展第十一个五年规划》中,明确承诺:"十一五"期间中央和地方将编制"3年期财政规划"。此外,财政部预算司主持的《中期预算框架研究报告》已经起草完毕，并于 2008 年 11 月在南京举行了专家座谈会。

2005 年，财政部积极贯彻《中共中央关于制定国民经济和社会发展第十一个五年规划的建议》有关精神，严格按照《国务院关于加强国民经济和社会发展规划编制工作的若干意见》提出的规划编制程序和要求，组织开展了全国及各省市财政"十一五"规划的编制工作。这项工作主要包括三个方面：财政部编制全国财政发展"十一五"规划；地方财政部门编制地方财政发展"十一五"规划；参与国民经济和社会发展"十一五"规划及其专项规划的编制工作。这些财政发展规划虽然与规范的中期预算还相差甚远，但都包含了对上一个财政发展规划的总结与评价、财政收支总量预测和未来经济形势展望等，而且在一定程度上实现了与国民经济和社会发展五年规划的联结，并为引入中期基础预算培养了技术和操作能力。

以 2002 年编制的《2003～2005 年国家财政滚动发展计划》（以下简称《计划》）为例，它包括 1 个主报告和 11 个附件，在总结评价"十五"前两年执行的基础上，客观分析了"十五"后 3 年内外经济走势及其对我国财政发展的影响，科学地预测了国家财政收支主要指标，并对 2003 年度财政预算编制工作提出了指导意见。《计划》包括的主要内容有："财政'十五'计划纲要"前两年的执行情况，国内外经济走势及其对我国财政发展的影响，财政收支变化趋势与指标预测。其中，预测覆盖财政收入增长趋势分析（设定基准情景、乐观情景和悲观情景），财政支出需求预测（区分法定支出、重点项目支出以及改革与结构性调整），财政收支比较与赤字、国债规模预测。此外，该《计划》还包括 2003～2005 年的财政政策建议和对 2003 年国家预算安排的建议。

初步的前期工作也在地方政府层面上展开了。2008 年底，河北省人民政府颁布了《关于推进省级部门发展性支出 3 年滚动预算编制工作的实施意见》（以下简称《实施意见》），决定从编制 2009 年度预算起在省级部门逐步推进发展性支出 3 年滚动预算编制工作。

《实施意见》规定了省级发展性支出3年滚动预算编制工作的基本程序（三个阶段）：布置及前期准备、部门研究论证预算项目并编制预算建议以及财政部门审核汇总。

▋第一阶段：布置及前期准备

每年第一季度，省财政厅在布置下年度部门预算编制时一并布置发展性支出3年滚动预算编制工作，印发有关编报格式和报表。

4～5月份，各部门根据职能领域中长期发展规划，确定3年分年度的事业发展计划和发展性支出3年总体安排思路（包括财政资金投入方向、领域，重点支出项目及绩效目标），并与省财政厅沟通会商后报省政府审定。

▋第二阶段：部门研究论证预算项目并编制预算建议

6月份，各部门根据职能领域（行业）发展规划、发展性资金总体安排思路，组织筛选论证包括下年度预算项目在内的3年发展性支出项目，按规定格式编制3年项目预算并导入部门项目库。

7月份，省财政厅审核、评审或再论证各部门上报项目库内容，将审核通过的3年期项目导入财政项目库，并传回部门。

8月份，各部门从项目库中筛选项目，在编制下年度部门预算建议计划时同步编制3年发展性支出项目滚动预算建议计划。

9月份，各部门将部门发展性支出3年滚动预算与下年度预算建议计划一并报省财政厅。

▋第三阶段：财政部门审核汇总

10月份，省财政厅审核部门编报的发展性支出3年滚动预算计划，按照分类分口及支出科目分别汇总编制省级财政发展性支出3

年滚动预算计划，并在 10 月底将各类口第一年度发展性支出限额及后两年发展性支出预算计划的审核意见反馈各部门。

以上初步的前期工作使当前的年度预算体制包含了有限的"中期因素"，从而具备了中期基础预算的某些特征，尤其是政府投资的重大工程的规划。多年来，政府投资的重大工程（例如三峡工程）的资金需求和使用大多采取单独规划的方法，而这种单独规划是跨年度的，具有多年度中期预算的特点。虽然如此，当前无论中央还是地方政府都尚未形成一个严格意义上的、全面的中期基础预算，这样的体制不只是要求"中期视角"，还要求预算文件中有完整的、可靠的宏观经济与政策筹划、用以形成硬预算约束（预算限额）的 MTEF、自上而下方法开启的预算程序和基线筹划。此外，作为预算过程起点的中期宏观经济与政策筹划以及 MTEF 必须是可实施的和可调整的。这些基本的要求在当前的"初级阶段"仍然无法满足。[①] 尽管如此，这些努力对于弥补年度预算在时间视野（前瞻性）上的不足，以及引入正式的中期基础预算，仍然具有积极意义。

近年来，各级政府为改善财政管理，相继引入（或正打算引入）了绩效管理方法，尤其是支出绩效评价和绩效预算。目前许多地方已经制定和实施了财政支出绩效评价办法，出台了许多相关文件。浙江省就是很好的例子。最近几年（省财政厅）出台有关绩效管理文件有：《浙江省中介机构参与绩效评价工作暂行办法》（浙财绩效字〔2005〕6号）、《浙江省财政支出绩效评价工作考核办法（试行）》（浙财绩效字〔2006〕3号）、《浙江省财政支出绩效评价专家管理暂行办法》（浙财绩效字〔2006〕4号）、《浙江省中介机构参与绩效评价工作规程（试行）》（浙财绩效字〔2008〕9号）、《关于加强财政支出绩效评价结果应用的意见》（浙财预字〔2008〕12号）。

引人注目的是，财政部于 2009 年 6 月颁布了《财政支出绩效评价管理暂行办法》（以下简称《办法》）（财预〔2009〕76 号），要

---

① 当前的 5 年期财政计划和国民经济与社会发展规划一经编制不再调整，与实际脱节严重，不具备可实施性。

求各省、自治区、直辖市、计划单列市财政厅（局）遵照执行。《办法》（第十一条）规定："绩效评价一般以预算年度为周期，对跨年度的重大（重点）项目可根据项目或支出完成情况实施阶段性评价。"

强化绩效管理的努力也为引入中期基础预算创造了有利条件。这是因为，绩效导向管理要求跨年度的视角，这与中期基础预算完全一致。这种一致性意味着：从年度转向中期基础预算的变革，以及旨在强化预算过程绩效导向的改革，不仅可以（也应该）相互兼容，而且可以并行不悖地予以推动。

4.2.2 可资借鉴的国外实践

目前发达国家（包括韩国）普遍建立了制度化的中期预算框架，许多非洲国家（例如，加纳、几内亚、肯尼亚、马拉维、莫桑比克、卢旺达、南非、坦桑尼亚和乌干达）和其他一些发展中国家也采纳中期体制。在发达国家中，德国是最早（1967~1969年）采用中期体制的国家，其他国家大多从20世纪90年代以后采用：新西兰（1994年）、瑞典（1996年）、法国（2001年）、西班牙（2003年）。美国是发达国家的一个特例：州和地方政府大多采用了中期体制，但联邦政府至今没有采用正式的中期体制。虽然如此，早在1993年，美国全国绩效审查委员会在其名为《从官样文章到结果：建立一个工作更好、花费更少的政府》的报告中建议：实施一个为其两年的预算，并在此前提出有关实施这一思想的十分详细的法案（Naomi Caiden，1984）。目前联邦预算主要是年度预算，行政机构被要求为其每项支出递交一份5年的预测，主要用于联邦管理预算局（OMB）的管理目的。

并不是所有国家都取得了成功。但总体上看，引入中期基础预算的变革得到了广泛认可。国际会计师联合会所属公共部门委员会在其于2001年发布的名为《公共部门治理：治理实体展望》的报告中指出：年度预算体制的成功，多半需要与一个中期框架相配合（IFAC，2001）。本书第 2 章 2.3 节总结了实施中期基础预算的国际经验与教训。

4.2.3　转轨的难度和成本

从年度向中期基础预算的转轨，并不是简单地延长预算的时间跨度，还需要进行一系列的相关改革，并需要采取若干配套措施（包括加强预测工作和人员培训）。然而，这一转轨并不要求预算体制另起炉灶。由于中期体制可以并且应该与年度体制采用一致的程序，转向中期体制的变革的难度和成本并非想象的那么大。

实际上，转轨的复杂性和成本在很大程度并不取决于转轨本身，而是取决于所采取的改变策略、次序以及对"改革节奏"的把握。为了降低成本和复杂性，减少改革的阻力，采用"先试点后推广"以及"从局部到整体"这些我们已经相当熟悉的改革策略是相当明智。虽然引入中期基础预算的操作难度较高、改革成本较大，但只要精心设计改革策略、控制改革成本，那么，相对于此项改革巨大而持久的预期收益而言，仍然是值得的。

4.3　为引入中期基础预算创造条件

虽然我国引入中期基础预算所需要的某些前期基础工作已经启动了，但总的来说尚须继续推动，以便为引入全面的和正式的中期基础预算创造更好的条件。需要继续致力创造的条件主要包括：良好的部门间协调机制，提高预测能力，熟悉和创设适当的运作流程，以及确保显规则压倒潜规则。

4.3.1 部门间协调机制

中期基础预算的有效运作高度信赖于良好的部门间协调机制，特别是要求将宏观经济与政策筹划整合到预算准备过程的早期阶段。这个阶段需要立法机关、政府内阁和其他核心部门对重要的政策和预算事务进行统筹协调，特别是要求所有公共财政资金应进入统一的"预算池"中，通过良性的预算竞争（磨合与权衡）、政策辩论、宏观经济预测等基础工作，基于政府战略优先性和政策重点，确定预算总量与优先性排序。但是，我国由来已久的"政出多门"、"钱出多门"和"条块分割"的行政体制与公共财政体制，远不能满足这一基本要求。

部门预算的编制和执行就是典型的例子。目前的支出预算是按资金的性质归类编制的，不同部门、单位的资金性质不同、来源渠道不同，于是各种资金如行政经费、科研经费、基建支出等分别由不同的职能部门分配和管理。这使财政部和其他核心部门难以对一个预算单位的经费整体使用情况实施有效的监督和控制。加之预算编制较粗、管理水平不高、执行中随意性大，追加追减的情况时有发生。此外，各级人大批准的预算仍然不能及时细化到部门和支出项目，财政部门难以按《预算法》规定的日期及时批复预算。

决策程序和协调机制上的支离破碎也典型地反映在涉农（农村、农业和农民）事务方面，这些开支占各级政府（尤其是地方政府）的很高份额。当前财政涉农支出的"政出多门"主要表现在：涉农政府部门众多，管理分散，决策支离破碎。在政府各部门中，除农业部专门主管农业农村社会经济发展外，关于农业农村社会经济发展的众多事项分散于其他各部委中（见表4-1）。如我国对农村的建设性财政拨款投入就有农业固定资产投资（含国债资金）、农业综合开发资金、扶贫以工代赈资金、专项财政扶贫资金和财政部门直接安排的支援农村生产、扶持农业产业化、农村小型公益设施建设资金等建设性资金等。这些资金的支出涉及大多数政府部门。

表4-1　　　　农村财政支出：主要政府部门职责概述

部门	司局	涉农职责
科技部	农村与社会发展司	编制并组织实施农村与社会发展的科技政策与规划、科技攻关计划、农村与社会发展领域的重大科技产业的示范
教育部	基础教育司	宏观指导教育工作和重点推动九年义务教育、扫除青壮年文盲工作
民政部	社会福利和社会事务司	拟定保证老年人、残疾人、孤儿和五保户等特殊困难群体社会福利救济的方针、政策规章并指导实施
	救济救灾司	管理分配中央救灾物资并监督检查使用情况；建立和实施城乡居民最低生活保障制度；指导各地社会救灾工作
发展与改革委员会	地区经济司	协调地区经济发展，编制"老、少、边、穷"地区经济开发计划与以工代赈计划
	农村经济司	农村经济发展重大问题、战略和农村经济体制改革建议；衔接平衡农业、林业、水利、气象等的发展规划和策略
劳动和社会保障部	农村社会保障司	农村养老保险的基本政策和发展规划；社会化管理服务的规划和政策并组织实施
财政部	农业司	参与管理和分配财政扶贫资金和重要救灾防灾资金；管理扶贫等政策性支出专项贷款贴息；农牧业税特大灾情减免
	农业综合开发办公室	组织实施并监督管理国家农业综合开发制度、规划和农业综合开发项目；管理和统筹安排中央财政农业综合开发资金

续表

部门	司局	涉农职责
住房和城乡建设部	城乡规划司	拟订城乡规划的政策和规章制度；指导城乡规划编制并监督实施
	村镇建设司	拟订村庄和小城镇建设政策并指导实施；指导镇、乡、村庄规划的编制和实施；指导农村住房建设、农村住房安全和危房改造；指导小城镇和村庄人居生态环境的改善工作；组织村镇建设试点工作，指导全国重点镇的建设
水利部	农村水利司	组织实施农村水利的方针政策与发展规划；农田水利基础设施和社会化服务体系建设；乡镇供水和农村节约用水工作
	水土保持司	组织并监督实施全国水土保持规划、法律、法规及措施，协调水土流失综合治理
卫生部	基础卫生与妇幼保健司	组织并实施农村卫生工作相关政策、法律、法规、规划和服务标准
交通运输部	县际及农村公路领导小组	县际及农村公路的规范与改造
农业部		主管农业和农村经济发展

不仅如此，在政出多门的情况下，管理涉农事务的政府部门还掌握着各项涉农资金的使用，使得财政涉农支出形成"钱出多门"的格局（如表4-2所示），许多与农业农村社会经济发展相关的支出项目由多个部门共同完成。众多掌握资金的部门各自为政，使得规模巨大的财政涉农资金犹如"撒胡椒面"似地"撒出去"，既不能形成整体合力，又导致了资金分配机制与决策的分离状况。

表 4-2　　　　　　"三农"支出和相关领导部门　　　　　单位：亿元

支出项目	相关领导部门	1995年	2000年	2003年	2004年
农业基本建设	大多数部委	110	414	680	741
农业科技三项费	发改委、财政部、科技部、农业部	3	1.9	18	20
支援农业生产	发改委、财政部、科技、农业部、粮食局	160	227	262	307
农林水气象事业费	发改委、财政部、农业部、水利部、林业局、气象局	213	409	193	275
农业综合开发	发改委、财政部、农业部	23	126	81	89
支援欠发达地区	发改委、财政部、农业部、扶贫办	24	128	114	122
农业科研支出	发改委、财政部、科技部	36	53	NA	NA
农业税减免	财政部、国税局	9	11	20	15
政策性补贴	发改委、财政部、农业部、粮食局	229	615	616	650
农村税费改革	财政部、国税局	NA	NA	305	524
其他		NA	39	40	47

注：根据陈锡文《中国农村公共财政制度》、《中国财政年鉴》（2001~2004年）和国家统计局相关数据整理。

资料来源：胡鞍钢、魏星：《财政发展与建设社会主义新农村：挑战与策略》，载《财经问题研究》，2007年第5期。

涉农支出的政出多门与钱出多门不仅导致财政涉农支出总量难以得到有效控制，优先性配置和支出使用效益无法保证。类似的情况在地方和其他部门也十分普遍，其中突出的问题是规划与预算的脱节。多年来，《国民经济与社会发展规划》和《财政发展规划》分别由不同部门负责编制。前者由国家发改委起草，并受到中国人民银行、财政部、对外经济贸易合作部、国家经贸委和其他机构的影响。长期的《国民经济与社会发展规划》包括了各个主要经济指标的综合规划,并详细阐述了今后 15 年内的改革领域。5 年期的《国民经济与社会发展规划》是只对宏观经济的概略规划,其中包括了经济增长率和投资率,以及预算及信贷计划用于向所规划的项目进行投资的总体资金需求。5 年期的《财政发展规划》由财政部制定,其中包括了财政收支的总体规划。但是,这个规划不存在实施的功能,并且要等到下一个 5 年规划才进行更新。规划与(财政部负责的)预算脱节由来已久,从而冲淡了政策重点。尽管财政部与发改委(国家发展和改革委员会)在预算编制时经常开会,但对各部委来说,两个部门有不同的资金来源,不一定要协调。由于规划并不全部反映在预算中,各部门对支出结果没有较强的责任感。此外,这一双重程序还导致了不良复式预算策略(第 4 章 4.1.7 和第 5 章 5.1.5)。

部门众多、强调权力与资源纵向控制并且严重横向整合的政府体制,造成很多问题。在这样的体制下,政府很少作为一个统一的机构来做整体性的政策选择。相反,它倾向于认可政府各部门所做的决定。每一功能性政策领域都倾向于在与其他政府部门隔绝的情况下得到治理,而政府的权力和合法性常常被用来增进社会中个体或团体的利益,而不是更广泛的公共利益(B. Guy Peters, p. 35, 2008)。

解决这些问题的根本办法是以引入中期基础预算改革为契机,对政府用以处理政策和预算事务的决策机制和程序进行系统地整合。其要点包括:(1)由政府内阁牵头联合的、跨部门的预算(或公共支出)审查委员会,负责制定政策和建立预算优先性排序,审查预算,裁决任何可能的冲突,最终为各部门建立强有力的支出限额;(2)尽可能将政策筹划工作置于预算准备过程的早期阶段,并在支出部门提出正式的预算申请前完成政策筹划工作,预算执行过程中确有必要出台的政策措施通过一个特别的预算程序(例如预算稳定基金)提供资金;(3)赋予财政部更多的权威和资源以加强其与各支出部门在预算谈判的地位，以及更好地履行预算审查和其他职能，这对于捍卫财政纪律至关重要；(4) 所有公共财政资金在实际支付行为发生之前，都集中于国库单一账户 (TSA)；(5) 动用 TSA 的资金必须首先获得财政部长的签字，并确保处于立法机关的监控之下。以上这些工作可以与引入中期基础预算一并推动，但率先推动更有利于确保改革的成功。

4.3.2 提高预测能力

中国目前的预算收支测算方法过于简单，缺乏科学论证，导致财政收支的测算结果与实际情况相去甚远。在收入预算的编制上，往往存在较多的人为因素和长官意志，或者是国家已经确定了当年财政收入的增长比率，地方就把它理解为一个执行问题。在支出预算编制上，细化项目、量化分析和科学论证做得很不够。"基数法"的盛行也使得各预算单位对"基数"重视有余，而对预测和支出绩效关注不足。

这种局面将妨碍中期基础预算的改革。因为在中期基础预算中，预测是预算准备过程的早期阶段，是重要的工作之一，而且预测的准确性和预测工作的质量对预算安排、执行以及执行结果都有重要影响。为了获得可靠的信息，收集经济数据、监测经济走势，以及考虑那些影响收入、支出、融资与其他影响政府财务营运的法律和规章的变动，都是非常重要的。以下是为提高预测能力和预测工作质量必须考虑的若干要点：

■ 预测应滚动进行并适时调整

各国的中期基础预算都是逐年递推或滚动的，即中期基础预算每年编制一次，每次向前滚动 1 年。每年都要根据预算执行情况和经济发展及各方面情况变化的最新预测，对有关经济指标和财政收支指标进行调整、修改和更新，以避免计划与实际脱节的现象，以确保与政府宏观调控意向相一致的跨年度项目有足够的资金来源，克服年度预算编制过程中的短期行为和随意性，促进宏观决策选择和财政政策执行的一贯性、连续性和宏观经济的稳定。

■ 从收入预测开始

中期基础预算方法的第一步是收入预测，它是形成政府整体和支出部门支出总额、预算限额的核心部分。资源的可得性首先是由收入预测决定的。当然，政府可以开支比收入更多的钱，但由此形成的赤字需要政府举债来弥补，因此必须考虑赤字和债务的可持续性。正因为如此，收入预测是决定资源可得性的关键因素。实践中有两类典型的不良预测：（1）高估收入，以此满足更高的支出需求（政治家通常有这样的动机）；（2）低估收入，以便在预算过程中形成自由支配度相对较高（预算监控较为松散）的预算超收。两种不良预测造成的后果是相同的：扩张支出并且导致糟糕或艰难的预算执行过程。从我国的预算实务看，低估收入或过于保守的收入预测明显地占了上风，这可以从表4-3所示的连续多年的"预算超收"中清楚地反映出来，其有些年份（例如2001年、2004年、2006年和2007年）形成的预算超收超过预算额的10个百分点。

预测的准确性不仅依赖于可靠的技术（尤其是模型技术）的应用，也在很大程度上受人为因素的影响。因此，提高预测工作质量的方法应包括：（1）由独立于政治程序的预测专家做出；（2）预测要借助相对成熟和可靠的模型技术；（3）收入预测要经常更新，并且严格地以经济预测的结果为依据。此外，为避免形成过高支出和支出惯性，经济预测和收入预测应适当地保守一些。

表 4-3　　　　　1999~2008 年全国预算收入偏离度　　　　单位：亿元

年　份	预算收入额 1	预算收入完成额 2	预算收入差额 3 = 2 − 1	偏离度（%） 3/1
1999	10 804	11 377	573	5.3
2000	12 338	13 380	1 042	8.4
2001	14 760	16 371	1 611	10.9
2002	18 015	18 914	899	5.0
2003	20 501	21 691	1 190	5.8
2004	23 570	26 355	2 785	11.8
2005	29 255	31 627	2 372	8.1
2006	35 423	39 343	3 920	11.1
2007	44 064	51 304	7 240	16.4
2008	58 486	61 316	2 830	4.8

资料来源：根据历年《财政统计年鉴》整理。

增强收入预测可靠性的另一个办法是区分"保守（悲观）"、"乐观"和"正常"三种情形分别进行预测。支出、赤字和债务预测也可以比照进行。财政部将自己的预测结果与其他机构（包括外部机构甚至国际机构）的预测结果进行比较，也有助于提高预测的质量。

■ 分类预测

无论收入预测还是支出预测，通常都应在较详细分类的基础上进行，这有助于提高预测的准确性。[①] 大部分支出项目都是"水涨船高"，但最大的例外项目是公民权益规划（entitlement programs）类别的支出，例如失业救济金和最低生活保障支出。在经济衰退时期，这类支出反而较多（主要是因为有资格领取者增加了），但衰退期的

[①] 德国财政部就对 8 000 项支出和 1 200 项收入进行预测。其他国家大多没有这么详细，但通常也多达数百项。

政府收入却会减少（或增长放慢）。另一个显著的特点是，权益类支出并不受年度预算拨款程序的约束，而是由法律预先决定的。因此，如果不改变法律，正常预算程序顶多只是"记录"而不是对其进行"预算"（做出支出决定）。这两个特征结合起来，要求对权益类支出的预测尤其应有较高的准确性，否则将会带来很难处理的麻烦，尤其是在经济衰退期此类支出需求被低估的情况下。

4.3.3 熟悉和创设适当的运作流程

引入正式和全面的中期基础预算对运作流程有相当严格的要求，提前熟悉并且创造条件以逐步"逼近"这一运作流程十分重要。

根据世界银行的《公共支出管理手册》（1998年），中期支出框架由一个自上而下的资源范围、一个自下而上的对现有政策的当前和中期成本的估算以及成本和可用资源的匹配三部分组成。自上而下的资源范围本质上是一个宏观经济模型，该模型表明了财政目标、收入预测和支出预测，也包括政府债务和耗费巨大的大规模的行政改革。为此，介入此过程的部门要从详细审查部门政策和活动开始（类似于零基预算方法），并力求实现部门内资源分配的最优化。[①]

表4-4、图4-3和图4-4以概览的形式说明了中期支出框架的含义、主要流程及其与政策、规划的联结。

应注意的是，表4-4关于部门间的资源配置，不仅仅是指组织意义上的部门（例如农业部和商务部），也包括按规划类别（例如某种传染病预防规划与治疗规划）、功能类别（例如一般社会服务与国防）和经济类别（例如经常性支出和资本性支出）界定的部门。在部

[①] 这种部门审查必须预先假定：它是基于规划预算进行的，或者最起码是基于功能或机构分类的预算。

表 4-4　　　　　　　　中期支出框架的目标

- 改善宏观经济平衡尤其是加强财政纪律
- 优化部门内部和部门之间的资源配置
- 提高支出部门制定预算的可预见性
- 更有效地使用公共资金
- 加强支出绩效的政治受托责任
- 提高预算决策的可靠性（政治约束）

门间恰当配置资源是公共支出管理最重要的目标之一，需要在预算过程的早期阶段做出艰难（涉及大量的政治色彩和利益纠葛）的配置决策。

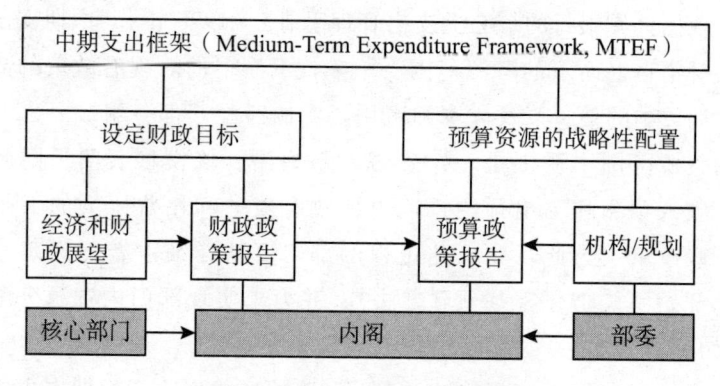

图 4-3　中期支出框架的基本结构

图 4-3 清楚地显示了中期基础预算（狭义概念是 MTEF）的两个基本模块：用于处理（总额）财政纪律和总量控制的模块（左半部分）——对应公共支出管理的每个目标，其核心是以经济与财政展望（即宏观经济筹划）和财政政策报告（筹划）为基础建立的财政目标（fiscal objectives），即收入、支出、赤字/盈余和公共债务的目标值（最终形成预算限额）；用于处理预算资源基于战略优先性配置的模块（右半部分）——对应公共支出管理的第二个目标，其核

心成分是在设定的财政目标（预算限额）下用以决定预算资源如何配置的预算（政策）报告，需要提交立法机关审查。在第二个模块中，各部门提交审查的预算申请必须与支出机构以及规划（programs）层面的信息充分结合，以表明预算申请的理由和适当性。

图 4-4 直观地描绘了中期支出框架的运作流程。图中的 t 表示下一个预算年度，（t+1）表示紧随预算年度后的第一个年度；（t+2）表示预算年度后的第二年。这样，从当前正在执行的预算年度看，预算估计需要包括未来 3 年。这是多数采用中期基础预算的国家采用的时间框架。

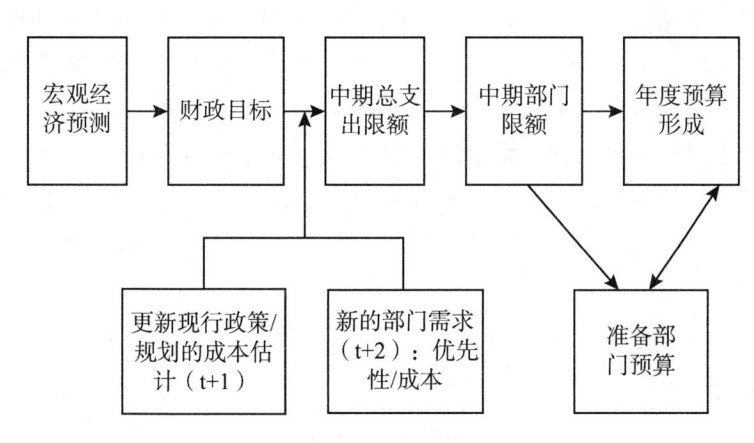

图 4-4 中期支出框架的运作流程

作为一个自上而下和自下而上相结合的战略性计划过程，中期基础预算的运作依次包括以下七个步骤：

（1）包括预测未来 3~5 年的收入和支出在内的宏观经济筹划。从政策向预算的转变往往会面临资源可得性与支出需求间的冲突。政府过多的政策（支出）承诺将导致某些政策没有相应的预算资源支持，或者是决策时没有将总资源限制和不断增长的成本考虑在内。为此，必须将经济预测和财政目标（尤其是支出水平的目标值）联系在一起。

（2）通过核心部门的预算审核程序，在目标和规划/活动方面达成共识，并计算这些规划/活动的成本。然后，对这些规划/活动进行优先次序排序，从而确定哪些规划应该削减，哪些应该推迟到来年。

（3）财政部和各个部门之间进行听证会，从而在核心部门和支出部委之间就战略目标和规划达成共识。

（4）财政部可在此基础上起草一个战略性的支出规划。这个规划可对某些资金使用决策在部门间和部门内的得失进行分析，同时，它还是确定未来年度（包括预算年度在内的3年）部门最高支出限额的基础。

（5）政府主要决策部门（内阁或部长委员会）按照财力和部门间优先次序进行中期的部门资源配置，最终批准各部门的最高预算限额。这是整个 MTEF 运作链中极为关键的一步。确保宏观经济与政策报告（筹划）以及部门支出限额（sector expenditure ceilings）获得高层政治领导的批准十分重要。

（6）各个部门对预算估计值进行修改，使之不超出已通过的最高限额。

（7）修改后的预算估计值由财政部再次审核，然后提交给内阁和议会。

4.3.4　让显规则压倒潜规则

中期基础预算是一套正式的规则（显规则），它需要各方面的参与，尤其是核心部门和大量支出机构（预算申请者）。与任何其他显规则（法律与制度）一样，只有"游戏参与者"都遵守正式规则时，中期基础预算才能有效运作。在预算过程中，有许多重要的显规则，它们包含在法律框架——宪法、预算法、拨款法案、授权法案以及其他相关法律和财政规章中，也包含在执行它们所必须遵循的程序和步骤中。

引入中期基础预算相当于引进一套完整的正式规则，但如果潜规则（可做不可说，但往往支配个人行为动机的规则）力量是如此之强，以致完全压倒显规则，那么这些正式规则将变得毫无意义。这样的危险不能不引起充分的关注，因为中国社会的潜规则（最典型的形式之一是"关系"）似乎比其他国家更为严重，预算过程也不例外。例如，正式规则要求至少对支出有严格的监控，同时关注资金使用的效率和有效性（effectiveness），但潜规则可以令很多人忽视它们；正式规则要求税收收入和其他收入都应包含于预算文件中，并且尊重正常预算程序的审查和监控，但潜规则驱使很多机构从事预算外活动，这使其处于公民和立法机关的视线之外；正式规则要求及时进行信息的公开披露，以增加透明度和可信任度，但潜规则令某些部门和官员有意隐瞒这些信息；正式规则要求基于宏观经济与政策筹划现实地进行预测，既不高估也不低估收入与支出，但潜规则令预测者有意做出过于乐观的预测；正式规则要求每个支出部门在预算申请中都清楚地建立支出优先性排序，并且与可得资源（给定的预算限额）以及政策目标相一致，但潜规则令其制造错误的支出优先性排序或虚假的支出需求。如此等等，不一而足。在引入中期基础预算之前或过程中，提防这些潜规则，确保所有"游戏参与者"都遵守显规则，对于确保改革的成功至关重要。

【注释】

[1] Anwar Shar, Budgeting and Budgetary Institutions, Overview, The International Bank for Reconstruction and Development. The World Bank, Washington, D.C., 2007.

[2] Peter Heller："财政空间：含义"，载《金融与发展》，2005年第6期。

[3] Peter S. Heller："谁来付账？"，载《金融与发展》，2003年第9期。

[4] David Mosso, Accrual Accounting and Social Security, Journal of Government Financial Management, Vol. 54, No. 3. Fall 2005.

[5] G. Edward DeSeve: The Case for New Federal Budget Concepts and Benchmarks Journal

of Government Financial Management. Vol. 53 No. 4. Winter 2004.

［6］Anthony Downs. Why Government Budget is Too Small in a Memocracy. Form World Politics 12：4（1959－1960）：541－563. @ Center of International Studies.

［7］Rotert H. Bates："投票箱外看非洲"，载《金融与发展》（www. fmf. org/fandd），2006年第12期。

［8］Ed Campos；Sanjay Pradban，Ed Campos；Sanjay Pradban：Budgetary Institutions and Expenditure Outcomes-Binding Governments to Fiscal Performance, Public Economics Division of Policy Research Department of The World Bank, Working Paper, No. 1646, September 1996.

［9］马骏、侯一麟："中国省级预算中的政策过程与预算过程：来自两省的调查"，载《经济社会体制比较》，2005年第5期，第64~72页。

［10］Salvatore Schiavo-Campo and Daniel Tommasi. Management Government Expeniture. p. 495. Asian Development Bank, 1999.

［11］联合国儿童基金会、国务院妇女儿童工作委员会办公室：《中国预算体制与儿童教育卫生服务筹资》，载《研究报告》，2006年，第99页。

［12］Naomi Caiden. The New Rules of the Budget Game, Public Administration Review, Vol. 44, No. 2. pp. 109－117. March-April 1994.

［13］IFAC：Governance in the Public Sector：A Governing Body Perspective, International Public Sector Study, August 2001. Study 13, Issued by The International Federation of Accountants, International Federation of Accountants. 535 Fifth Avenue, 26th Floor New York, New York 10017, United States of America.

［14］盖依·彼得斯（B. Guy Peters）著，顾丽梅、姚建华等译：《美国的公共政策——承诺与执行》（第六版），复旦大学出版社2008年版。

第5章

转向中期基础预算的要点与次序

　　相对于年度预算体制而言，中期基础预算最重要的优势是在预算与政策之间建立了直接联系，为强化公共支出控制与审查提供一个更有效的工具，以及引入更好的预算策略、方法与程序。为此，推进这项改革要求瞄准以下要点实施改革：预算文件与报告要求、预算策略与方法的选择、侧重自上而下的预算程序、与年度预算相衔接、更好的部门间协调和强有力的支出审查机制。预算观念的变革、来自政府高层的政治支持以及精心设计的改革次序，对于确保成功至关重要。可以考虑在整个"十二五"（2011~2015）期间，在"先试点后推广"的基础上，在中央和各级地方政府中普遍引入中期基础预算——将年度预算置于一个中期时间框架下的体制，并以此作为范围广泛的政府预算改革战略的核心组成部分和突破口。与以往改革将重点集中于预算执行阶段不同，从年度向中期基础转轨的改革要求把改革的着力点首先放到预算准备阶段，然后再依次扩展到预算审查、执行和评估阶段。这一次序同时也意味着率先推动核心部门层面的改革（旨在强化和改进自上而下的预算程序），之后再扩展到支出机构（旨在强化和改进自下而上的预算程序）。①

5.1 预算准备阶段的改革

预算从准备（提交立法机关批准前）到审批、执行（控制）、评估（和审计）构成了一个完整的动态循环，预算准备是这一循环的起点。由于预算与政策间的联结（或脱节）主要取决于预算准备过程，成功的预算改革（系统和持续地改进财政成果）要求致力于强化预算准备过程的基础工作，特别是预算文件（预算的宏观经济框架、财政政策报告、MTEF和预算指南）的起草和筹划。这些工作在很大程度上决定了预算申请（编制）的质量。然而，预算准备过程的大部分基础工作需要由政府高层（核心部门）牵头运作，而且带有浓厚的政治色彩（敏感性），所以包括中国在内的许多国家，通常将"预算改革"的重心放在预算执行阶段。这种"先难后易"的改革策略减轻了改革的压力、阻力和复杂性，但对于确保成功是远不充分的，因为预算执行过程的问题（包括反复调整和追加预算）大多是预算准备过程的基础工作不到位的结果。

从年度转向中期基础预算的改革尤其高度依赖于强化预算准备过程的基础工作，因此应置于改革议程最优先的位置。这些基础工作主要包括以下十个方面。

5.1.1 改进预算文件

准备预算文件是预算准备过程最重要的基础工作之一。引入中

---

① 核心部门和支出机构是预算过程中两类主要的参与者，前者主要负责预算相关的宏观经济与政策筹划、准备预算限额以及实施支出审查；后者主要负责预算申请、资金使用并确保产生令人满意的绩效。

期基础预算要求在当前的基础上至少增加下述文件：预算的（中期）宏观经济展望、财政政策报告（应包括对财政风险的量化评估）和一份正式的中期支出框架（MTEF）。①

这些主要由财政部牵头、由政府高层内部运作完成的预算文件应提交立法机关审查（但不需要投票表决），之后应连同其他预算文件一起公布于众。这些文件有助于帮助立法机关判断年度预算的合理性，以及将宏观经济与政策辩论引入立法机关的预算审查过程。

在地方政府（包括联邦制国家的次中央级政府）层面，由于政策重点并非宏观经济调控，作为预算文件的公共政策筹划，可将重心转向更为具体的公共政策目标。美国艾奥瓦州（Iowa）的预算实务就是如此，州政府的年度预算文件中详细阐述数十个详细的政策目标，包括儿童健康和安全、减少酒精和其他毒品的滥用、减少重大疾病和伤害事故、减少交通事故引起的伤亡、提高健康保险比率、促进高质量保健服务、强化社区基础设施、发展和应用新技术、降低犯罪伤亡、改善环境质量、增强社会文化意识与平等，提高贫困线以上人口比率、提高全州学术成就综合排名、增加工作岗位数、改善员工健康与安全、提高工人生产率、让艾奥瓦州成为"最优管理州"，等等。每一届州长都从这些州政府的政策目标中，筛选出本届州长的政策目标，确定这些目标的优先性，并将目标及其优先性融入预算过程。中国各级地方政府（也适合中央政府）可从这一"最佳实践"获得有益的启示。

财政部必须在预算申请者编制预算前，颁布一份详细、清晰和实用的预算指南，以此为各部门的预算编制工作提供强有力的指导。由核心部门（政府内阁、立法机关和财政部门）共同运作制定的预

---

① 对宏观经济政策报告并不是简单地预测宏观经济变量的数值，而应以清楚界定一系列政策领域的目标与工具为基础，包括货币政策、财政政策、汇率与贸易政策、外部债务政策、对私人部门活动的管制/激励，以及公共企业改革。实施这些政策需要确定适当的财政总量，例如，减少通货膨胀的政策目标与财政赤字的约束水平相联系，也与税收措施、信贷政策措施等特定政策工具密切相关。

算指南，用以说明年度预算的编制原则、指导思想、技术要求和政策重点（美国联邦政府的预算指南就是著名的 A-11 通告——Circular No. A-11）。原则上，预算指南应针对预算单位在预算编制过程中的所有疑难问题，给出适当的答案。

应当强调的是：财政政策报告不仅仅是政府（整体）的预算文件，各支出部门也需要准备和提交部门（例如，教育、卫生、环境政策）财政战略报告。部门财政战略报告应与政府整体的财政政策报告相衔接，并详细说明支出部门在中期内的政策目标、重点和优先性，以及打算如何实现这些目标和所采取的措施。部门战略报告也是支出绩效评价的重要信息来源。①

仅仅增加预算文件的数量是不够的。政府整体与各支出部门在其预算申报材料中，应清楚地阐明具体的政策目标及其与国家战略重点的内在联系。预算文件的重点应是阐明预算申请的政策依据（尤其是政策出发点、重点与优先性排序），而不是当前的预算文件那样强调"比上年增加（或减少）多少"，或只是笼统地说明政策关注的领域。就支出部门而言，用以阐明预算申请合理性和正当性的预算文件应包含足够的绩效信息（投入、产出、成果和其他绩效信息），用以阐明支出的正当性和合理性，并为预算执行控制、评估和审计提供依据。预算文件还应说明实施政策的预期结果（产出与成果），如何计量与评估这些结果，以及继续现行政策的跨年度成本估计与所需要的预算拨款。严重缺乏这些信息是当前预算体系的突出弱点（所有 OECD 国家和许多其他国家的预算文件都包含大量绩效信息）。②

---

① 在预算申报阶段，所有要求在上年基础上新增支出项目的支出部门，在预算文件中应同时提出本部门支出结余的项目选择（用于何处），以便预算审查部门有机会就究竟接受哪一个抑或两个方案做出决定。

② 支出申请应清楚地区分以下事项：继续当前活动和规划所需要的支出数量；建议引入的新规划并核算其成本，评估这些规划对预算造成的影响。对于建设性规划或权益性规划而言，这一点特别重要，因为这些规划可能造成在未来各期的（周转性）成本或增加支出。

概括地讲，支出部门在预算申请时提交审查的预算文件至少应该包括以下内容：

（1）支出申请（包括线下部分与线上部分）；

（2）一份简要的、阐明部门政策及其预期成果的政策报告书；

（3）现实的和相关的绩效指标，包括前期的绩效结果和预期的未来绩效；

（4）一份说明如何实现政策目标的报告书；

（5）实现资源节约和促进效率的建议；

（6）为有效地落实这些建议而采取的措施。

5.1.2 改进预算分类与申报

中期基础预算不仅要求高质量的预测，也要求对支出构成信息的详细了解。这就要求对我国现行的预算分类和预算申报（基于预算分类）改进改革，使其能够满足相关分类的要求，特别是经济分类和功能分类的要求，并与国际通行的分类标准一致。其中，经济分类应较为详细，最好能够与我国当前广泛采用的"目级"预算科目（主要按支出条目设置）相衔接。这样的细目分类能够为分析宏观经济因素（比如通货膨胀）或政策因素（例如提高公务员工资标准）对当前支出造成的影响提供极大便利。

中期基础预算的核心成分之一根据宏观经济与政策筹划制定中期预算估计，其中最重要的是中期支出估计（以及相应的支出限额），包括支出总量估计，以及根据功能分类和经济分类，所有这些估计都应在中期（包括预算年度在内的未来3～5年）做出，并与年度预算相衔接。我国引入中期基础预算时，应借鉴国际经验，并遵循标准的功能分类和经济分类制定中期支出估计。为此，当前采用的预算分类系统需要作适当的调整，以使其与国际通行的分类系统相一致。这样的分类系统也有助于为改进我国公共财政管理提供更好的信息。

■ 功能分类的中期支出估计

功能分类是最主要和最流行的支出分类,旨在明确揭示政府活动的功能领域。一项公共服务可能由若干个机构负责管理(例如我国现行体制下管理农业事务的部门包括农业部、水利部、科技部、财政部等),因此功能分类必须由管理分类来弥补,因为各项功能(如提供教育服务的功能)必须指明特定机构的管理责任。理想的情况是机构和功能保持一致,但实际上十分困难。因此,功能分类方法并不是政府改组机构的依据,但它必须与现行机构相适应。①

好的功能分类要求便于用来分析政府支出的历史情况,以及对不同财政年度的数据进行比较分析。目前国际通行的功能分类是联合国政府功能分类(COFOG)。COFOG 是在国民账户核算体系(SNA)和政府财政统计手册(GFS)中确立的。它有 14 个一级分类(major groups)、61 个二级分类(group)和 127 个三级分类(subgroup),在发展中国家广泛采用(至少是在 14 个一级分类方面如此)。

我国现行的功能分类与国际通用的功能分类系统并不一致,应努力采用以下国际标准的功能分类系统(最低限度是与其兼容)来建立中期支出估计。采纳 COFOG 分类具有重要优点,尤其是有助于促进对政府开支的国际比较,该分类系统的参考框架如表 5 - 1 所示。

---

① 还有一些功能,如公债,不适合按机构分类,所以仍应被当做独立的功能。此外,功能(functions)还需要细分成规划(programs),例如教育(功能)需要有许多规划来实施,包括建造校舍、培训教师、编写教材等,以满足绩效管理方法的要求。

表 5-1　　　　　按 COFOG 功能划分的可能类别

核心公共服务和公共秩序
1　一般公共服务
2　警察秩序和安全事务
3　防务（国防）

社会服务
4　教育事务和服务
　　4.1　学前和基础教育
　　4.2　中等教育
　　4.3　高等教育
　　4.4　其他
5　保健事务与服务
　　5.1　医院
　　5.2　诊所和个体从业者
　　5.3　其他
6　社会保障与福利
7　住宅、供水和卫生
8　文化和娱乐

经济事务
9　燃料和能源事务
10　农业、森林和渔猎
11　矿产开采与建设
12　交通和通信
　　12.1　道路
　　12.2　其他交通
　　12.3　通信
13　其他经济事务与服务

未包括于一级分类中的支出
利息
政府间转移

■ 经济分类的中期支出估计

按功能分类强调预算的规划、活动和政策要求，而强调预算对经济的影响要求按经济分类。传统的条目预算（line-item budget）通过规定支出的用途，提供了经济分类的核心成分。与功能分类不同，经济分类强调公共支出信息应服务于财政财务统计（GFS）、对支出条目与合规性的控制以及经济分析的目的。我国现行预算分类系统中，居支配地位的是基于预算控制和监督的目的条目（line-item）分类（即投入分类），如不同类别的人员支出、旅游费用和打印费。作为最低要求，条目分类至少应与 GFS 下的经济分类（参见表 5-2）相兼容，这对于制定良好的中期支出估计类别意义重大，尤其是这一分类系统清楚地区分了资本支出和经常性支出（包括商品与服务支出、工资、补贴等），能够满足我国现行体制对复式预算的要求。

表 5-2　　　　　　　　按 GFS 的经济分类

商品与服务支出
工资与薪水
雇员养老金
其他商品与服务
补贴
经常性转移支付
利息
国内
对外
资本性支出
资本支出
资本转移
贷款减还款
贷款
贷款偿还
资产销售
其他

在按经济分类确定中期支出估计时，涉及的一个重要技术性问

题是：在制定中期估计时，如何合理确定经常性支出与资本支出的适当水平和相对份额。在实践中，包括中国在内的许多国家采用双重程序来制定复式预算：财政部负责经常性支出的编制，计划部门（中国的发展和改革委员会）制定资本预算。这种分离性的双重程序容易产生两种不良的预算偏向：一个偏向，要么高估资本支出、低估资本支出对经济发展的贡献，从而导致资本预算的过度扩张和经常性支出（特别是基础设施维护与运营支出）的严重不足；另一个偏向恰好相反，把资本预算当做是经常性预算的剩余物，也就是在优先满足经常性（尤其是公务员工资和养老保障等公民权益性支出）支出的前提下，只是"剩余"的部分才被用于资本投资。在后一种情况下，一些相对次要的经常性支出（例如公款消费）不可避免地挤占了原本应该用于促进发展的稀缺资源。另外，在预算准备和执行过程中，一旦需要削减开支，最先考虑被砍掉的大多是资本投资（或者价值很大的维护性支出）。在浪费性支出行为和腐败盛行的体制中，此类现象尤其普遍。

避免上述两种有害的"复式"预算策略，要求在引入中期基础预算的同时，采用更有效的协调程序（尤其是财政部与发改委之间），以及更好的技术方法。① 一种有效的、现已得到广泛采用的方法是由海勒（Heller, Peter S. 1979）建立的 r 系数法。此方法中的 r 系数定义为公共项目总投资成本中经常性支出需求所占的比重，它大致是以平均数为基础估算得出的。表 5-3 是 Heller 对发展中国所做的 r 系数估计。

引入这一方法（具体的 r 值应根据本国实际情况进行适当调整）对于提高中期基础预算的质量十分重要，对于发展良好的复式预算策略也是如此（中国的资本支出占预算的份额比其他许多国家更高）。

---

① 只要两类预算准备程序之间存在着密切和系统的协调，复式预算就不至于产生大的问题，尤其是在采用更好的技术方法的情况下。

表 5-3　　　　　　　　　发展中国家的 r 系数

部门	r 系数
渔业	0.08
农业	0.10
农村开发	0.08～0.43
小学	0.06～0.70
中学	0.08～0.72
乡村保健中心	0.27～0.71
城市保健中心	0.17
地段医院	0.11～0.30
建筑物	0.01
道路支线	0.06～0.14
铺设路面的主干道	0.03～0.07

■ 区分不可控支出与可控支出

制定中期支出估计以及随后的支出限额时，除了需要有清晰的功能分类（帮助将注意力集中于政策重点、政策成本和政策实施方面）和经济分类信息外，还要清楚地区分不可控支出（法定支出）与可控支出。前者系指不改变相关法律就很难改变的支出。我国当前的《中华人民共和国教育法》、《中华人民共和国农业法》、《中华人民共和国科技法》（以下简称《教育法》、《农业法》、《科技法》）等许多部门法律都对相应领域的支出施加了法定限制，形成许多类别的不可控支出。可控支出是指通过预算准备过程确定的支出。良好的预算分类信息使决策制定者和预算参与者对相关情况做到清晰明了。

5.1.3　建立正式和量化的预算约束

中期基础预算要求从两个方面建立严格的硬预算约束机制：预算限额与财政约束基准。其他有助于形成硬预算约束的安排和措施也很重要。

▍预算限额

由 MTEF 所建立的预算限额是在中期宏观经济与政策筹划的基础上制定的，包括总量限额和部门限额。总量限额是指一级政府（在单一制国家中包括全部各级政府）的预算限额，通常根据宏观经济走势、经济政策、预测的收入水平和意欲的预算赤字确定，并在一个具有约束力的中期预算框架中反映。总量预算限额确定后，需要分解为部门支出限额，这是为各个政府部门或部长而设立的。部门限额同样必须是强约束性的，否则，来自各部门的支出需求压力将迫使政府全部开支最终突破预算总额。部门限额的必要性在于确保总量限额得到遵守，并使各支出部门认识到，正常情况下它们只能在这个限额内配置财政资源，因此要使新的预算年度中更具有价值的项目或计划得到资金，就必须想方设法在部门内部和各个计划或项目之间实施资源再分配计划，促使资金从低效益评价的计划或项目转入更为优先的用途。一个运作良好的预算管理制度鼓励各支出部门在限额范围内进行资源再分配，从而改善了预算过程的配置效率。

▍财政约束基准

虽然加强核心部门在总量控制中的力量，以及在 MTEF 框架内建立严格的中期支出（和其他预算）限额构成了两项强有力的制度安排，但是，来自预算申请者的持续压力仍然可能迫使预算突破限额。因此，针对支出、赤字和政府债务建立正式的和量化的财政约束（fiscal constraint）显得非常重要。这些约束基准有三种基本形式：[1]

---

[1] 无论采取何种形式，好的财政约束基准应满足三个基本要求：数据和口径难以被操纵，违背这些基准必须承担政治成本，充分的灵活性以使财政政策可以用来处理经济的周期性波动，以及易于让公众理解。

（1）比率基准，包括赤字、收入、支出、公共债务或政府借款相对于 GDP 的百分比；

（2）收入或支出的变动（升降）比率；

（3）目标变量（赤字或支出）的绝对水平。

欧盟针对其成员国的两项最重要的财政约束：赤字比率（财政赤字比 GDP）不超过 3%，债务比率（政府债务与 GDP 之比）不超过 60%。类似的规则也存在大部分国家的预算法或其他法律中。中国目前的《预算法》只是建立了（针对地方政府）年度平衡形式的财政约束，严重缺乏其他量化的财政约束；另外，由于欠缺适当的严格的定义，"年度平衡"基本上难以发挥作用，因为地方政府有太多的渠道绕开平衡约束。变相举借债务、贷款担保、通过自己设立和控制的公司实体（比如"城市投资建设公司"之类）转嫁支出与债务、通过预算外隐藏收入与支出、把本年度预算安排的支出推延到未来年度以及或明或暗的数据游戏等，都可以置年度平衡规则变成"纸面规则"。

建议：以引入中期基础预算为契机，在修订后的《预算法》中对"年度平衡"做出更为细致和严格的规定；同时建立量化的、类似欧盟的财政约束是非常必要的。这些量化的财政约束需要覆盖支出、赤字、债务和收入这四个关键的财政变量。当然，任何时候都需要牢记的是：如果这些规则只是出现在纸面上，就不会有约束力。为此，需要对所建立的财政约束基准随时进行追踪与监控，并建立相应的机制对突破限额和违反财政约束的支出机构进行惩罚，以确保它们能够得到有效实施和严格遵循。

■ 其他约束机制

除了上述旨在强化财政纪律的安排和措施外，其他有助于促进这一目标的机制对于中期基础预算的有效运作也很重要。这些机制应该（不限于）包括：

（1）赋予财政部控制部门支出上限的权力。部门的支出上限控制权事关重大。当这项权力保留在各支出部门时，支出控制和财政纪律的贯彻将变得较为困难。这是因为，与财政部相比，其他部门通常更难以从总量控制和宏观角度（乃至公共利益）出发来考虑全局性问题。这项权力要求当发现支出部门任何实际支出总量超过限额时，财政部长有权拒绝签署支付令（从国库单一账户上支取资金）。满足这一要求的财政管理要求建立如下制度安排：所有的公款在其实际开支之前都必须进入国库单一账户（TSA）；动用TSA上的资金必须获得财政部长的授权，并处于立法机关的监控之下。这些基本的规则应成为公共财政管理的"底线法则"。没有或违背这样的法则将导致很多后果，并且使预算执行过程充满不确定性。

（2）赋予支出部门一定限额的超支权力。由于种种原因，不允许任何超支的做法虽然有助于强化财政纪律，但难以适应环境的变化而采取适当的应对行动。为此，财政部可以在每个年度为支出部门的部长制定一个允许超支的限额。在这个限额内，支出部门有权动用相应的资金实施支付。

以上两项安排应该在修订后的《预算法》中有所规范，或者至少应由财政部起草相关政策文件或规章颁布实施。这些旨在捍卫基本的财政纪律的措施应事先公布使之广为知晓。

5.1.4 加强与改进预测工作

高质量的预测工作（准确性、客观性和可信度）是确保中期基础预算良好运作最重要的技术基础。作为一项财政政策和一种管理工具，中期基础预算的成败在很大程度上取决于政府进行准确、可靠的中期预算预测的能力。基于此，预算编制部门应采用可靠和成熟的经济计量模型帮助进行中期经济预测和财政预测，避免对"基数法"的依赖。预算预测所遵循的假设（比如预算年度的通货膨胀和利率水平）需要在预算文件中公布，以利预算审查部门（立法机关和财政部）和公众能够清楚地理解预算。

在中期基础预算下，中期预测包括经济预测和财政预测。中期财政预测的关键是收入预测、中期支出预测，依次包括五个核心概念：收入、基线支出、可持续支出、线上支出和预测假设。其中，支出估计除了包括总的支出水平外，还应提供关于总的政府工资、其他商品与服务、利息、总的转移支付与资本支出等信息。①

▌ 收入预测

从技术层面而言，收入预测的常用模型和方法有：数据和时间序列法、简单的一元方法（霍尔特平滑和收入时间趋势回归）、时间序列复合回归模型、特殊事件数据的记录、处理特殊事件的专门知识和观点，以及对包含预测误差的数据库的维护。在美国，州和地方政府的年度预算预测大多始于预算执行前的 6 个月。人为判断也是一种常用的预测方法。每类预测方法都可以做得简单些，也可以做得复杂些。人为判断包括单个人做出有根据的推测，以及大批经济顾问通过正式的程序把他们的判断集中起来进行的推测（Roy T. Meyers，p. 253，2005）。

▌ 基线支出的预测

基线（baseline）支出系指在假设现行政策不变、只是非政策性因素（例如，物价、汇率、利率、人口出生率与死亡率）发生变化的情况下所预测的支出水平。预测时应按各项政策（教育、卫生、环境以及政策等）所对应的主要支出项目，列出清单分别进行预测。

---

① 转移支付或权益性支出项目无须做出详细的说明。相对于一份正式而详细的多年期支出规划而言，这些支出总量估算的要求不那么严格，但非常有用。

此项预测得到基线支出反映的是执行现行政策所需要的支出水平，是从"需求"的角度得到的支出预测数。

■ 可持续支出的预测

可持续支出是从资源可得性（供给）角度得到的中期支出预测数，它取决于三个关键因素：中期宏观经济状况、预测的可持续收入和可持续的财政赤字水平。赤字的可持续性是指在中长期内，用以弥补赤字的公共债务占 GDP 比率是否收敛于某一个可接受的水平（欧盟为其成员国设定的标准是 60%）。如果分析表明将超过这个水平，那么当前和未来的赤字就是不可持续的。这里的"赤字"是广义的，即凡是需要由政府承担的支出责任或兑现的支出承诺，包括社会（尤其是养老）保障、弥补金融机构亏损和提供的贷款担保等，都需要考虑在内。低估赤字或狭隘的赤字定义将导致过于乐观的（可持续）支出预测和过于乐观的预算，不利于财政可持续性和风险控制。

■ 线上支出的预测

在基线支出和可持续性支出预测完成以后，需要对两者进行比较，确定可持续支出与基线支出（执行现行政策所需要的支出）之间的差额。如果差额很小，则表明政府在预算中打算增加未来支出的新政策提议是不可行的，除非削减现行政策的支出或停止执行某些现行政策（或其对应的支出项目），或者想方设法增加收入。另外，如果可持续支出（反映未来可用财力）远大于基线支出，则表明尚有较大的空间引入新的政策提议。在这种情况下，需要预测假如采纳新政策提议需要的支出水平，也就是线上支出。此外，应该强调的是：预算估计应以名义数确定，以便使特定规划的管理者能够对价格变动做出反应，因为价格变动将影响到这些规划所需的

(名义)预算资源。

基线(线下)支出与线上支出的区分在预算和公共政策筹划上极具意义。年度预算(作为法定的预算资金分配方案)尤其需要将预算的线下部分和线上部分清楚地区分开来,其实质是清楚地确认继续性的政府规划(continuing government programs)的成本,以及对打算纳入预算申请的新提议(new initiatives)进行严格的成本核算。根据国际货币基金组织(IMF)的看法,虽然准确估计现行政策的后续成本,特别是新的公共投资项目的各期成本(周转成本)是困难的,但清楚地区分和全面(细致)评估两类成本(或支出)是极为重要的预算纪律因素,否则很容易导致短视和狭隘的预算(IMF,2001)。

■ 预测假设

所有的预测都是在一定假设条件下做出的,因此,明智和合理地制定预测假设非常重要。预测假设既包括经济假设(用于经济预测),例如通货膨胀率和失业率;也包括财政假设(用于财政预测),比如假设标准工资定额、有效税率保持不变。由于环境是变动的,预测假设的设定不可能完全符合实际情况,难以避免的分歧(不同机构做出的预测结果通常相差较大),以及可能的机会主义行为(故意高估或低估),预测总是有风险的。时间跨度越长越不准确。尽管如此,预测工作应尽可能做到位,它的质量以及对这项工作的重视程度,是确保我国成功引入中期基础预算最重要的技术基础。

为加强预测工作,提高预测质量,采用经济模型(无论简单还是复杂)技术与方法是有益的。但更重要的是,这项工作必须得到各级政府和财政部门的足够重视,必须在预算程序的起始阶段,即为预测工作留出足够的时间。财政部、国家税务总局、海关(负责进出口环节税收的征集)和其他宏观经济管理部门(包括发展和改革委员会)应通力协作,及时沟通。培训和配备专业技术人员的工作，以及借助中介（民间）机构的力量帮助进行预测，同样十分重要。

■ 预测和 MTEF 的调整

无论是最初的预测还是稍后形成的、其范围与年度预算大体一致的正式中期支出框架（MTEF），通常都需要随环境和政策因素变化进行适当调整。财政部应考虑宏观经济参数的预期变动、预算执行和支出审查，经常修订以前年度准备的中期支出估计的年度成本数据，必要时应向支出部门咨询以获取必要的信息，包括服务需求变动方面的信息。应该容许支出部门自主决定从现有规划中节省多少资源，并在预算限额内自主支配使用这些资源。[①]

非常重要的是：在调整或修订预测 MTEF 时，财政部应在充分考虑政策、实施问题以及效率提高的可能性的基础上，确认继续现行规划而在中期内可能实现的资源节省。一旦 MTEF 中的各年度估计数确定下来，财政部应确立所引入的新规划的年度最高支出限额。

预测调整工作因国家而异。瑞典财政部每年会对所有的宏观经济指标进行至少 4~5 次的预测修正。此外，财政部门还要对预算中的收支项目进行跟踪评价。从中期角度对财政支出的预测，每年都要进行 5~6 次。财政支出的预测需要借助计算机技术的支持，为此，瑞典政府引入了集成预算管理系统，借助该系统可以完成对每项支出的预测和评价。法国的经济和财政部在编制中期预算框架时，通常要召开专家座谈会，并与国家经济研究局和统计局等单位合作。德国成立了财政计划委员会、税收测算工作组等一系列机构，以吸收社会力量参与制定预算限额。财政部根据国家政策重点、以前年度绩效信息、新增或预期突发事件等为各个部门提出资源分配计划和预算限额建议。在发达国家中，预测是通过计算机化的预算管理

[①] 应注意的是，这种修订应是技术上的，不应涉及为获得额外资源而进行的讨价还价。

系统来进行的,所有的中央政府部门都可以进入这个系统。在这个系统中会记录中期预算执行、实际预算、预算预测和结转资金的所有信息。根据这些信息,财政部可以轻松地实现对支出预测的比较和监测,同时考虑各部门延续项目的以前年度绩效信息和机动经费,轻松提出各部门项目资源分配的优先排序,并汇总形成该部门中期支出的最低限额。实行中期预算框架的国家普遍在年度预算程序中增加了对中央预算内的所有支出项目(不包括对政府债务的利息支出)和预算外支出(如养老金等社会保险基金)规定支出限额的程序。

■ 预测偏差的处理

目前中国各级政府预算的准备工作中,大多包括了不同程度的预测因素,但总体而言预测工作过于薄弱。每年预算执行数(实际数)与预算数之间存在的较大偏差就是很有力的证据(见第 4 章表 4-3)。

预测应尽可能准确,但实际上却很难做,特别是时间跨度较长的预测(中期就是如此)。实时追踪数据,采用计算机、预测模型技术与方法,国际机构的援助,以及利用民间预测机构的力量,有助于改进预测工作的质量,但仍然无法做到完全的准确,甚至预测偏差仍然会很大。一个较好的应对办法是建立某种调节机制(蓄水池)——例如预算稳定基金,用以吸收预测偏差(或支出削减)导致的预算"超收"或预算"少支",或者在发生预测偏差导致预算短收或多支时释放相应的资源。作为一般规则,无论应对方法是怎样的,中期基础预算要求预测数据,包括预测所依据的预测假设,都应在相关的预算文件中公布。

5.1.5 避免不良预算策略

我国各级政府预算实践中,长期流行的不良预算策略大体有六种：增量预算（基数法）、软预算程序、过度讨价还价、收入驱动、纯粹的投入导向（不与绩效因素关联）以及偏见性的"复式预算"。引入中期基础预算的变革，要求尽可能避免采用这些策略。

基数法

基数法是被普遍采用的预算策略。在此策略下，核心部门（尤指财政部门）与支出机构（提出预算申请）之间的互动，关注的只是预算增量。在年度框架内，相对预算存量（基数）而言，预算增量总是相当有限的。因此，基数法意味着预算过程只是就少量的预算资源做出决定，大部分预算资源（对应预算存量部分）的配置决策实际上不是通过"预算"来制定的。表面上看，这些资源处于"预算内"，但实际上这些资源的配置决策完全处于"预算外"状态。因此，年度预算实际上只是"预算"（做出使用和配置决策）少量的预算资源。久而久之，基数法下的年度预算必然导致严重的预算僵化（预算过程原本应该具有的活跃的再分配机制消失了），这也是年度预算体制相对于中期体制的一个巨大劣势。①

基数法虽然具有简化的优点，但也因为过于简单，基数法回避了对现行政策和执行新政策的财政效应进行评估，而这种评估是任何良好的公共财政与预算系统必须具备的基本特征。一个可能的替代方案是采用另一个"极端"方法：零基预算（zero-base budget）。这一方法被美国联邦政府在20世纪70年代采用，但数年后放弃了（目前只是零星采用）。严格的零基预算要求从零开始重新检讨所有公共规划和支出项目的合理性，这几乎是一项不可能完成的工作。

基线法吸收了零基预算的主要优势，同时很大程度上规避了工作量过大和过于复杂的弱点，这使基线法成为基数法的一个理想方法，自20世纪80年代以来在全球范围内得到广泛采用。我国应以

---

① 中期基础预算要求在中期内做出选择，而中期比年度的预算增量大得多。

引入中期基础预算变革为契机引入这一方法,这对于改进预测和预算工作的质量,确保预算成为促进公共政策目标和管理财政风险的有力工具,具有重要意义。

■ 软预算程序

另一种充斥于我国预算实践的不良预算策略是软预算程序,其显著特征是:正式(或法定)预算程序在预算限额尚未颁布(甚至制定)的情况下,容许预算申请者提出上不封顶(open-ended)的预算申请,接下来再由核心部门(主要是财政部门)实施削减。这一程序的实质是以"自下而上"法开启预算准备过程,从而与中期基础预算以"自上而下"法开始预算准备过程的内在要求相冲突。[①]

上不封顶的预算程序本质上是软预算约束的程序。它衍生的问题首先是:预算申请所表达的只是"需要"多少,根本没有考虑到总的"预算池"中资源的可得性,因此,所有预算申请(支出需求)超出可得资源总量是不可避免的,因为没有任何支出机构有节约资源的动机。其次,在接下来的预算削减(无论是财政部做的削减还是财政部要求预算申请者自己削减)中,削减幅度以及何处削减的决定通常是武断的(部分原因在于已经没有足够的时间来重新制定或调整预算),并且不可避免地会导致过度的讨价还价。这种情形还会延续到随后立法机关与支出部门之间的预算互动中,甚至妨碍有效的预算执行。此外,软预算程序还把削减预算的权力留给了财政部和其他核心部门,无形中加剧了预算过程的集权化倾向。

引入中期基础预算要求避免软预算程序:在预算过程的开始阶

[①] 我国各级政府采用的"两上两下"就是典型的此类程序。"两上两下"是指:(1)支出部门编制预算建议数上报财政部(一上);(2)财政部与有预算分配权的部门审核部门预算建议数后下达预算控制数(一下);(3)部门根据预算控制数编制本部门预算报送财政部(二上);(4)财政部根据全国人大批准的中央预算批复部门预算(二下)。地方层次与此类似。

段就为支出部门建立强有力的支出限额,以此形成的硬约束有助于减少围绕增减预算申请过度讨价还价,因而对捍卫预算过程的财政纪律意义重大。硬约束(自上而下开启)的预算程序也有助于加强支出部门的自主性,减少核心部门(如财政部)在预算准备阶段对支出部门预算申请事项的过度干预。

■ (纯粹的)投入导向

目前中国的预算模式是典型的投入预算:预算过程关注和追踪的只是各个条目(line-item)——比如工资和办公用品——下所投入的资源(投入导向),而不是这些资源投入产生的结果(产出与成果)。由于预算分类系统中没有正式的规划分类,投入预算不能追踪资源被投入到哪些公共规划(programs)及其活动(activities)中。在投入预算下,公众(甚至立法机关)只知道政府总体上或大类上花了多少钱,但从不清楚政府部门究竟做了些什么事,也不能评估各项活动的实际成本和绩效。另外,在预算准备过程的预算谈判(围绕增减预算申请)中,无论核心部门还是支出机构,所关注的也只是投入,而不涉及任何结果(产出或成果等)。从 20 世纪 50 年代早期开始,工业化国家和一些发展中国家尝试采用各种"绩效预算"(performance budget)改革来解决这些问题。一般认为,与所付出的成本相比,早期的这些改革的结果是令人失望的,在个别情况下甚至适得其反(Salvatore Schiavo-Campo and Daniel Tommasi, p. 62, 1999)。

中国在现阶段全面推动从投入预算转向绩效预算变革的时机尚未成熟,但将绩效导向方法融入预算过程不仅可行而且非常重要,这些方法可以校正或部分校正投入预算模式的局限性。融入绩效导向方法的改革,重点在于强化和改进与"运营管理和服务绩效"(预算的第三个关键目标)相关的预算制度安排、方法与技术。中国许多地方政府已经开始了财政支出绩效评价工作。2009 年 6 月,财政部颁布了《财政支出绩效评价管理暂行办法》,规定"绩效评价应当注重财政支出的经济性、效率性和有效性，严格执行规定的程序，采用定量与定性分析相结合的方法。"（财政部，2009）鉴于绩效导向方法要求较长的时间跨度（完整的绩效信息需要若干年才能展开），以及支出机构必须在硬预算约束（给定预算资源总量）下对绩效负责，引入绩效方法与推动引入中期基础预算的变革是一致的，并且有助于推进这一变革。

■ 收入驱动

好的预算策略要求预算过程受政策驱动而不是（至少主要不是）收入驱动。收入驱动意指在预算准备和执行过程中，纯粹根据收入情况（忽视政策导向）安排支出。近年来，在经济和财政收入高速增长的背景下，中国各级政府（尤其是高级别政府）财政收入猛增（超过25%的速度十分常见），以致在预算过程中产生大量"超收"（高于预算收入），而且这些超收大多发生在下半年。在收入驱动预算的策略下，这些超收资金在没有精心的政策筹划的情况下被草率花掉了。部分原因在于，年度预算的短促时间来不及仔细筹划政策需求和以此为基础安排超出的支出。普遍存在的"年末突出花钱"（经济发达地区尤其严重）是收入驱动预算策略的另一种典型形式。

收入驱动策略的危害性在于破坏了预算过程的财政纪律（造成软预算约束和诱发频繁的预算调整），并且导致稀缺预算资源的配置无法准确反映政府战略优先性和政策重点。在实践中，收入驱动预算策略诱发的浪费性支出行为（和腐败），还间接导致支出机构不能集中精力关注服务绩效。通过以政策驱动代替收入驱动，中期基础预算为解决这些问题提供可供操作的、有效的方法和工具。

■ 过度讨价还价

由于必须在相互冲突的各种利益之间做出选择，任何预算准备过程都会有讨价还价的成分。但是，如果预算过程由讨价还价来驱动，势必导致预算资源的分配无法准确反映战略优先性和政策重点。这是因为：在过分讨价还价的预算程序中，围绕预算申请的增减调整、预算资源在各项用途间的配置，以及预算资助或不资助哪些规划与活动的互动，包括核心部门与支出机构之间、核心部门之间、支出机构与支出机构之间以及各级政府之间（围绕转移支付）的互动，通常不是以事实、诚实以及客观的绩效信息（尤其是产出与成果信息）为基础，而是充斥着权力运作（因而有利强势组织不利弱势组织）和种种机会主义行为，包括数字游戏。

　　过度讨价还价也使预算过程本应存在的、健康的竞争机制不复存在。正如市场经济需要通过公平竞争的机制才能确保资源有效利用一样，确保公共资源被用于最具社会回报潜力的先决条件，就是将公平竞争机制引入政治与预算过程。这意味着，如果没有一个显而易见的和彼此协调的竞争（互动）过程，公共资源至少在原则上不能得到有效利用。因此，预算过程的竞争性对于最大限度地增进公民福利不可或缺并且极端重要。进一步讲，除非预算过程存在健康和活跃的竞争，否则，预算过程就不能满足宪政在预算过程中扮演的一个重要角色——作为引导公共资源有序竞争（实质是政治竞争）的框架。引入中期基础预算有助于消除过度讨价还价，促进预算过程的竞争性，这是通过建立和实施严格的预算限额制度、要求支出机构基于绩效证明其预算申请和支出的合理性与正当性，特别通过强化核心部门在预算准备中的作用，以及采用自上而下方法开启预算过程来实现的。

■ 偏见性的复式预算

　　包括中国在内的许多国家采用复式预算策略，将经常性预算与资本预算（以及诸如社会保障预算、国有资产经营预算）分开编制与呈递（立法机关）。由于经常性支出与投资性支出（反映在资本预算中）在性质上是不同的，采用复式预算策略将两者分离开来的做法是必要的。首先，因为资本投资在发展政策议程中特别受重视；其次，复式策略也有助于满足所谓"黄金法则"的要求：政府债务只能被用于资本投资，经常性预算需要保持年度平衡。满足这一法则要求提供资本支出信息以确定需要的政府借款数量。然而，复式预算的成效在很大程度上取决于其编制程序及其协调性。中国目前的做法是：经常性预算由财政部负责编制，资本（投资）预算由发改委（国家发展和改革委员会的简称）负责编制。这两个十分重要的政府直属部门按照不同的标准、不同的人员，甚至不同的理念分别履行自己的职责。在预算准备过程的稍后阶段，财政部会简单地把这两类预算合并在一起，形成总合的预算。不言而喻，这种分离的程序未能实现对经常性支出和投资性支出的统一审查。

　　实践中采用的这种责任分离的预算程序通常缺乏必要的和起码的协调性，从而使复式预算成为一种不良的预算策略。任何一项公共工程（资本项目）在其整个生命周期内所需要的支出，不只是包括"资本"支出，也包括维护与运营（包括工资）等经常性支出，并且需要保持某个适当的最优比率（因资本项目而异）。在制定资本预算决策（包括可行性分析）时，缺乏协调的双重程序下的孤立分析，很容易低估公共投资项目所需要的、后续的维护与运营支出，扭曲支出结构，并且会强化（当年）资本支出导向的预算，从而使预算规模在整体上具有过多的扩张性倾向。在实践中，缺乏协调的复式程序导致的常见结果是：在当前维护与运营支出总体上严重不足的情况下，并且在计划的投资规模所要求"配套"的后续维护与运营支出缺乏融资保证的情况下，仍然继续甚至增加投资支出。

　　解决这个问题需要一个统一的（在由财政部统一编制两类预算的情况下）或协调性的（双重程序）程序，以确保两类支出在预算准备（决策）过程中的平衡。在这里，关注的焦点是：对投资支出的评估（计划和预算）必须考虑两个与经常性支出相关的问题，即现有的以及新建的投资项目所需配套的经常性支出，是否有适当的充足资金来源。在当前缺乏协调性双重程序下，资本支出与经常性支出的相对价值（优先性）显然没有得到仔细和慎重的评估，从而产生过分偏好资本投资、歧视经常性支出的倾向。资本投资的重要性是客观存在的，但在这种责任分离的双重程序中往往被人为地夸大；相反，许多具有潜在（但较长远）社会回报的"经常性支出"，特别是基础设施的日常运营与维护支出，以及教育、培训和医疗方面的经常性支出，虽然形不成固定资产，但其相对价值丝毫也不亚于资本投资。20 世纪 80 年代初，世界银行在其大约 80 个项目的样本调查中，估计新建道路项目的收益率为 24%，维护已有项目的投资收益率高达 45%（Sanjay Pradhan，p.72，2000）。

缺乏协调的复式预算程序造成的资本支出扩张性倾向，经常还会受到政治家和政府官员强大的"政绩驱动"而加剧，特别是在中国当前盛行的"GDP 挂帅"的政绩考核体制下。与效益相对长远并且不易耳闻目睹的经常性支出相比，（宏伟的）公共工程在预算和政治程序中无疑更受青睐，也更容易驱动和显示"政绩"。

"复式"预算本身并不一定要求采用这种责任分离的双重预算程序，而是要求提交立法机关审查的预算文件中，应将两类预算区分开来。由于资本支出中包括了相当数量的维护与运营（经常性）支出，两类支出的相对价值及其优先性需要得到全面和统一的权衡与审查，避免对任何一方为经济增长所作的贡献产生偏见。在缺乏良好协调机制的情况下，双重程序明显不能满足这一要求。在其对应的预算准备过程中，与财政部打交道的是支出部门中的财务部门，而与计划部门打交道的是支出部门中的投资部门。

在实践中，支出部门中负责实施经常性预算的是其下属机构，而资本预算是通过工程实施的，两类支出的管理机制截然不同。由此产生另外一个不易控制的问题：腐败。与经常性支出相比，资本支出项目的管理要复杂得多，管理漏洞和腐败的机会也多得多，监控则要困难得多，而且决策失误的概率高得多。这些问题不可能在负责制定和实施资本预算的政府部门（当前的发改委）中得到解决。

如果上述问题不能妥善解决，从年度向中期基础预算体制的成功转轨就会面临相当困难。这是因为，中期基础预算要求清楚地区分资本支出和经常性支出（基于经济分类）来筹划中期支出框架（MTEF）和预算限额。为了确保MTEF、资本支出和经常性预算的合理性和科学性，对现行的双重程序进行整合十分重要，这是整合预算程序以使其更好地适应中期基础预算所必不可少的。将制定资本预算的责任统一到财政部是可供选择的方案之一，但未必是最好的选择，部分原因在于财政部未必具备统一管理资本预算的足够能力和资源，而且即使合并到财政部统一管理，内部分管两类预算的下属机构之间的协调机制可能依然是脆弱的。鉴于问题的关键不在于复式预算本身，而在于双重程序导致在预算准备过程中，资本支出与经常性支出之间缺乏整合（integrity），另一个更为现实的方案是：财政部与发改委之间就两类预算准备建立某种正式的协调机制。不言而喻，地方层面上也需要类似的机制。

5.1.6 分离线下预算与线上预算

我国预算实践中普遍存在的上述不良预算策略，其不利后果在很大程度上可以通过采用基线法予以克服。作为中期基础预算涉及一个关键性的技术环节，基线法要求预算明确区分两个部分：线下预算与线上预算。基线模式为取代被广泛采用的、"不加区分"的混合模式提供了理想的解决方案。

良好预算过程的基本要求是确保"预算跟着政策走"——按照政策重点决定各项支出，同时要求在预算能够提供的资源约束框架内进行政策选择，概括地讲，就是要求"政策引导预算，预算约束与支持政策"。所谓"预算约束政策"，就是指政府整体和各部门的政策选择，都需要通过相互竞争的预算机制来获得资源，竞争的基础不是政治分肥或投资交易（互投赞成票以通过"你好我好大家都好"的方案），而是事实、诚实和绩效信息；任何被具有财政效应的支出提议（initiative）出台的新政策，都不能逃避预算选择。

分离预算的线上部分与线下部分，要求在预算准备过程中，宏观经济与政策筹划以及随后制定MTEF和预算限额时，必须依次考虑：

（1）假如现行政策和支出项目维持不变，那么未来财政年度的支出、收入、赤字（或盈余）债务将是多少？在这种情况下，需要考虑的就是预期通货膨胀、经济增长率、利率和其他非政策因素变动对预算的影响；

（2）如果推出新的政策，那么需要增加的开支是多少？如果增加的开支超过了政府预期的财政能力（资源供给能力），那么，现行的政策及其相应的支出应做出哪些调整？

线下预算指的是前一种情形下得到的预算数，线上预算是在后一种情形下得到的预算。这种分离引导，甚至迫使预算制定者严肃地考虑新出台的政策和支出项目，是否具有足够的财政承受能力；当财政能力不足时，如何对新旧政策进行仔细地权衡，以确保被削减或被中止的只是那些不具有优先级的支出项目。MTEF中的中期预算限额就是综合两个方面得到的结果。

由此可知，基线预算模式能够提供两类至关紧要的信息：延续现行政府的成本以及出台新政策的成本。更重要的是，由于预算过程存在着不断出台新政策（扩大预算规模）的强大冲动，基线模式能够为是否出台新政策提供一个必须进行谨慎权衡的预算程序，从而也为加强预算过程的财政纪律创造出了一个新的、强有力的控制机制。

基线预算模式的几个关键特征是：

①只是区分"延续（或中止）现有政策"与"出台新政策"分别产生的收入与支出水平，这与基数预算法区分"基年（多为上一预算年度）的收入与支出水平"形成对照。

②预算资源的存量（基期的预算收入）和增量被置于统一的

"预算池"中统筹考虑，这与基数预算法"不动存量、只动增量"形成对照。

③需要考虑中期（预算年度以后3~5年）支出限额，这与基数法只考虑年度预算限额形成鲜明的对照。

④不仅考虑需要出台哪些新政策，还要考虑需要中止和削减哪些现行政策（支出项目），这与基数预算一概"认可"现行政策形成对照。

⑤非常明确地以政策—战略导向作为预算编制依据，这与基数预算法往往采用"收入驱动预算"的做法形成鲜明对照。

需要注意的是：线下预算与"维持过去年度的预算不变"完全不是一个概念。两者之间至少存在以下几个关键区别：

（1）基线预算需要考虑"在假设不出台新的支出政策"的前提下，由于预算年度中的通货膨胀、利率、失业率提高（导致增加失业救济）、工资水平的自然增长（有些国家将工资与物价指数挂钩）、油价下降、公务员退休等因素的影响，在新的预算年度需要增加或减少的支出，因此，新预算年度中的"基线支出"预算与基期支出水平存在相当大的差距。

（2）基线预算同样需要考虑"在假设不出台新的税收政策和变更税法"的情况下，由于税收的自然增长、通货膨胀等因素的影响，在新的预算年度导致的收入预算增减变动，因此，新预算年度的"基线收入"预算与基期的收入水平也会存在很大差异。

（3）基线预算还需要考虑在新的预算年度中，哪些已经在基期预算安排资金的现行政策需要中止（比如由于减免税政策到期）、废除（已经被证明为完全无效的项目）或削减（已经被证明绩效不佳的项目），这也会导致新预算年度的"基线收支"与基期收支水平产生相当大的出入。

在我国各级政府的预算实践中，预算的这两个做法至今没有分离开来，而是混在一起。基线法的采用意味着放弃我国预算实践中由来已久的基数法。基数法简明易懂和易于操作，但正因为过于简单而使其实际价值大打折扣。这种方法最重要的问题在于这种方法忽视对现行政策（与活动）未来财政效应的评估，只是关注预算增量（年度增量）的变化，导致预算与政策之间的联结变得极为松散。

分离预算的线下部分和线上部分，对于长期习惯于采用基数法编制预算的核心部门和支出机构而言，不失为一项意义深远的改革。这项改革有助于打破长期形成的根深蒂固的预算僵化效应，激活预算资源的再分配机制，加强预算过程的财政纪律，引导预算资源系统地流向国家政策与战略优先性所指向的领域。将这一在发达国家实践中被证明行之有效的预算方法引入进来，有助于显著改进各级政府和支出机构的预算编制质量，并在预算过程中产生更有价值和更透明的信息。由于需要以中期基础预算作为运作平台，基线预算模式还可以为财政部门在制定预算时实施"预算与政策远景分析"提供一个有用的工具，从而也有助于在政府战略重点与预算开支之间建立紧密的联系。

分离线上预算与线下预算也有助于确保政府整体和支出部门提议采用的任何导致增加支出的新政策，都能根据"是否符合政府的战略重点"这一基本标准做出，而不是根据"是否能够筹措到资金"做出，避免"收入驱动预算"这类有害的预算行为（产生诸如"有钱就上政绩工程"等后果）。

在实务上，中期基础预算采纳的基线法，不仅用来建立中期支出框架（MTEF）与支出限额，还用来确定支出变化是否与宏观经济与政策筹划一致。因为将来的条件当前不得而知，基线和政策变化的估计是基于一系列（经济和财政方面）可变因素的假设。为使这一方法被实际应用和更加有效，特别是为了使基线筹划变为评估预算与政策相互影响的权威标准，财政部有必要制定一份政策文件，就如何使用基线法对现行政策和政策变化的财政效应进行计量，如何处理预算执行中不可避免的对基线的偏离，以及相关部门与支出机构的责任，做出清晰的规定。

国外实践表明，基线法是对政府的"政策"和"活动"进行成本分析的一项关键性的预算策略（方法与技术），而严格核算政策与活动的成本是避免短视和狭隘的预算制定所必不可少的。

5.1.7 自上而下开启预算准备过程

现行预算程序的内在缺陷首先表现在预算限额的滞后。在我国现行的预算编制程序中，预算限额是事后决定而不是事前决定，它内含于预算编制过程之中而不是预算编制过程之外，这是与国际上广泛采用的预算限额制度的一个根本性差别。目前"两上两下"的预算准备程序是从各支出部门自下而上向核心部门（财政部和其他有预算分配权的部门）提出预算申请开始的。在提出预算申请时，预算限额是不存在的，支出部门被允许提出远大于政府财政能力的支出请求，因此"多多益善"的理性行为必定导致滥用公共资源，而核心部门在这个环节中并没有给予任何强有力和明确的基于国家政策的指导，因此预算编制一开始就产生了预算与政策的脱节。只是在支出控制者审核并下达预算控制数之后，分类的预算限额才被确定，支出部门在这个限额内编制预算。很明显，这个程序与国际通行的、预算限额在预算过程之外决定的做法，存在着根本的差异，而由此产生的预算限额的约束力更是脆弱不堪，因为预算限额确定以后，预算执行过程中反复不断地追加支出的过程就开始了。

引入中期基础预算要求对当前"两上两下"的预算准备程序进行改革，以确保预算准备过程按照"自上而下"方法启动，而不是当前程序中按自下而上方法（支出部门编制预算上报财政部）启动。无论后续的程序如何，确保预算准备过程始于"自上而下"至关重要。这一改革反映了这样的想法：应该把最重要的基础工作（尤其是宏观经济与政策筹划）放到最前面，这样才能为高质量的预算制定（进而执行）创造最基本的条件。

自上而下开启预算程序对确保政策制定程序与预算程序之间建立联结十分关键，为此应满足两个基本条件：（1）在决定将某项政策提议纳入预算之前，必须预先量化其未来财政效应（尤其是对支出和收入的影响）；（2）财政部必须在此项政策提议被提交给政府内阁（或由内阁控制的、各部门代表组成的支出审查委员会）讨论之前，预先掌握这项政策提议对未来财政支出的可能影响。此外，自上而下开始的预算程序需要考虑时间要求，并有助于立法机关的预算审查。立法机关需要及时批准预算，这就要求预算文件应适时呈递立法机关（至少应在预算批准之日前的 2~4 个月）。

自上而下的程序要求在预算申请者提出预算申请方案之前，就将预先制定好的预算限额确定下来，而且必须由政府高层基于政策目标，为每一个支出部门，甚至每位部长具体制定支出限额。这一程序要求预算限额在预算准备一开始就予以公布，以及各部门对预算资源的申请保持在提供给它们的预算限制的范围之内。这种自上而下的编制程序有助于硬化预算约束，避免过度讨价还价导致的浪费和低效率；也有助于激活预算资源的再分配机制，促进资源从较低价值用途转入更高优先级的用途。

5.1.8 政策早筹划

各级政府和各部门的政策筹划工作应尽可能提前到预算准备的早期阶段进行，所制定或调整变更的、影响未来财政收入和支出的各种决策应尽早公布以利预算编制。在预算实务中，政策和资源方面的预见性是制约预算编制的两个最关键的因素。缺乏政策预见性将导致预算申请迷失方向，缺乏资源的可预见性将导致预算的"瞎编"，并严重妨碍预算的有效执行。

要求所有（需要耗费资源）的公共政策都在预算准备过程中制

定虽然是理想的，但却不太现实。各级政府和部门总会在预算执行过程中临时出台一些政策，或者对原定的政策做出调整。在这种情况下，建立一个特别的程序和机制为其提供（或吸收）资金非常重要。目前已经在中央财政中运作的预算稳定基金（2006年建立）就是这样的机制。将这一机制作为中期基础预算的一个辅助机制不失为一个很好的办法，也极具操作性。虽然如此，作为基本规则，公共政策的筹划（取舍、目标和优先性排序等）工作应尽可能在预算准备过程的早期阶段（支出部门提出预算申请之前）完成，而且除非发生重大的、突如其来的变故（战争、疾病传染、恐怖袭击或自然灾难等），预算执行过程的调整事项应尽可能减少。

5.1.9 与年度预算衔接

中期基础预算是在中期基础上以"滚动"方式运作的，因而与年度预算的运作存在一定差异。但是，中期体制的运作应以有助于（而不是妨碍）年度预算体制有效运作的方式进行，并与年度体制保持高度衔接与协调。确保这种协调性的有效方法是：尽可能将中期体制的运作程序整合到正式的年度预算程序中。单独建立运作与年度程序不同的程序，既没有必要，也会损害年度体制的运作。有效的程序整合和协调对于加强年度预算的准备工作十分关键。

另一个方法是借鉴某些国家（如澳大利亚和丹麦）的经验，把以前年度准备的中期支出估计作为年度预算准备程序的起点。在这样的运作模式下，财政部门与支出部门之间的预算谈判集中关注的是新的政策，因为继续当前规划需要的成本，只是在以往年度准备的支出估计的基础上进行技术性调整。在启动年度预算准备程序时，这一预先制定的支出估计被用于评估最初的支出限额（支出限额的线下部分）的合理性（应作必要的技术性调整），支出部门据此制定初步的预算申请。支出估计随后在准备年度预算的过程中加以更新，并将时间跨度向后滚动1年。这一程序既确保准备和制定出适当的支出限额，又确保了在预算中考虑到规划的未来成本。

5.1.10　延长预算准备时间

由于引入中期基础预算要求大大强化预算准备过程的各项基础工作，特别是宏观经济与政策筹划、准备MTEF、建立预算限额以及财政部与支出部门之间的预算谈判，目前大约4~6个月的预算准备时间明显不能确保这一体制的有效运转，很可能至少需要延长到大约10个月。① 立法机关应在各部门和政府整体提交年度预算报告之前，尽可能早地介入预算准备阶段的各项工作，包括与政府内阁、财政部、支出部门展开密切的协调，并为预算准备与编制提供强有力的相关指导。随着需要审查的预算文件数量和类别的增加，立法机关的预算审查工作量将迅速增加。这一阶段应给予立法机关更多的时间（以及更多的其他资源），否则，要完成海量的预算审查工作是不可能的。

5.2　预算审查阶段的改革

中期基础预算不仅要求通过强化预算准备阶段的一系列基础工作来加强预算与政策间的联结，用以在约束政府政策选择的同时，将政府的政策重点转换为富有成效且准确反映重点的支出决定；还要求比年度预算体制更强的预算审查（重点是支出审查）。为此，推动以下改革是非常重要的：建立高规格的跨部门公共支出审查委员

---

① 美国联邦政府预算在年度预算年度开始前18个月开始启动，印度是10个月。

会，扩展预算审查的范围，赋予财政部门更强的权威和资源，两阶段审查与表决，分级审查与表决预算，资本预算单独审查与表决，更好的分工安排，以及两阶段审查与表决。

5.2.1 建立公共支出审查委员会

为确保中期预算框架真正成为一个有用的决策手段（旨在促进预算资源配置反映政策重点），应考虑由国务院、国家发展和改革委员会（负责制定政府战略并确定战略重点）和财政部牵头，成立由各部门代表参加的高级别的支出审核委员会。其职责包括：

（1）在相互竞争预算资源的各项政策之间进行权衡（现行做法是由低级别官员在预算协商中做出选择），确保按照政策重点决定各项支出，以及根据中期预算确定支出限额和继续现行政策所需支出水平，决定出台哪些新政策。

（2）对预算中安排的经常性支出（人员和运营及维护支出），亦应接受政策审查，并要求支出机构在预算文件中就这些支出的预期绩效做出说明，包括拟采取的裁员、招聘新的高素质专业人员、奖励高绩效员工、重新分配公共职位等有助于改进效益的措施，并确保这些支出如同资本性支出一样受政策驱动而非收入驱动。

（3）分解支出限额，也就是将中期预算框架建立的支出限额（通常是按功能与经济性质分类的合并的支出限额），分解为各支出部门和支出机构的支出限额，并确保各部门严格遵守指定的支出限额。①

（4）为使支出审核委员会成为在预算与政策间建立紧密联系的有效工具，该委员会应直接对国务院负责，并向全国人大报告其

---

① 在支出审核委员会确定部门支出限额后，各支出部门在其支出限额内编制部门预算，先是提交财政部，然后再提交立法机关审查，各部门所属支出机构的预算可作为部门预算报告的附件列示。

工作。

相对于支出审核委员会机制而言，次优的方案是由财政部代行该委员会的职责，包括审查各部门的支出政策及其对预算的影响，这一方案的缺点在于将财政部（代表国务院的唯一成员）置于同其他政府部门利益对立的位置上，可能影响其工作的有效开展。此外，财政部门目前并没有被赋予至关重要的审查各部门支出政策的权力，而且缺乏相应的资源。

在委员会体制下，政府整体和支出部门提议采用的任何导致增加支出的新政策，都应根据是否符合政府的战略重点这一基本标准做出，而不应根据是否能够筹措到资金做出，避免收入驱动预算这类有害的预算行为。

5.2.2 扩展预算审查的范围

预算审查应覆盖所有的政府活动，包括预算内和预算外活动。预算审查的重点是支出审查，但对预算年度的政府收入、资产、负债、或有负债及其变化情况的审查也非常重要。"是否有遗漏"（比如遗漏了预算外资金或财政担保）、"支出排序是否准确反映政策重点与优先性"、"是否包含了不应、或不宜由政府预算资助的活动或项目"以及"预算赤字的后果和可持续性"，在预算审查中受到持续和特别的关注。与预算编制方面的改革相适应，预算审查应区分线下预算和线上预算分别进行。在任何情况下，预算审查都要努力剔除预算文件中可能包含的没有政策重要性的活动和支出。

5.2.3 赋予预算审查部门足够的权威和资源

预算审查面临的最大挑战是：在部门利益和广泛的公共利益发

生冲突（预算是发生这种冲突的密集舞台）的情况下，预算审查部门必须坚定地捍卫财政纪律和广泛的公共利益。为此，它们需要有足够的力量与资源，与那些任何偏离公共利益的行为作斗争。由于支出部委的力量和权力强大，在争夺与控制预算资源这场没有硝烟的战争中，确保立法机关、财政部门和审计部门处于强势地位极端重要。借鉴国际惯例，应通过《预算法》（或其他法律）赋予财政部长以下权力：除非获得财政部长的明确批准，否则，任何部门或机构不得动用国库单一账户上的资金。

5.2.4 两阶段审查与表决

现行体制下，各级人大对预算的审查采用的是"一篮子"方式。这种模式无法确保对预算文件进行深入细致的审查，特别是确保把审查的重点放在最需要关注的地方。为使中期和年度预算体制有效运转，可以考虑改为两阶段审查与表决的机制：第一阶段审查和表决预算总量，包括总的支出、收入、赤字/盈余和债务水平；第二阶段审查与表决拨款（针对特定支出部门与规划）和部门间（以及规划间）资源配置方案。这项改革有助于将预算的总量决策与配置决策区别开来，也有助于捍卫财政纪律以及便于立法机关更好地参与宏观经济辩论（要求关注总量）。两阶段审查和表决的机制还有助于各级人大更有效地开展预算审查工作，提高预算审查的质量。为确保这项机制顺利运转，立法机关需要建立若干专业委员会来分别负责各个模块的预算审查，并且程序上必须为每个委员会预设充足的时间以使其能够完成这项工作。[1]

---

[1] 在印度，这一时间持续75天；在德国的 Bundestag 可能持续4个月；在美国国会更是长达8个月甚至更长。

5.2.5 分级审查与表决预算

目前的做法是由全国人大统一审查与表决汇总的"国家预算"，包括作为其重要组成部分的各地方政府预算。由全国人民代表大会来审查地方预算，哪怕只是在汇总（为国家预算）的名义下进行的审查，理论依据也是不充分的。理论上讲，只是中央政府的预算和政策才能最好地反映全国人民的利益，地方预算只是反映地方（局部）利益——前提条件是不能与全局利益以及全国性法律相冲突。既然我们的体制和法律赋予地方政府管理其公共财政事务和制定地方性规章与政策的自主权，那么由地方人大审查和批准本辖区的预算也是理所当然的。只要地方人大代表和地方预算审查部门遵守宪法和全国性法律（包括《预算法》），那么，他们同样应该有能力对地方预算是否违反法律做出自己正确的判断，并正确地履行自己的职责。鉴于当前的做法是各级人大"批准"（投票表决）本级预算，也就是讲，全国人大并不批准地方预算，那么，由全国人大审查地方预算（包括以汇总的形式进行审查）显得很不协调了，因为这种做法很容易让人感觉全国人大在"代行"地方人大的职能，这使地方人大的预算审查职能变得非常不完整。站在地方人大的角度看，既然全国人大对本辖区的预算草案（作为国家预算的一个组成部分）都审查过了，还有必要再进行审查吗？如果有分歧又该如何处理呢？又怎么能够"批准"呢？

联邦制国家中，联邦预算与州预算的审查完全是分级进行的。世界上主要国家都是如此。中国虽然是单一制国家，但历来在财政管理上遵循"分级管理"（带有某种财政联邦制色彩）原则，这是一条经历了长期实践检验、证明行之有效的原则。当然还有一条对应的原则是"统一领导"。问题是，统一领导主要应该建立在约束地方政府行为（包括制定预算）遵循全国性的方针政策与法律的基础上。在预算审查这样相当具体和专业的领域中,中央对地方事务(包括预算事务)的过度干预与统一领导原则的基本精神是背道而驰的。

在实践中,统一审查模式人为加剧了一个很大的难题:人大代表(尤其是财经委和预工委)没有足够的时间、资源和专业知识来应对规模日益扩大、结构日益复杂的汇总的"国家预算",它覆盖了所有五级政府。分级审查模式有助于解决这个问题(但不充分)。这一模式不仅有助于减轻各级人大预算审查的工作量,细化预算审查,也有助于确保把资源、时间和精力集中在最重要的事务上。

基于以上理由,全国人大不再审查和批准汇总的国家预算,各级政府预算分别由同级人大进行审查和批准。经下级人大批准的预算须报上级人大和政府备案。实施这项改革有助于使各级人大更好地行使职能,也可更好地适应引入中期基础预算后预算审查工作量大增的新局面。

5.2.6 更好的分工安排

立法机关分设委员会审查预算是国际通行做法。随着预算规模日益扩大并且越来越复杂,在立法机关内部建立更好地预算审查分工安排变得越来越重要。这项工作对于促进中期基础预算的顺利运转也很有意义,部分原因在于这一体制要求更强有力的预算审查机制。在现行的分工安排下,中期基础预算中的宏观经济与政策筹划(报告书)主要用来建立预算限额的中期支出框架(MTEF),应由全国人大财经委员会审查;各支出部门提交的与中期框架相衔接的预算申请,则主要应由预算工作委员会负责审查。两个委员会的工作有一定的重叠(这是必要的),但基本的分工格局似乎应该是:政策和总量层面的审查由财经委负责;较为具体的条目(例如工资与办公经费预算)和规划(例如儿童保健规划)层面的预算申请,由预工委负责。由于工作量大而复杂，预工委的职能、能力和人力资源必须得到加强，并需要分设较多（不应少于 10 个）专业委员会负责各个类别支出申请的审查。更好的分工安排对于财经委也是必要的。

从中长期角度看，为适应公共预算在中国经济、社会和政治舞台上日益崛起的现实和趋势，人大代表（特别是负责预算和税收立法事务的代表）的专业化和职业化是必不可少的。各级人大必须有足够的专业人才、时间、资源和技能才能胜任其神圣的预算职责——为纳税人看紧钱包。目前的情况远远不能令人满意。

5.2.7 资本预算单独审查与表决

与当前的复式预算制度相适应，中期基础预算也要求区分经常性支出和资本支出。这是两类性质不同的支出：前者形成固定资产（支出受益跨越若干年），后者不形成固定资产（支出受益限于当年）。不仅仅是性质不同，资本预算在实施和管理上也比经常性预算复杂得多。更重要的是，资本预算（建设性预算）对经济的影响更为直接，并且经常被当做发展政策的一个关键组成部分，因而在政策议程中备受重视。资本预算单独审查有助于引导立法机关将预算辩论导向这个特别重要（但容易出问题）的领域。

单独审查还能与政府债务管理通常需要遵循的"黄金法则"更好地匹配起来，这一法则要求政府只能将举债获得的资金用于资本项目，不得用于满足经常性支出。因此，严格的"黄金法则"要求确保债务规模及其变动与资本预算保持完全的一致。很明显，单独审查有助于立法机关关注和检验两者之间的一致性，从而更好地判断政府是否遵循"黄金法则"，以及偏离这一法则的程度和对未来财政可持续性造成的影响。这对于引导立法机关关注风险管理并采取适当行动深具意义。

5.3 预算执行与评估阶段的改革

预算执行与评估阶段的中心任务是确保预算执行及执行结果不偏离预算初衷和政策优先性。即使在年度预算体制中,有效的预算执行也十分重要,引入中期基础预算的变革进一步突出了其重要性。这是因为,中期体制要求在预算准备过程中建立更强有力的支出审查和财政纪律,只有预算执行过程能够确保其"成为现实"(而不是想象)时才有意义,预算评估也因此变得更为重要。预算执行与评估阶段改革的要点包括:严守公共财政管理的"底线法则",引入规划评级工具,提高预算分析能力,以及深化部门预算改革。

5.3.1 严守底线法则

任何良好的公共财政管理(核心是预算的执行控制)必须遵循不可逾越的三个底线法则:

(1) 政府征集收入和实施开支必须得到立法机关的清晰授权;

(2) 所有公款(纳税人的钱)在实际开支行为(购买商品与服务)之前必须进入国库单一账户(TSA)——政府的"存折";

(3) 公共账目(核心是TSA)的资金动用必须处于立法机关和其他核心部门的监控之下。

以上三条底线法则不只是针对预算执行阶段,它们是公共财政管理的通用法则,但在预算执行控制阶段尤其重要。

5.3.2 建立规划评级工具

如果能够配合一个良好的绩效管理系统，中期基础预算就能够在促进公共支出管理的第三个关键目标（运营绩效）方面，如同其他目标一样发挥重大作用。由于规划（program）是建立（服务）绩效评价的最适当的层级，建立规划评级工具（PART）至关重要。PART是指按照一定标准，对预算申请者执行其（支出部门与机构）规划的好坏进行等级评定，并将评估结果予以公布以强化支出绩效的机制。PART覆盖支出机构在预算申请时，就其候选规划必须澄清的四个基本问题：规划的目标和设计、战略性计划（财政战略）、规划管理以及规划成果（是否能实现其年度及中长期目标）。

立法机关和财政部门可借助PART对各部门执行规划的总体情况进行排序和追踪，以鉴别哪些部门较好地完成了预算目标和任务，哪些部门的表现不太好。这样，PART就成为除《预算法》和预算授权以外，核心部门用以监控预算过程的其他杠杆（包括中期支出框架和规划预算）之一，使其能够在保持和强化对支出部门预算控制的同时，约束和激励它们改进绩效。[①]

5.3.3 加强预算分析工作

预算制定、审查和评估都高度依赖预算分析。没有高质量的预算分析，就不会有高质量的预算管理。随着预算事务日益重要、日益复杂化和专业化，预算分析的重要性日益突出，并发展为一项高度专业化的技术，需要足够的专业知识和专业人才才能胜任此项工

[①] 在2004年度的美国总统预算中，已有20%的联邦项目采用了新的评级工具——规划评级工具（PART），正式实行了规划评价程序。

作。为此，各级人大（尤其是预工委、财经委）以及财政部门、审计部门立即着手发展这项专业技能与知识。预算审查者必须是预算分析专家，他们必须有足够的能力、资源从宏观（预算总量）、中观（预算资金配置）和微观（特定支出用途）对预算方案进行深入细致的分析。其中，微观层面（特定支出规划）的预算分析尤其重要。

理想的情况下，预算分析与评估应成为正式预算程序的重要组成部分。这样的程序有助于促进预算资源配置更好地反映政策优先性与政府战略重点，以及加强预算过程的合规性控制和服务绩效。预算分析与评估工作大多可由支出部门内部进行，但财政部门应在建立标准、建立程序、培训指导等方面发挥主导作用。

发展独立的中介机构从事预算分析也非常重要，它们的分析报告和意见可以为预算审查部门提供参考。政府高层、立法机关和财政部门应鼓励民间的预算分析机构积极开展此项工作，并帮助提供更好的建议。寻求发达国家和国际组织的援助也是必要的。另外，中央政府为地方政府提供预算分析方面的技术帮助，以及各级政府财政部门配备专业性的预算分析人员（甚至机构），同样十分重要。

5.3.4　深化部门预算改革

鉴于我国分割得相当零碎的政府体制（部委众多各自为政）十分不利于整合预算资源，十分不利于引导预算资源流向政府政策重点领域，应以推动国库单一账户、集中收付模式的财政国库管理改革为契机，加快各部委的现金与银行账户管理职能向财政部门的转移，在此基础上，负责类似职能的部委（例如农业部、水利部与林业部均涉及农业政策）可以考虑合并编制与申报部门预算，此举可使预算更好地反映具有特别重要性的那些政策（比如"三农"政策）的各个方面。对于跨部门规划的制定、管理和实施而言，这项措施也很有意义。

5.4 改革的次序

精心设计从年度向中期基础预算转轨的次序，对于降低改革成本与复杂性以及最终确保改革的成功非常重要。主要的改革次序涉及两个维度：预算过程（预算准备、审查、执行和评估）和部门运作（核心部门与支出机构）。本书认为，基于中期基础预算的内在逻辑和降低改革成果与复杂性的考虑，转轨次序以"与预算过程相一致"的方式展开，并且首先从改革核心部门的运作开始，再扩展到支出机构层面。此外，以中期资本预算作为突破口，再过渡到全面的中期基础预算次序也很有必要。

5.4.1 与预算过程相一致

完整的预算过程包括预算准备、审查、执行和评估四个关键阶段，分别对应公共政策运作流程的制定（包括审查）、实施和评估。预算的本质就是以公共政策为导向，将稀缺资源在竞争性用途之间做最有效配置。预算的政策本质（政策观）要求预算与政策过程的运作具有高度的对应性和协调性，否则，预算就不可能成为公共政策和政府施政的利器。

引入中期基础预算的变革涉及预算过程的所有阶段，但核心的基础工作主要集中于预算准备过程。从强化和改进预算准备着手依次推动改革基于如下考虑：预算准备过程的基础工作是否到位，乃是决定预算与政策之间能否建立直接联结的关键所在，而这种联结正是中期基础预算的灵魂和最重要的优势。毫无疑问，预算与政策的联结反映在预算过程的所有阶段，但尤其反映在准备阶段。这些阶段的基础性工作，尤其是筹划预算的宏观经济与政策框架，以及采用基线筹划制定预算估计和建立预算限额，本质上是一个将政策制定与预算融为一体的过程，后续的预算过程只是确保这种联结的实际存在，避免预算执行的结果（过分）偏离预算的政策初衷。

迄今为止，我国"预算改革"的重心一直放在预算执行阶段，其次是预算（绩效）评估。与这些方面的改革相比，预算准备（和审查）阶段的改革相当滞后。这种"避重就轻"式的改革次序有一定的合理性，尤其对于降低改革难度和成本而言，但对于确保成功是很不充分的。[①] 引入中期基础预算的变革要求扭转这样的次序安排，将改革重心首先集中于难度相对较大的预算准备阶段；取得明显进展后再依次扩展到审查、执行和评估阶段。

5.4.2　从核心部门到支出机构

核心部门（central department）和支出机构（agency）是预算过程两类最重要和最直接的参与者。预算工作的主要部分就是在两者之间的互动中完成的。核心部门包括政府内阁、立法机关、财政部（就中国而言还包括有预算分配权的部委）和审计机关。二者在预算过程中的角色（以及动机和行为）是截然不同的。核心部门负责政策筹划、预算指导和支出审查，立法机关还要负责批准预算和提供预算授权，并监督这些授权的实施。总体而言，核心部门扮演的是（预算）"控制者"的角色，支出机构的预算角色是资源申请者和使用者。一般地讲，支出机构有足够的动机追求对自己最有利的预算份额，但核心部门必须实施有效控制以确保其预算申请实际支出，在总体上不至于突破预算资源的可得性，并确保预算和支出行为准

[①] 预算或公共支出管理改革的成功，最主要标志在于系统和持久地改进财政成果：强有力的财政纪律，基于政策与战略优先性的资源配置，以及在微观（运营）层面带来令民众满意的服务绩效。

确反映政府的政策重点和优先性。预算过程本质上就是这两类主要参与者相互博弈的过程：一方想方设法逃避控制，一方竭尽全力实施控制。这与"猫捉老鼠的游戏"如出一辙。

一般地讲，与支出机构相比，核心部门会更多地考虑国家整体（公共）利益，支出机构则较多地考虑部门利益。在充斥于预算过程的、没有硝烟的战争（争夺与控制预算资源）中，由于信息不对称（核心部门很难了解诸如支出合理性、真实性等通常由支出机构掌握的相关信息）、支出机构数量众多以及其他原因，核心部门成为输家的概率要高得多。正因为如此，为捍卫财政纪律和减轻浪费性（甚至腐败）的支出行为，确保预算过程由政策（本质上是公共利益）驱动，赋予核心部门足够的权威和资源，使其能够有效地行使职责——筹划预算的宏观经济与政策框架、建立支出限额、审查预算、监控预算执行以及预算分析与评估，是任何有效的公共财政管理系统必须具备的首要特征。中国和其他许多国家的实践表明，在这些特征很弱的情况下，"强势老鼠弱势猫"的预算体制将使核心部门无力履行其神圣职责，最终结果不难预见：财政纪律松弛、资源分配无法准确反映政策重点与优先性、糟糕的运营绩效和难以承受的财政风险。

引入中期基础预算的变革要想取得实质成果，首先必须将中心工作集中于核心部门的内部运作上，以确保核心部门有足够的时间、资源、权威和能力完成中期基础预算所要求的那些最重要的基础性工作。在这项工作告一段落后，改革的重心才可逐步转向支出机构层面，包括预算申请文件的改革（比如要求提交财政战略报告）、提供成果报告以表明成果与支出的协调性，以及建立和更好地管理公共规划。

5.4.3 以资本预算为突破口

全面而严格的中期基础预算要求在宏观经济与政策筹划的基础

上，制定预算估计和准备正式的 MTEF 与预算限额，并以年度限额作为预算申请的硬约束机制。对于预算管理能力相对不足的许多发展中国家（包括中国）而言，这无异于推动一项复杂的系统工程，很可能超出操作能力，增加风险和改革成本。即使一开始就勉为其难地全面引入这一体制，也可能造成徒有其表（有其名无其实）的结局。

较好的解决方案是首先进行局部试点，然后积累经验，再扩展到全面引入中期体制。局部试点包括两个要点：首先，选择预算改革走在全国前面的某些地方政府（例如河北省）进行试点，也可以选择某个政府直属部部门进行试点。这个方案可以覆盖政府整体的全部支出，也可以只针对某个特定类别（例如资本性支出）。其次，选择资本支出进行试点。这一方案可以考虑在中央政府进行，也可以在地方政府进行，还可以考虑在合并各级政府的资本支出的基础上进行。

相对而言，较好的方案是首先在中央和省级政府两个级次上分别进行中期资本预算的试点，以此为突破口，积累经验后再逐步扩展到所有的支出类别（基于经济分类和功能分类）并覆盖收入、赤字/盈余和债务。选择中期资本预算率先突破的理由在于：（1）我国在中央和省级政府中已经积累了初步的复式预算经验，其中最重要的部分是资本预算和经常性预算；（2）我国已经有对大型公共工程（例如三峡工程）制定中长期规划的多年实践，虽然并非中期"预算"（与正式的预算程序脱节），但转换为中期预算（估计和限额）并不存在太大的困难；（3）目前部分地方已经开始了中期资本预算（建设性预算）的试点，河北省就是这方面的例子。①

毫无疑问，最终目的是引入全面和严格的中期基础预算，因为唯有如此才能为系统和持久地改进公共支出管理目标（财政纪律、优先性配置、运营绩效、合规性以及财政风险管理），提供最大的机会和可能性。以中期资本预算作为突破口的试点，应确保将中期基

---

① 2008 年底，河北省人民政府颁布了《关于推进省级部门发展性支出 3 年滚动预算编制工作的实施意见》，决定从编制 2009 年度预算起在省级部门逐步推进发展性支出 3 年滚动预算编制工作。

础预算的所有关键成分（包括宏观经济与政策框架、基线筹划、财政约束基准、预算限额以及自上而下开启的预算程序）充分融入试点工作中，并确保试点工作以最有利于（在时机成熟时）引入全面的中期体制的方式展开。非常重要的一点是：资本支出预算限额在预算过程的开始阶段（支出部门及其所属机构提出预算申请前）即应公布，并且通常需要遵循政府预先公布的财政约束基准（覆盖赤字与债务）。这对于捍卫财政纪律以及确保预算编制所需要的预见性至关重要。在不能清楚地知道预算资源可得性的情况下，支出部门不可能制定有效的预算。其次，中期滚动资本预算应与政府相关政策密切相连，并且应覆盖政府所有部门的投资，以及由政府提供融资来源的其他公共（包括预算外）实体的。中期滚动资本预算的制定还应严格遵循根据宏观经济框架设定的支出限额，以及根据情况的变化适时进行调整。此外，在此项试点工作中，财政部（负责汇总预算）与发改委（负责资本性支出预算）之间建立良好的协调机制十分重要，这是避免双重程序引发不良的复式预算策略所必不可少的。

【注释】

[1] Heller, Peter S., The Underfinancing of Recurrent Development Cost. Finance and Development 16. IMF, Washington, D. C. 1979.

[2] 罗伊·T·梅耶斯（Roy T. Meyers）等著，苟燕楠、董静译：《公共预算经典——面向绩效的新发展》（第一卷），上海财经大学出版社2005年版。

[3] IMF: Manual of Fiscal Transparency, 2001. It can be accessed thorough the fiscal transparency web site of imf. org.

[4] Salvatore Schiavo-Campo and Daniel Tommasi: Managing Government Expenditure, Published by the Asian Development Bank, 1999.

[5] 财政部:《关于印发〈财政支出绩效评价管理暂行办法〉的通知》，财预〔2009〕76号。

[6] 桑贾伊·普拉丹（Sanjay Pradhan）:《公共支出分析》，中国财政经济出版社2000年版。

第6章

转向中期基础预算的配套安排

引入中期基础预算的变革是一个复杂的系统工程。井然有序地推进这一工程不仅要求精心筹划改革的重点（加强预算准备过程的基础工作）与次序（与预算过程相一致），也要求为其创造有利的外部环境，因而配套性改革和措施十分重要。主要的配套安排必须包括：预算的全面性、预算透明度、规划预算方法与技术。其他一些配套要求也是需要的，尤其是政治高层对推动变革的政治意愿和强有力支持。

6.1 促进预算的全面性

预算的范围和全面性强有力地影响公共财政管理绩效和中期基础预算的有效性。促进预算全面性的制度安排与措施涉及许多方面，尤其应包括：在预算准备阶段对具有财政效应的政策进行全面评估，确保预算外资金与运营遵循与年度预算相同的程序，适时取消法定预算。其他方面的考虑也很重要。

6.1.1 定义和基本要求

预算的全面性系指所有与公共资金相关的决策，都应在一个正式（或法定）的预算程序中做出，而不是在此程序之外被决定。中期基础预算中的关键成分，包括中期宏观经济与政策筹划、中期支出估计和预算限额的建立，都直接或间接地要求预算的全面性。

就其外延而言，预算的全面性覆盖三个核心概念：

■ 预算的范围

制度预算时，必须清楚的是哪些政府活动或规划应纳入预算，哪些不应纳入预算。这个问题本质上就是政府职能边界的界定问题。"政府应该做什么"与"预算应该安排什么"是一致的。预算只不过是在特定的时间框架内，将政府活动的边界转化为预算的边界（范围）。实践中要防范的两个极端是：要么将不宜由政府承担的活动"硬"塞进预算中，要么将这些活动及其相关资源隐藏起来（预算外），从而逃避正常预算程序的审查和监控。

■ 横向的全面性

20世纪40年代初由V. O. Key, Jr.（1940）提出来的，如今看来依然是最好的一个基本预算问题是：应该根据什么（基础或标准）来决定将X数量的资金用于活动A而不是用于活动B？这里涉及两个问题：（1）预算资源配置的基础（公民偏好、公共利益、政府战略与政策优先性还是权力、讨价还价）是什么？（2）什么样的机制（竞争还是特别保护）最有助于建立这一基础？横向的全面性要求预算过程（基于政府战略优先性与政策重点）的竞争性，这进一步要求任何一项规划或政策提出的资源申请，必须与其他相关的规划或政策进行比较、权衡和磨合。逃避这样的磨合（艰难选择）过程，意味着缺乏横向的全面性。如果缺乏清晰的成本与效益的对应关系，那么专款专用意味着破坏横向的全面性：这些资金所支持的活动（运营）被特别保护起来，使其免受正常预算过程竞争机制的制约。

纵向的全面性

正式和法定的预算过程是年度性的（立法机关要求按年度编制、呈报、审查和实施预算）。纵向的全面性要求在此程序中，对所有由预算资助的活动及其财政效应进行审查。破坏纵向全面性的典型例子是基数法：在年度程序中只就预算"增量"（高于基数的那部分资源）做出决定，存量部分则被视而不见（逃避与增量资源的磨合与选择过程）。零基预算（ZBB）方法满足纵向全面性的要求，但过于复杂；基数法是另外一个极端。较好的选择是采用中期基础预算所要求的基线（baseline）法，用以对现行政策的最低后续成本进行严格评估，并与新的政策或规划提议所需要的区分开来。

6.1.2 全面性为何重要

显而易见的是：如果有大量开支（例如税收支出和导致未来财政义务的其他政策承诺）未纳入预算中，那么要想有效地控制开支，在各项规划/部门间有效地配置预算资源，实现良好的营运管理，确保合规性（遵从法律）以及管理财政风险和控制损失，即使是可能的也是极为困难的。这意味着，对于实现预算管理的所有关键目标而言，特别是对于促进优先性配置而言，预算的全面性是一个基本的前提条件。在预算过程中，一个具有可信度的优先性确定程序要求所有支出都合并到预算中。易而言之，预算需要全面性。排除某些开支类别（例如预算外资金）很可能削弱了决策制定者实现战略成果的能力。因此，预算的全面性或统一性也许是优先性方面最重要的制度安排（Ed Campos；Sanjay Pradban，1996）。

预算的全面性不仅对于确保中期基础预算的良好运转极端重要，对于促进其他更为广泛的公共管理目标和维护某些得到广泛认可的公民价值观（例如政府必须是透明的）也是必不可少的。当政府开支以预算外（extra-budget）形式隐藏起来时，这些资金和相应活动被转移到民主控制之外，立法机关和公民也不能约束政府对绩效负责。

预算外活动是典型的偏离预算全面性的政府活动，它的显著特征是不遵循与年度预算相同的法定批准程序，不受正常预算过程的控制和影响。在某些情况下，建立预算外基金具有合理性，例如道路（建设与维护）基金、社会保障基金，以及其他受到特别保护的法定支出。目前这些法定支出在中国非常多，许多法律（包括《教育法》、《科技法》、《计划生育法》和《农业法》）都对预算支出安排做了强制规定，这使其得以逃避预算控制。还有许多预算外资金和相关活动根本没有法律（甚至法规）依据，但同样不遵循与年度预算相同的法定批准程序。容许或默许这些基金和运营或许有助于增强管理自主性，但显而易见的是：任何旨在增加管理自主性的改革，其底线都必须是不至于牺牲支出控制或者侵蚀诚实。基于此，即使具备法律依据和合理的理由，通常也不是好的理由。事实上，几乎所有的预算外活动都不能满足公共财政管理的基本要求：立法批准其建立，对收入和支出部门的清晰授权，令人满意的治理安排，以及透明的财务信息。作为一般规则，指定用途的收入只是在成本与受益两个方面存在直接联系的情况下才是适当的（通过道路税为道路维护融资就是如此）；至于或有负债，最低要求是充分披露（Anwar Shar, p.4，2007）。

6.1.3 偏离预算全面性典型情形

我国各级政府预算实践中普遍存在四种偏离预算全面性的典型情形：

（1）使用预算外（off-budget）资金为政府活动融资。预算外资金使政策制定者和管理者得以逃避预算程序的约束，以及对合理配置预算资源极端重要的竞争（互动）机制。

（2）包含于预算之内的支出是在预算程序之外（通常由特定法律）决定的，而不是预算决策的结果。典型的例子是某些受到指数化（indexation）保护的支出类别。常见的这类支出是社会福利与保障支出。指数化意味着这类支出随物价指数的变化而自动调整，不受预算决策的影响和控制。有些国家的公务员工资也已经指数化了。我国预算实务中最典型的则是由《教育法》、《农业法》等部门法律规定各种各样的法定支出（参见表6-1）。

（3）对非财务法案和财务法案（预算本身）的区分不充分。财务法案指的是年度预算本身，立法机关用它来为公共政策的年度开支提供授权。非财务法案为政府采纳的公共政策建立法定基础（legal basis），通常表现为强制性的支出法案，要求某些政府开支必须在财政年度中按某种预先规定的标准增长。中国现阶段最主要的这类偏离是由特定法律（《教育法》、《科技法》、《农业法》等）规定的法定支出。在年度预算过程中，这些支出只要根据法律被"计算"出来就被自动进入预算资源池并得到特别保护，从而避免了与其他支出类别（其背后是各种利益主体）的竞争。因此，预算只是变成了这些简单法律的概括。除非改变相关法律，否则，即使是立法机关也不能"拿它们怎么样"。预算的控制功能对于这些支出完全不起作用。

（4）各种类型的准财政活动，尤其是为公共或公共实体提供担保等活动形成的或有负债（contingent liability）。准财政活动产生的资源流量并未纳入政府预算中，这就使得预算不能全面反映政府活动的全面图像，从而破坏了预算的全面性。确保预算全面性的一项重要任务就是将主要的准财政活动纳入正式预算程序，并确保必要的透明度。国际货币基金组织在1998年发布的《财政透明度示范章程——原则宣言》中，确认预算外活动应作为预算过程的一部分，如同正式的财政活动一样受制于政府检查和优先性排序。准财政活动不可能完全避免，但应尽可能予以报告。

表 6-1　　　　　　　法律和决议中规定的强制性支出

职能	法律和决议	支出的目标
教育	教育改革和发展总的指导方针 中央政府关于教育系统改革的决议 《中华人民共和国教育法》 《中华人民共和国义务教育法》 《中华人民共和国教师法》	国民生产总值的 4%
农业	《中华人民共和国农业法》 《中华人民共和国农业技术推广法》	农业支出增长速度高于财政收入增长速度
宣传和文化	中央政府关于增强社会主义精神文明建设几个重要问题的决议	支出增长速度不低于总的财政收入增长速度
科学	《中华人民共和国科技发展法》 国务院关于加快科技发展的决议	支出达到 GNP 的 1.5%
环境保护	国务院决议	支出达到 GNP 的 1.5%
卫生保健	国务院决议	支出增长速度不低于财政收入增长速度；到 2000 年人均支出从 2.6~4 元
公务员工资	《中华人民共和国公务员法》	工资与国有企业工资相仿

应强调的是：预算的全面性不应被狭隘地理解为只是要求预算覆盖所有的政府运营（排除预算外）。全面的预算还要求基于结果证明绩效的链条，预算过程的透明，把预算作为战略管理和公民赋权

(empowerment）的工具，这些都构成旨在克服可识别的预算制度局限性的改革中的重要元素（Anwar Sha, p. 1，2007）。

6.1.4 促进全面性的安排与措施

为加强预算全面性，为中期基础预算的顺利运转创造条件，以下制度安排和措施十分重要：

■ 在预算准备过程中对政策效应的全面评估

要使中期基础预算成为强有力的政策工具，必须确保中期预算估计（支出、收入、盈余/赤字和债务水平）和相应的预算限额的制定，基于全面的宏观经济与政策筹划。这意味着所有具有宏观经济影响和财政效应的政策工具，无论是预算内还是预算外，无论是直接支出、税式支出（税收优惠）还是政府贷款和贷款担保，无论是正式的财政活动还是准财政活动（比如通过政府控制的金融机构从事的活动），其经济效应和财政效应（尤其是政策成本），通常应在预算准备过程中进行全面审查，以评估这些政策工具的相对有效性和财政效应，在此基础上确定优先事项和决定资源配置。这进一步要求必须建立适合本国国情的政策程序和协调机制，以确保预算与政策之间存在紧密和有效的联系。

■ 确保预算外活动遵循与年度预算相同的申报与审查程序

在我国，多年来偏离预算全面性原则最重要的原因是各种形式的预算外资金，这些资金及其相应的营运活动并不遵从与年度预算相同的法定批准程序，因而逃避了公共资金的审查和受托责任。无论理由如何，公共预算与财政管理必须满足一些基本要求：立法批准其建立，立法机关对行政部门的收入和支出存在清晰的授权，以及透明的财务信息；底线则是管理自主性（包括容许行政部门自主设立收费项目和使用这些资金）必须不至于损害支出控制、财政纪律和诚实（非常重要的管理原则）。

适时取消法定支出

在中期预算制度取得实质进展的情况下，取消当年由许多部门法律（例如，《中华人民共和国教育法》、《中华人民共和国科技法》和《中华人民共和国计划生育法》）规定的"法定支出"，以激励相关的支出部门致力通过削减非重点项目支出来支持重点项目，从根本上克服法定支出削弱支出控制、降低预算灵活性、削弱预算作为宏观经济政策工具的作用等一系列内在缺陷。由于互不干涉的变化和各地具体情况相差很大，要求所有时候和所有地方都满足法定支出要求的规定，即使由法律做出，也不免过于武断，违背因地制宜、因时制宜的原则，并造成预算过程的僵化和非全面的预算。当预算程序运作正常时，没有充分的理由表明这一程序无法做出适当的决定来合理配置资源，尤其是对于政府战略和政策特别关注的重点领域。在某种程度上，法定支出反映了对正常预算程序的不信任，认为这一程序不能确保国家政策关注的重点得到充足的资源。即使这样的理由在此前是成立的，那么，当中期体制运转正常时，这一理由就不充分了。从中长期视角看，当预算程序存在缺陷时，改革的方向应该是预算程序本身，而不是以牺牲预算的全面性来"补偿"预算程序的缺陷。

其他要求

所有旨在促进预算全面性相关的制度安排应满足以下基本要求：（1）纳入预算的收入和支出应按总量而非净值（收支差额）列示；

（2）所有支出和收入应遵循相同的基本分类（包括按功能、经济性质和规划分类）；（3）所有公共账目（无论预算内还是预算外）必须遵守相同的、独立的外部审计；（4）指定用途的收入（专款专用）只是在成本与受益两个方面存在直接联系的情况下才是适当的，通过道路税为道路维护融资就是如此；（5）对或有负债的最低要求是充分披露。

6.2 建设透明的预算

中期基础预算对预算全面和透明度的要求是一致的，这是因为：如果预算不全面，预算就不会有透明度；另外，如果预算没有透明度，预算的全面性也会失去其大部分意义。

6.2.1 定义财政透明度

预算是公共财政的综合反映。以此而言，将预算透明度理解为财政透明度并无任何不当。20世纪90年代以来，随着经济和金融全球化的迅速发展，来自公共治理和金融市场的压力促使国际社会越来越关注政府的财政透明度问题。目前发达国家在强化财政透明度方面取得了长足进展，许多国际和地区性组织亦致力于帮助各国政府推动财政透明度进程。相比之下，中国目前的差距非常大。从长期看，包括中国在内的发展中国家和经济转轨国家增强财政透明度的压力将有增无减。改进政府会计系统、政府财务报告系统和财政分类系统，加强预算准备过程，以及建立与整合政府财务管理信息系统（GFMIS），是未来一段时期中国推动财政透明度进程的五个主要方面。这些努力对于促进中期基础预算的有效运转同样非常重要。

财政透明度（fiscal transparency）可以看做是透明度问题在公共财政领域中的延伸。普华永道（Price Waterhouse & Coopers）在于 2001 年 1 月发布的关于"不透明指数"（The Opacity Index）的调查报告中，将"不透明"定义为：在商业经济、财政金融、政府监管等领域缺乏清晰、准确、易理解、普遍认可的惯例。报告认为，披露本身不足以导致透明；为实现透明，必须提供及时、准确、相关和充分的定性及定量信息披露，而且这些披露必须建立在完善的计量原则上。透明信息的质量特征包括全面、相关和及时、可靠、可比和重大。据此，高透明度意味着能够"透过现象看本质"，能够借助披露的信息准确了解财务状况、经营成果及风险程度等（魏明海等，2001）。

与此相对应，财政透明度指向公众公布政府结构与职能、财政政策取向、公共部门账目和财政筹划（fiscal projections），"公众"包括所有与制定和实施财政政策有关的个人与组织。财政透明度的核心是要求以及时的、系统的方式对所有相关的财政信息——包括预算信息的充分披露，包括用来编制预算的经济假设、政府资产和负债、税收支出以及对数据可靠性的建议。其中，特别重要的是预算过程的透明度，它要求政府活动的信息可靠、全面、及时、可理解和便于国际比较，使选民和金融市场能精确地评估政府财务状况以及政府活动的真实成本与受益（Kopits, Craig, p.1, 1998）。

不透明的预算程序导致过度讨价还价和游说。透明的预算程序应满足四个标准：(1) 预算文件的足够数量，以反映信息可得性；(2) 预算程序的局外人（outsiders）独立核实预算中给定的数据和预测假设的可能性；(3) 政府有关方面承诺避免使用不透明的和武断的语言，以及采用一般公认的会计标准；(4) 预算文件对预算中的数据和解释具有充分的合理性（Alt and Dreyer-Lassen, 2006）。

财政透明度与民主社会对政府信息的公开和充分的披露要求相一致。财政信息属于政府信息。政府信息是政府为履行职责而产生、获取、利用、传播、保存和负责处理的信息。政府信息的公开化是民主社会的重要特征，积极推行政府信息公开制度是各国政府的共同义务。目前联合国教科文组织正在全力动员各国政府努力使任何人都有权使用4类属于公众的信息，其中第一类就是政府信息。政府信息公开指政府机构通过多种方式公开其政务活动，公开有利于公民实现其权利的信息资源，允许用户通过查询、阅览、复制、下载、摘录、收听、观看等形式，依法利用各级政府部门所控制的信息。联合国经济和社会理事会也将推进发展中国家的政府信息公开化作为当前工作的一个重点（周健，2001）。

6.2.2 意义与重要性

在宪政民主政体中，公民的知情权（right to know）不仅意味着他们有权知道"花了多少钱"和"钱花向何处"（传统预算的特点），还有权知道"花钱的效果如何"（绩效导向预算的特点）。受托责任的两个方面（合规和绩效）都要求预算成为公开的文件，要求预算程序和预算决策要向纳税人保持透明。预算申请者通常会用各种手段掩盖真正目的，以避免太多的反对，导致受托责任受损。

透明是受托责任的关键。因为政府服务通常施益于大部分人，人们通常不会有什么特别的异议，财政支出也就用不着遮掩起来。公共服务是预算最公开的部分。这些费用数字和绩效信息越清楚、越精确就越有意义，其主管部门的责任性也越强，责任也越容易得到评判。基于受托责任，预算文件需要广而告之，以使公民乐于利用预算信息来评判政府和公共官员的责任。在宪政政体中，缺乏关于政府活动结果的公共信息，公民对政府的控制就是盲目的，因此，民主政治要求预算成为公共政治话题的一部分，公民则需要通过预算来了解政府（乔纳森·卡恩，2008）。

透明度也是预算程序有效运转所必需的。好的预算程序要求这一程序能够确保竞争机制不仅存在，而且建立在合理的基础上（政府战略与政策优先性、客观事实、诚实和绩效目标)。预算不透明本身就表明竞争机制的缺陷,或者竞争过程的缺失。无论哪种情况,都会妨碍预算资源配置到最具社会回报潜力的用途。在这里,预算程序的透明尤其重要。为确保竞争的有序、清晰可见、公正和彼此协调,这一程序应确保所有的预算参与者都应知道自己和其他人被期待做什么,以及何时和如何这样做。西方民主政体的实践表明,过度的讨价还价和冲突解决过程的不透明,会诱发有害的投票和预算游戏:互相投赞成票以通过对彼此都有利的预算提案,既妨碍参与者在预算过程中的责任,也损害健康的竞争(Anwar Shar, p.31, 2007)。

更一般地讲,财政预算信息的透明度对于行政、立法部门和公众而言是"必需品"。作为基本要求,它不仅意味着必须"提供"信息,而且这些信息必须是"相关的"和"可理解的"。向公众倾倒大量粗糙的"预算原料"对改进财政透明度不会起任何作用。国际货币基金组织于1998年发布了《财政透明度优化策略章程——原则宣言》,强调了明确财政角色(fiscal role)和财政责任的重要性;对公众的信息受托责任;公开预算准备、执行和报告,以及对财政预测、信息和账户的独立审查。虽然并非所有这些规定都要应用于所有国家,但其原则对于发达国家、发展中国家和转轨国家都具有可应用性。

6.2.3 提高财政透明度的国际努力

20世纪90年代以来,越来越多的国家将注意力更多地转向公共信息中的财政预算领域,并通过专门的立法规定政府必须公开披露所要求的财政信息,下面列举的几个国家在这方面都有不俗的表现。

▨ 新西兰

在公共财政管理中素有创新的新西兰近期再次走在了其他发达

国家的前列，主要标志之一就是在 1994 年通过了在财政透明度方面堪称典范的《财政责任法案》。

20 世纪 80 年代早期，主要由于公共开支占 GDP 比例的稳步上升，新西兰经历了日益恶化的财务形势，人们担心政府的大额赤字会导致公共债务的急剧上升，损害经济增长前景。此外，当时政府担心，如果利率上升而汇率下跌，新西兰偿还外债的能力可能成为问题。对财政状况和经济绩效的关注导致新西兰政府引入了一系列的改革，包括将传统的现金基础的政府会计转变为权责发生制会计，1989 年通过的《公共财政法案》要求政府部门和政府整体采用权责发生制基础会计，这是世界上第一次同时在公共部门整体与构成机构中应用权责发生制基础会计的重大改革。进一步的改革发生在 1994 年，当年颁布的《财政责任法案》规定政府应使用一般公认会计原则报告其预测的财政状况，包括披露费用、收入、盈余（或赤字）、债务和净值，并要求政府建立关于财政目标的基准。

《财政责任法案》为财政政策和公共报告的透明度确立了一套完整的法定标准，它清楚地规定了政府应如何对提议采纳的政策和实际财政成果加以报告，包括政府在其预算文件中应定期公布一份预算政策报告书（不得迟于从 7 月 1 日开始的财政年度中的 3 月 31 日），披露政府的财政决策对未来 3 年期预测的财务状况的影响，根据一般公众的会计策略提供所有的财务信息，以及向国会有关委员会提交法案所要求的全部报告；此外，法案还要求政府提供包括或有负债在内的关于政府承诺和特定财政风险的报告书。

就以专门的法律对财政透明标准做出严格而清晰的规定而言，《财政责任法案》的实施在发达国家推动财政透明度的进程中不失为一个重大的里程碑。在该法案颁布以前，发达国家通常是在其宪法、法律和规章中隐含地或间接地涉及财政透明度问题，但并未以专门的法律系统地对财政透明标准和政府的相关责任加以界定。

▰ 英国与澳大利亚

受新西兰《财政责任法案》的影响，澳大利亚和英国（1998年）分别颁布了《预算诚实典章》（The Australian Charter of Budget Honesty）和《财政稳定章程》（Code for Fiscal Stability），后者在许多方面——尤其是在关于财政透明度原则方面——非常类似于新西兰的《财政责任法案》。《预算诚实典章》旨在增强财政政策制定和财政结果的透明度，同样引人注目的是它吸收了新西兰的方法，即要求对所有公民公布有关财政信息，以防止政府隐藏其真实财政状况。这种做法产生了大量期望的结果，包括政治程序中的参与者可分享关于国家未来经济与财政展望方面的信息，以免新一届政府一上任就对政府财务状况感到震惊。另外，《预算诚实典章》强调了澳大利亚联邦统计局在为所有级别的政府建立财务报告标准方面的作用，并特别要求政府提供5年期的政府间财政关系报告和税收支出报告。

为强化财政绩效和透明度，英、澳两国继新西兰之后开始大刀阔斧地改革其传统的政府会计、报告和预算系统。由于只有权责发生制基础会计才允许追踪全部成本，因此新西兰、澳大利亚、冰岛和英国几乎在政府部门和中央政府的所有预算项目中都运用了权责发生制。在这些国家中，权责发生制会计基础的预算和报告框架是促进公共财政管理改革的关键。其中，英国政府在1995年决定采用"资源会计与预算"，① 并在1999~2000年首次公布资源会计基础上的财务报表，2000年编制出第一份关于2001~2002年度的资源预算。澳大利亚联邦政府于1999年5月提交首份权责发生制预算。从1994~1995年开始，政府部门需要在权责发生制会计基础上编制经审计的财务报表，1998年实施的《预算诚实典章》进一步明确了联

---

① 在英国，公共部门的"资源会计与预算"相当于按照应计制（权责发生制）会计基础以及相应的应计基础预算，这是分别对应于传统的现金会计基础和现金预算的概念。

邦政府在公共财政管理和报告方面的规定，被国际货币基金组织誉为"国际上透明、稳健财政政策的典范"（David Loweth, 2001）。

美国

在发达国家中，美国在增进财政透明度方面也颇多作为。早在1990年，美国国会即通过了《联邦信贷改革法案》（The Federal Credit Reform Act），法案要求政府机构估计政府贷款担保的全部预期成本，并将预期成本作为公共支出纳入联邦预算中。

在20世纪的80~90年代，好几项由会计总署（the General Accounting Office）提供的审计报告都鉴别出糟糕的政府账目记录和不精确的财务报告，以及在许多联邦机构中缺乏基本的内部控制。这种情形连同财务管理丑闻，引起国会对州与联邦财务管理问题的关注。作为结果，国会于1990年通过了作为好几项相关法律之一的《首席财务官法案》（The Chief Financial Office Act），旨在改进公共组织的财务管理，并对部分试点机构进行了审计。这些试点的成功导致在1994年推广这一强制性审计的要求：从1996财政年度开始，所有主要的联邦政府行政机构的财务报表都必须予以审计。

根据美国总审计长的审计要求，联邦政府首次于1997年准备合并的联邦政府行政部门的财务报表，它以联邦会计准则顾问委员会（FASBA）创立的会计准则为基础（虽然并不完全遵循这些准则），并且必须经过审计。

此后，美国政府会计准则委员会在（GASB）又发布了针对公共部门的34号公告，强调按一般公认的会计原则（GAAP）编制和发布政府财务报告，以实现清楚界定的财务报告目标。公告要求提供以下信息以帮助使用者评估：当年收入是否足以支付当年的服务，报告实体在经过1年的运作后其财务状况是否改善了，其实物和非财务资产使用寿命超过当年服务潜力（过期服役）和其他信息。此外，公告规定政府必须说明包括基础设施在内的固定资产，必须在其使用年限里折旧,折旧费应反映在服务的成本中以便准确测量服务的实际成本。①

鉴于传统的现金基础的财务报告无法实现清楚定义的财务报告的全部目标,许多国家与国际社会正致力于发展全新的、以 GAAP 为基础的政府报告模式,其核心是将以反映短期(年度)预算执行情况为重点的财务报告,扩展为反映长期而全面的财务状况和营运结果的财务报告。在美国,完成这个长期而艰巨的过程花了 GASB 10 多年的时间,目前已有数以万计的地方政府和 20 多个州政府开始执行 GASB 发布的 34 号公告。

除了单个国家外,国际和地区性组织在推动财政透明度进程中亦扮演了一个重要角色,其中国际货币基金组织(IMF)、国际会计师联合会(IFAC)、经济合作与发展组织(OECD)和欧盟所做的努力尤其引人注目。

■ 国际货币基金组织

IMF 于 1998 年 4 月正式发布的《财政透明度示范章程——宣言和原则》(The Code of Good Practices on Fiscal Transparency-Declaration on Principles,以下简称《章程》),是世界上第一部首次由政府间组织发布的、旨在为各国确立公共财政透明度一般原则的文件。《章程》确立了所有国家都应予以支持的有关财政透明度的四项一般原则:澄清公共部门的角色和责任(clarity of roles and responsibilities),确保对信息的公共可得性,公开预算的准备、执行和报告,以及确保诚实(independent assurances of integrity)。此外,《章程》还针对每项一般原则确定了一些特定原则和具体实施要求。

在《章程》发布 3 年后,IMF 于 2001 年 4 月发布了《财政透明度手册》(Manual of Fiscal Transparency)(以下简称《手册》)。《手

---

① Tom Allen (2001):公共受托责任和政府财务报告,2001 年政府预算与政府会计国际研讨会(北京)论文。

册》制定了更为详细的财政透明度原则及相应的实施策略，用以帮助和指导各国政府在自愿的基础上实施《章程》所倡导的原则和策略。《手册》除确认了能够被多数国家在一个合理的时间框架内采用的那些一般标准外，还在所选择的特定领域中确认了关于财政透明度的最高标准，后者在那些具有成熟和透明的财政管理框架的国家中，可望得到恰当地采用。其中，一般标准及相应的财政管理要求是专门为那些财政管理能力脆弱的发展中国家和转轨国家量身订制的。《手册》建议这些国家将其作为本国财政管理中最为优先的事项加以考虑。建立最低标准所依托的理论基础是：在财政报告领域中采用优化策略是有效财政管理的基础，为此各国应确保对政府预算和预算外活动进行报告的全面性、可靠性和及时性。《手册》指出，为了提高财政透明度，每个国家首先应对其财政管理系统中的弱点做出详细评估，并将评估情况与《章程》的要求进行比较，以便开展评估和比较工作。

目前 IMF 和其他国际性组织正在进一步开展制定更好的关于财政透明度的国际标准的工作，这将为那些在财政透明度方面表现不佳的国家和政府，提供更好的用以推动财政透明度进程的指南。

■ 经济合作与发展组织

最近 20 年来，OECD 在公共治理和公共财政管理方面所致力推动的核心工作，就是要求其成员国建立一个透明的或公开的财政过程。根据 OECD 的看法，透明度意味着政策意图、程序和实施过程的公开性，它是构成良好治理的关键因素；缺乏透明度将产生腐败、管理混乱和其他问题，进而影响到公众对政府体制的信心。考虑到预算是政府唯一最重要的政策文件，财政透明度要求以及时、系统的方式对所有相关的财政信息——包括预算信息进行充分披露。为此，OECD 基于对所有成员国的预算实践的观察，向各国推荐了一套预算透明度的最优策略丛书，并制定了编制和实施预算方案的系统步骤，以促进更高的透明度。

目前多数 OECD 国家公布关于当前和未来年度预算方面的详细信息，包括预算前报告（pre-budget reports）和在预算开始时的财务报告等，尤其值得一提的是：为增强财政透明度和绩效导向的公共管理，目前已经有超过一半的 OECD 成员在政府预算或政府报告系统中引入了应计制会计基础，其中新西兰、英国、澳大利亚和加拿大等国走得更远：不仅在报告系统中引入了应计制基础，而且将传统的现金制预算改造为应计制基础的预算，从而极大地增强了政府财政预算的透明度。

■ 国际会计师联合会

鉴于没有良好的公共部门会计和公共报告就不可能有真正的财政透明度，IFAC 为建立这方面的国际规范做了大量工作。作为由 140 多个国家的会计职业团体成员构成的权威性国际会计组织，IFAC 所属的公共部门委员会（PSC）在合作的基础上制定和发布关于公共部门财务管理、报告、会计和审计方面的准则、指南、研究报告和研究论文。继 20 世纪 90 年代发布了《中央政府的财务报告》、《中央政府财务报表的要素》、《政府财务报告的主体》、《资产的定义与确认》、《负债的定义与确认》、《收入的定义与确认》、《费用/支出的定义与确认》、《政府企业的业绩与报告》等相关报告后，为提高政府会计信息质量，促进政府提供可比的、相关的和可理解的财务信息，2000 年 5 月又发布了 8 份国际公共部门会计准则，涉及政府会计确认基础、政府会计主体、政府财务报告等相关内容。

《政府财务报告——会计问题与策略》（第 11 号研究报告）在 1998 年发布的《政府财务报告指南》的基础上，为可供公共部门采用的四种会计基础中的现金基础和应计基础建立了详细的会计准则，[①]

[①] IIAC 在 1998 年的《政府财务报告指南》中区分了可应用于公共部门的四种会计基础，即现金基础、修正现金基础、修正应计基础以及完全应计基础。各种会计基础的区别在于交易确认的标准、时间和范围不同，尤其是确认交易时间的不同。

并提供在每类会计基础下准备应计制财务报告的范例、一般策略及变体,以帮助所有级别的政府(虽然某些部分只是应用于国家级政府)准备其财务报告。此外,该报告还为那些寻求变更其会计基础或会计政策的政府提供指导,包括如何分析转向新的会计基础可能带来的成本与收益,以及转向新的会计基础所需具备的条件与程序。这些工作最终将为改进各国政府财务报告之间的可比性,增加公共财政的透明度作出贡献。

■ 欧盟

在地区性组织,欧盟从 20 世纪 90 年代以来相继制定和通过了《马约》(The Maastricht Treaty)及《稳定与增长公约》(The Stability and Growth Pact),要求其成员国采纳严格的统计标准提供关于政府财政与财务状况的全面信息,用以对财政政策的健全性(soundness)做出可靠的评估。这两份旨在强化成员国宏观财政绩效的纲领性文件都包含了许多关于中期财政报告方面的要求。根据《马约》的规定,欧元区外的欧盟成员应连续提供趋同规划,其中应包含中期货币方面的目标及其与价格、汇率稳定的关系。

按照规定,自 1993 年以来,欧盟成员国有义务定期公布其"中期趋同规划"(medium-term convergence programs),该规划由欧盟理事会进行详细审查。此外,欧洲货币联盟(EMU)成员有义务每年呈递一份"稳定规划",该规划包含了至少覆盖未来 3 年的政府赤字和债务筹划及其所基于的主要假设,并阐述未来拟采取的用以促进预定目标的预算措施。在所提出的主要预算措施中,需要提供一份评估报告,用以量化这些预算措施对预算状况产生的影响。最后,还需要对主要假设的变动如何影响预算和债务状况做敏感性分析。

国际和地区性组织在财政透明度方面开展的工作是相互呼应、相互补充和相互支持的。概括地讲,IMF 在《财政透明度章程》和

《财政透明度手册》中所致力推动的工作是确立关于财政透明度的国际标准与要求，而 IFAC 着力推动的政府会计与报告的标准化及国际化是促进财政透明度国际标准的重大步骤。由于这种内在的逻辑联系，IMF 的态度是：支持后者在这方面的努力，各国的财政信息应尽量保持与 IMF 数据标准的一致性，以及与 IFAC 开发的关于公共部门会计标准的一般性。另外，IMF 在《财政透明度章程》中要求成员国在其政府与银行部门交易的透明度方面，应受巴塞尔银行监管委员会于 1997 年发布的银行监管标准的约束。

目前包括 IMF 和 IFAC 在内的国际性组织仍在致力于推动财政透明度进程，许多发达国家在这方面已经走得相当远，但未来要求增强财政透明度的压力仍有增无减。可以预料，随着经济全球化、政治民主和信息技术的进一步发展，财政透明度问题在未来将受到更多的关注，包括中国在内的发展中国家和转轨国家也将深深地卷入这一进程之中。

6.2.4　中国当前的差距

作为推动公共财政管理改革的重要组成部分，中国财政透明度进程大体上从 20 世纪 90 年代末开始启动，而引发社会各界关注政府财政透明度问题的重大事件，当首推 1999 年 6 月审计署代表国务院在第九届全国人民代表大会常务委员会第十次会议上所作的《关于 1998 年中央预算执行情况和其他财政收支的审计工作报告》。该报告以务实的态度指出了中央政府预算执行中存在的一些严重问题：

"有的国家重点建设项目由于决策失误和管理不善，刚刚建成就面临报废，经济损失惨重……社会保障资金、专项资金、救灾款物等挪用挤占情况严重……一些企业单位尤其是非银行金融机构隐匿收入、偷逃税收、账外设账、私设'小金库'和挥霍浪费问题十分突出……"①

报告公开后在社会上引起很大反响，为此全国人大常委会要求从2000年开始，中央政府各部委应在政府整体预算之外单独向其报告本部门的预算。由于包含了更多的关于政府预算的信息量，部门预算制度的实施和迅速推广对于增进财政透明度，显然有其正面意义。

除部门预算外，近年来财政领域中推出的其他一系列举措，包括建立集中性国库体系，按国际规范改进政府预算分类和预算科目，推行集中性的、以公开招投标为核心的政府采购改革，以及定期出版《中华人民共和国财政部文告》，也从不同的侧面推进了中国财政透明度的进程。

虽然如此，从全球视野看，无论与发达国家还是与国际性组织（如IMF）或地区性组织（如欧盟）相比，目前中国的财政透明度仍处于一个十分落后的阶段。表6-2以IMF专门为发展中国家和转轨国家制定的最低标准及其实施要求作参照系，②对中国财政透明度做些简单的（并非全面的）比较。

表6-2　　中国的财政透明度与IMF最低标准要求的差距

一般原则	最低实施要求	中国的现况
1. 明确角色和责任	● 按（SNA，1993）或（GFS，1986）定义和报告"一般政府"财政信息	不符合
	● 确认政府持有的股权	不符合
	● 审查预算外活动	符合
	● 预算外纳入正式的预算决策过程	不符合
	● 确认主要的准财政活动	不符合

①《关于1998年中央预算执行情况和其他财政收支的审计工作报告》，《人民日报》1999年6月27日。

② 国际货币基金组织财政事务部：《财政透明度手册》专栏1：财政透明度最低标准要求。

续表

一般原则	最低实施要求	中国的现况
1. 明确角色和责任	● 以预算法界定财政管理责任	部分符合
	● 征税与税务管理有明确的法律基础	部分符合
2. 信息的公共可得性	● 预算外活动包括于预算和报告中	不符合
	● 预算中包含有两年的预算数及其修订数	不符合
	● 预算中包含中央政府主要的或有负债	不符合
	● 预算中包含中央政府主要的税式支出	不符合
	● 预算中包含重要的准财政活动数据	不符合
	● 按年度报告中央政府债务水平与结构且不滞后于6个月	不符合
	● 公布财政报告示范（practices）	不符合
3. 公开预算准备/执行	● 一份财政和经济展望随同预算一并呈报	不符合
	● 制定中期预算框架	部分符合
	● 预算中包含一份财政风险量化评估报告	不符合
	● 预算及账户分类覆盖所有一般政府活动	不符合
	● 预算中应有经济/功能/管理分类数据	部分符合
	● 财政交易以总值（不按净值）计量	部分符合
	● 预算中包含综合余额（overall balance）数据	部分符合
	● 预算中包含有所采用的会计标准的说明	不符合
	● 中央政府决算数据与预算拨款相一致	部分符合
	● 中央政府决算经独立的外部审计师审计	部分符合
4. 确保诚实	● 确保将外部审计结果报告立法机关并确保采取补救行动	部分符合
	● 外部审计标准与国际标准相一致	部分符合
	● 宏观经济预测中使用的工作方法和假设应是公开的和可以利用的	不符合

注：SNA 和 GFS 分别为"国民收入核算账户体系"与"政府财务统计"的英文缩写。

由表 6-2 可知，目前中国在财政透明度方面与国际规范相比有着巨大的差距，其中主要项目基本上都不能满足 IMF 在《财政透明度手册》中确定的最低标准与相应的实施要求。一些相关的调查研究报告也提供了有力的佐证。

6.2.5 未来努力的方向

考虑到多年来我国的预算透明度一直很低，从年度向中期基础转轨的预算体制变革，需要与旨在提高预算透明度的各种努力结合起来。近期和中期的重点应集中于以下方面：

■ 加强预算准备过程

预算准备是一个完整的预算周期的第一阶段，它从宏观经济预测和财政预测开始，经由预算编制，最后到向立法机关呈报预算时止。这是一个典型的、旨在决定年度公共收入、支出、举借、赤字或盈余的总量与公共资源战略性配置格局的政治过程。长期以来，中国预算准备过程的支离破碎大大削弱了财政透明度，这集中表现在两个主要方面：向立法机关呈报的预算文件过于单一，信息含量严重不足；只有年度预算，缺乏可实施的中期基础预算。

有鉴于此，加强预算准备过程可以从两个方面入手：首先，向立法机关呈报的预算文件中，应至少包含一份未来年度宏观经济展望、一份财政政策目标报告书、一份准财政活动（例如税式支出）报告书，以及一份尽可能量化的关于政府财务风险的报告书。其次，借鉴其他国家的经验，将年度基础预算体制转向中期基础预算。在中期体制下，预算文件通常并不对政府的政策意图和行动进行详细的定性描述，但它至少表明了未来若干年度中政府的财政趋势（fiscal trends）或者政府打算前进的方向，这有助于增进预算透明度，也有助于公众和其他利害关系者对政府财政承诺的可信度做出判断。

在发达国家中，中期预算（未来 3~5 年）已经制度化了。美国、澳大利亚、新西兰以及丹麦等国家走得很远，它们在年度预算之外还编制覆盖 30~40 年的长期财政计划与预测，主要用来捕捉未来的人口变动趋势对预算的影响。鉴于对未来经济活动的筹划具有很高的不确定性，长期预算预测倾向于指向性（indicative）而不是预测性（predictive）。从中国的现状看，编制长期预算（10年以上）的条件尚未成熟，但引入中期基础预算是可行的。这一进程的早期努力已经开始，但当前仍处于摸索阶段。

▇ 扩展政府财务报告系统

现行的政府会计（核心是预算会计）和报告系统远不能提供满足各类信息使用者的需要，尤其是满足立法机关（详细审查预算）、一般公众和金融市场（需要评估政府全面的财政绩效）的需要，甚至也不能满足财政部和审计机构强化财政管理和监督的需要。早在1996年，国际货币基金组织在其对中国预算及国库问题的考察报告中，即指出了中国传统的政府会计与报告系统的一些弱点，并建议开发更为全面的预算会计和报告系统（赵鹏华，p.91，2001）。目前主要发达国家的政府会计与报告系统在常规的预算文件（年度/中长期预算报告）之外，还提供合并的（或部分合并的）政府资产负债表、政府（预算）营运表以及现金流量表。在最近10年中，不少发达国家甚至能够提供关于政府或有负债和各种准财政活动的报告，有些国家在其财政报告中还披露政府承诺信息，后者是一个涉及比政府负债和或有负债更宽泛的支出义务方面的信息。这些报告为各类信息使用者提供了用以评估政府财政状况与财政绩效的有价值的信息来源。

国际会计师联合会（IFAC）在于2000年5月发布的《政府财务报告》（第11号研究报告）中，详细描述了现金会计基础和应计基础下的政府财务报告准则、方法和程序，并提供了许多有价值的范例。考虑到IFAC近年来在公共部门会计和财务领域中的声望日增，中国作为该组织的会员将越来越多地需要关注其活动，并结合中国的具体情况，开发更好的、覆盖面更广的政府财务报告系统。

■ 发展更为全面的政府会计

与发达国家相比，目前中国预算会计的主要弱点在于不能提供实时和全面的财政信息以满足信息使用者的需要，甚至也不能满足良好的公共财政管理的需要。为此，未来改革的方向应集中于四个主要方面：

首先需要将预算会计的范围扩展到支出周期的每个阶段，尤其是需要有能力追踪对财政管理至关重要的承诺信息。①

其次，现行的预算会计系统必须进行大的整合，其核心是总预算会计必须有能力实时追踪发生于各支出机构的财政交易信息。新中国成立以来，中国的预算会计历经多次改革，现行框架是在1997年改革的基础上形成的。这次改革使中国的预算会计系统形成了相互分割、互不衔接的"三张皮"的格局：总预算会计、行政单位会计和事业单位会计，三者使用不同的会计账户（科目）记录不同的财政交易，其中总预算会计只记录拨款交易，行政和事业单位会计只是记录发生于本单位内部的（主要是付款阶段）的交易。由此产生的最大问题是总预算会计没有能力实时追踪发生于各支出单位的财政交易信息，导致财政部门的管理与控制功能基本落空。下一步改革需要对现行会计体系进行大的整合，原则上会计主体只能使用相同的会计科目和预算分类记录交易，这是实现信息在支出机构与核心部门（通常是财政部门）之间的实时传输和基础。

再其次，预算会计必须有能力提供预算数据，而不仅仅是实际

---

① 一个完整的支出周期由拨款、承诺、核实和付款四个阶段构成。目前的预算会计只能提供付款和拨款阶段的信息，不能提供核实特别承诺阶段的信息，这是导致财政管理与监督十分脆弱的重要原因，也是导致财政部门的角色主要限于分配拨款这一次要职能的主要原因。

数据方面的信息，这是对预算过程进行集中监控的前提条件。

最后，鉴于权责基础会计比现金基础会计能够提供更为全面、更有价值的公共财政信息，应认真研究将政府会计基础由传统现金基础（cash basis）转向权责基础（accrual basis）的可能性，并努力创造条件，使之至少能够率先在政府财务报告中得到应用。20世纪80年代以来，在新公共管理（NPM）运动推动下，目前已有超过一半的 OECD 成员国在政府财务报告中采用了应计制（也就是权责发生制）会计，而新西兰、澳大利亚等国家走得更远：不仅将传统的现金制政府会计基础转向权责基础，而且将传统的现金制政府预算转向了权责发生制预算。① 另外，IMF 于 2001 年底已经将政府财务统计转向了权责基础。目前在以权责基础取代（或部分取代）传统的现金会计基础方面仍存在广泛的争议，但澳大利亚和新西兰的实践表明，在支持绩效导向的政府预算改革、鉴别与控制财政风险以及改进政府对长期资产管理等方面，权责基础会计起着重要作用。在新西兰及美国等发达国家，引入权责基础会计甚至已经成为强制性义务，这使得权责基础会计的应用范围在不断扩大。就目前情形而言，中国全面转向权责基础的条件尚不成熟，但随着时间的推移，转向权责基础的压力将越来越大。

■ 开发更好的分类系统

对于增进财政透明度而言，"似小实大"的问题大概莫过于分类系统。良好的分类是确保财政透明度的基础，也是一个十分复杂的问题。从宏观层面看，分类系统覆盖三个相互关联的领域：基于预算目的的预算分类、基于会计核算目的的会计分类，以及基于财政

---

① 应计基础能够应用公共部门的四个领域：财务报告、预算、拨款以及政府财务统计。其中，政府财务报告是应用应计基础相对较易的领域，目前发达国家基本上都能提供应计基础上的财务报告，新西兰等国家甚至已经将应计基础扩展到了政府预算和拨款方面。

分析目的的政府财务统计分类。所有这些分类都涉及政府收入、支出、资产、负债和净值方面，而且每个类别下还需要有更为详细的次级分类。目前国际上分类层级最多的已达10层，一般也需要有4~5个分类层次。如果没有一个良好的分类系统，要想满足各类政府财政信息使用者的信息需求实际上是不可能的。这就不难理解发达国家国际性组织——主要是联合国和国际货币基金组织，为何长期致力于开发良好的分类系统。其中，国际货币基金组织继1986年发布洋洋数十万字的《政府财务统计手册》以后，2001年12月又发布了修订版的权责发生制会计基础（Accrual Basis of Accounting）上的《政府财务统计手册》（Manual on Government Finance Statistics）。多年来中国采用的财政预算分类系统与国际通行分类系统相差甚远，近年来财政部做了许多努力以逐渐向国际标准靠拢，然而分类系统的改革远不那么简单，部分原因在于这是一个涉及很强的专业性和技术性的领域，涉及人员的培训和公共财政信息使用者的理解等一系列问题。

建立与整合以 GFMIS 为核心的财政信息技术平台

现代信息与通信技术的迅速发展和应用为增进财政透明度提供了极为广阔的前景，目前在发达国家已经得到广泛应用的政府财务管理信息系统（GFMIS）最能体现这一成果。在这些国家中，GFMIS能够为包括公共财政管理者、决策者、立法机关、审计机关、财政分析人员、政府债券的投资者、信用评级机构以及一般公众在内的各类信息使用者，随时方便地提供所需要的各种财政预算信息。大至政府财政总量（财政收入、支出、赤字/盈余、债务、资产等），小至某个具体的公共规划（例如防治森林病虫害规划）的种种信息，均可从该系统中得到。由此亦可知该系统在财政透明度领域所扮演的关键性角色。最近几年，中国（财政部）已经启动了建造这一宏伟系统的工程，但要完成各种整合并使之运作良好，尚需诸多时日。

从纯粹技术层面讲，加快 GFMIS 建设与整合对于增进财政透明度实为当务之急。

凡是可能，以上所有方面都应参照某种适当的国际性规范，并考虑到中国的具体情况予以推动。

6.3　融入规划预算技术

我国现行的预算是典型的条目预算（line-item budget）：预算编制（和预算资源配置）以投入的资源条目（line-item）为基础，无论是政府整体预算还是部门预算，都是如此。鉴于投入预算的内在弱点以及发达国家在绩效预算方面的近期实践，国内不少文献把中国预算改革的关注点放到了绩效预算方面。绩效预算的重要性基于如下逻辑：如果预算不发生作用的话，政府就不会履行职责；如果预算分配忽视绩效，那么无论政府为了实现最终结果而怎样决定管理和服务的供给，政客和管理人员都也会忽视绩效。但实践已经证实，要使预算成为绩效的工具，这一点非常难以实施。预算改革的历史中只有多次的失败，很少成功（Allen Schick, p.99, 2003）。

实际上，中国转向正式绩效预算体系的条件和时机远未成熟（需要以绩效评估工作取得实质进展为基础），下一阶段预算变革的战略方向应该是将投入预算改造为规划预算（program budgeting）。只有在规划概念深入人心并且和规划预算实践告一段落以后，转向正式绩效预算才是可行的。

中期基础预算并不必然要求融入规划预算与评级，但融入这项方法与技术对于促进中期基础预算的有效运转深具意义。这是因为，中期基础预算采用"中期"（跨年度）视角为支出部门制定的部门预算限额，需要充分考虑支出部门（包括下属机构）执行当前规划的后续成本，以及引入新规划的成本；支出部门则被要求提供充分的绩效信息（只是针对特定规划才有意义），用以证明其在支出限额内的支出申请（线下与线上部分）的合理性和适当性。在预算执行过程结束以后，支出部门在被要求提交的财政成果报告中，必须说明所执行规划所取得的成果与其支出水平之间的协调性。很清楚，规划从筹划到完成需要较长的时间跨度，完整的绩效信息通常也需要在若干年中才能完全展开。这些内在的关联表明，在预算过程中融入规划预算，不仅与中期基础预算的内在要求完全一致，也有助于中期体制更好地发挥作用，并且可以与融入绩效导向管理方法（绩效评价和绩效预算）的改革努力很好地结合起来。

6.3.1 规划与规划预算：解释

规划预算是一种促使所有参与者将其注意力集中转向公共支出结果（results）方面的方法，这些参与者包括部门管理者、部长、立法机关代表与公众。"规划"这一术语经常被应用于许多场合。在预算系统中，"规划"特指公共组织所从事的、旨在促进相同目标的若干活动（activities）的集合。以"儿童保健规划"为例，该项规划可以看做是两项活动——"向儿童提供营养品"和"为儿童注射疫苗"的集合，这两项活动都指向共同的目标——促进儿童健康，这也就是该项规划所追求的政策目标。在每项"活动"下，应分别界定从事该项活动所需要的投入、产出与成果，它们构成该项规划的基本绩效指标（重点是产出与成果），并可以以这些单一绩效指标为基础形成复合绩效指标：经济性、效率和有效性。由此可知，规划预算包括四个基本层次：规划目标、规划名称、活动、绩效指标。这一等级式结构如图 6-1 所示。

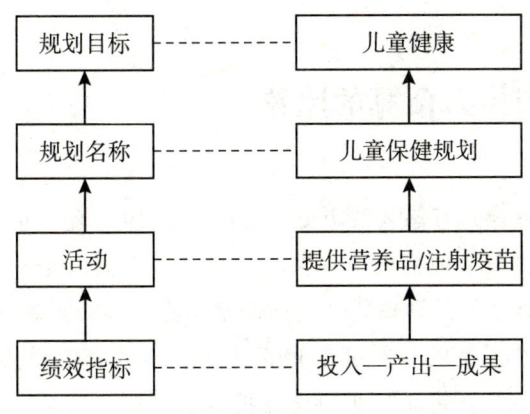

```
规划目标 ------ 儿童健康
   ↑              ↑
规划名称 ------ 儿童保健规划
   ↑              ↑
  活动   ------ 提供营养品/注射疫苗
   ↑              ↑
绩效指标 ------ 投入—产出—成果
```

图 6-1　规划的层级结构：以儿童保健规划为例

需要注意的是："规划"与经常使用的"项目"不是一个概念，"规划预算"与"项目预算"也不是一个概念。"项目"很容易被误用或被误解。一个公共工程（比如调整公路）是一个"项目"，一个支出条目（比如人员工资）也被说成是一个"项目"。其实，这是两个完全不同的东西。在英文中，前者是一个"project"，后者是一个"item"，分得很清楚。中国目前的部门预算和政府预算，主要是按照"item"（条目）编制的，预算资源也以条目作为配置本位，比如人员经费安排多少、办公用品安排多少、偿付利息安排多少，等等，形成投入导向的预算编制方法。部门预算中虽然包含了"项目（project）预算"，但这里的"项目"是指某项最终将形成固定资产的公共工程，这与规划预算的"规划"术语的含义存在很大区别。许多规划并不是一个工程（比如儿童保健规划），也不一定形成固定资产。有许多旨在促进特定政策目标的活动，可以很好地设计为规划和规划预算，但却不适合设计成"项目预算"。"退耕还林"、"森林病虫害防治"、"禽流感防治"、"打击盗版"等等，都是这类例子。其实，"项目"的层次低于规划，在特定的场合相当于规划之下的"活动"。此外，规划与政策目标之间的联系比较清晰，而项目与政策目标间的联系经常是说不清道不明的。由于存在明显的差别，将投入预算改造为规划预算，并不意味着把投入预算改造为"项目预算"。

6.3.2 与投入预算的比较

投入预算模式有悠久的历史，它产生于 19 世纪的欧洲大陆，目前多数国家仍在某种程度上保留这一模式，但同时也在不同程度和范围上引入其他的预算模式，包括零基预算、绩效预算和规划预算。在注重合规性控制的预算和管理系统下，投入预算模式是适当的。合规性控制要求公共部门在预算与报告系统中，清楚地表明其投入的资源数量、来源与条目，投入预算恰好适应这一基本要求，它通过表明预算申请者的资金来源、资金使用（用于哪个，工资、办公还是其他条目）信息，帮助立法机关、财政部门、审计机关等核心部门，对公共组织的预算与财务管理实施合规性控制，以确保对资源供应者（纳税人）的受托责任。

然而，投入预算存在很多内在缺陷，它只能告诉我们"花了多少钱"以及"钱花在何处"，然而无论对于政策目标还是对于纳税人而言，最重要的问题显然是"政府花钱产生的结果（绩效）如何"，而这正好是投入预算无法回答的问题。投入预算不仅与结果导向的绩效脱节，而且也忽略成本，而成本信息即便对于公共部门的管理与决策而言，也是十分紧要的，缺乏准确的完全成本信息经常导致错误的或有问题的决策与管理，包括在诸如"是否需要将垃圾清扫外包给私人部门"的决策方面，造成对公共部门的偏袒和对私人部门的歧视。[1]

事实上，投入预算不只是忽略成本，而且鼓励公共部门扩张成本，因为通过扩大投入和机构规模（成本增加）的方法来扩大预算，是所有公共组织最乐意采用的方法。这种与投入预算形影相随的

---

[1] 假如招标决定是否外包：私人公司出价 100 万元，公共组织出价也是 90 万元，看来应交给后者，但且慢：后者的出价概念是"支出"，如果转换"成本"（包括办公楼房等资产折旧），可能就是 120 万元。缺乏成本概念在这里导致的错误是显而易见的。

"预算最大化行为"，与"低成本政府"的改革取向背道而驰（Elaine Ckamarck，2005）。

其实，投入预算还有一个很大的内在缺陷：过分注意以组织为本位配置预算资源，这是导致许多预算问题的根源。这些问题包括：在预算申请中基于本部门（机构）利益竞争稀缺资源，而置"本单位的资金使用是否反映政策重点"问题于不顾；项目重复、"钱出多门"与"政出多门"并行不悖。过分注重按组织本位分配资源还导致大量预算资源长期僵化（沉淀）于低效益的地方，而相对价值更高的支出项目无法获得足够的资源。

投入预算另一个显著的弱点是导致和诱发公共管理的"内部化倾向"。内部化倾向典型地体现为公共组织十分追求本单位的"内部待遇"（福利）、"内部办公条件"（楼房、车辆、电脑等）和"内部管理便利"（例如医院那样设置许多简单折磨患者的众多办事窗口），而外部顾客（服务对象）的需求普遍被忽略了。

随着政府规模的扩大，投入预算的管理变得十分复杂，管理成本日益提高。一般地讲，在经济发展的早期阶段，政府规模比较小，政府对经济的干预有限，反映在预算中即体现为投入的"条目"不至于太大。在这种情况下，投入预算是比较容易管理的。然而，在最近半个多世纪中，全球范围内，各国政府规模已经大大扩展，政府干预经济的广度与深度也达到了前所未有的程度。在这种情况下，投入预算的管理已经变成具有相当难度的工作，它考验着政府的管理能力。

当公共部门关注的重点从合规性目标转向绩效时，投入预算就变得不够用了。与合规性控制不同，绩效目标要求预算资源的申请与使用，均与结果相联系，而不只是与投入相联系。对绩效目标的追求，同时也隐含着公共管理的"内部倾向"转向"外部倾向"（关注外部顾客）的内在逻辑，这与投入预算的内在逻辑存在冲突。此外，对绩效目标的追求亦要求关注降低政府成本，而这正是投入预算的弱点之一。经过多年的努力，目前多数发达国家已经改造了其传统的投入预算，在预算过程中引入绩效导向的各种方法，包括赋予支出机构在投入管理方面的更多自主权（比如"打酱油或买醋随你"）的同时，要求支出机构对结果（绩效）承担责任。如此一来，公共部门的受托责任便从传统上狭隘的投入责任，扩展到结果责任。新西兰、澳大利亚和英国等 OECD 国家已经在这个方面走得相当远，它们已经将投入预算改造为正式的绩效预算（常见的术语是"产出预算"与"面向成果的预算"），由此将绩效导向的方法发展到顶峰。

相比之下，我国的情况有很大的不同。中国现阶段公共管理的重点目标是合规性控制，预算与财政管理系统也是如此。反映在预算系统中，就是要求预算申请者（政府与政府机构）必须严格遵循关于资源获取与使用的所有外部（法律法规）与内部（规章制度）的规定。在各种财政机会主义行为和财政腐败行为盛行的现实背景下，相对于绩效目标而言，追求合规性控制这一目标更具有紧迫性和现实意义。实践证明，在违规行为盛行的环境中，追求绩效目标是非常艰难的（例如"撞红灯的人太多交通就不可能顺畅"）。

这倒不是说绩效目标对于我们不重要（事实上非常重要），而是说将预算与公共管理的重点从传统的合规性控制转向绩效目标的条件与时机，目前尚不具备与成熟。在这种情况下，贸然放弃投入预算而大范围引入绩效预算，就要冒极大的风险，成功的概率将很低，当然不排除局部性试验的可能性和必要性。现阶段现实的选择是：完善而不是放弃投入预算，也不是全面转向绩效预算。引入规划预算可以在保留传统投入预算内在优势的同时，克服其内在弱点，将预算资源配置本位从传统的组织和条目本位转向规划本位，从而加强预算的绩效导向，并为开展支出绩效评估和最终转向绩效预算奠定基础。规划预算既不同于投入预算，也不同于正式的绩效预算，但同时兼具两者的某些特征。可以认为，规划预算是介于传统的投入预算和现代绩效预算之间的中间形态。美国和其他国家的实践表明，鉴于规划预算是绩效预算的基础，从投入预算向绩效预算的转变需要有规划结构的初步发展。

6.3.3 操作要点

将规划预算技术融入现行预算过程的要点如下：

(1) 需要在预算分类系统中，引入规划分类方法，具体地讲，就是在功能（function）类别下，按照各个特定的功能类别设计规划分类，并以规划分类取代目前的"项"级分类。

(2) 精心界定规划的层级结构，包括规划目标、规划名称、在规划下需要开展的活动以及相关的绩效指标。

(3) 对于跨部门的规划，比如"退耕还林"由几个部门共管，那么这些部门就应共同制定这项规划，在规划下按照各自职能安排"活动"层次上的分工，将这个规划下的各项活动的投入（支出或费用）汇总，即可得出该规划的预算额。

(4) 如果某个部门在某个预算年度同时负责 5 项规划，该部门即需要编制 5 个规划预算，每个规划预算都应清楚列示各自的资金数额及其来源，所有这些资金加总起来，就是该部门的规划预算总额。

(5) 各支出部门在自己的职责范围内制定规划，并与财政部门协商，提交财政部门（或支出审核委员会）审查，最终被提交给立法机关审查。

(6) 规划的制定应"上接政策下连民众"，即各部门与机构在其职责范围内，以政策目标与重点为导向制定规划，并尽可能顾及和回应民众、基层与社区的需求。

(7) 人员支出和其他经常性支出的预算，也可改造为规划预算，具体做法是：要求各部门与机构制定"人员规划"，在此规划下开展诸如"裁减冗员"、"奖励高绩效员工"、"接收新员工"、"重新分配公共职位"等活动，然而在每项活动下说明增加或减少的人员支出数额。

6.4 其他配套安排

发达国家的实践表明，中期基础预算能够为制定、评估和实施财政政策提供比年度预算更好的和更透明的工具，但成功实施并非易事。一般地讲，只有当存在着真正可控的、透明和稳定的财政承诺（包括支出、赤字与债务）时，中期体制才是有效的。此外，要想达到预期的目的，还需要有预算管理方面基本的制度创新、支持引入这一工具的强有力的政治承诺、经济和财政预测的改进、对政府规划和活动实施严格的成本核算，以及有约束力的预算管理为基础。对于中国这样的发展中国家（公共财政管理能力相对不足）而言，满足上述配套改革和措施尤其重要。

6.4.1 政府高层强有力的支持

为确保从年度向中期基础预算体制转轨取得实质成果，最重要的是必须获得来自政府高层（核心部门）的强大政治支持。这是因为，中期基础预算的核心工作是在高层运作完成的。这项改革将所有重要的预算参与者都覆盖进来，需要大量的协调与磨合，包括裁决不可避免的冲突（尤其在争夺预算资源与限额方面），以及观点分歧。另外，这项改革还需要获得技术上的有力支撑，尤其是经济和财政预测技术。对于如此复杂的系统工程（涉及公共财政、政策制定甚至政治过程的改革），缺乏政治领导的高度重视和支持，要想取得成功是不可想象的。

对于财政（和宏观经济）政策目标与优先性筹划以及政府意欲实现的财政总量（预算限额）而言，除了必须清楚地加以规定外，获得来自政府高层强有力支持尤其重要。这是因为，预算过程本身的复杂性（包括大量参与者之间的互动）以及支出机构逃避政策与预算约束的动机是如此之强，客观上要求核心部门坚定地担负起捍卫财政纪律和公共利益的责任，并随时准备与背离预算原则、规则和损害预算程序的行为作斗争。在此过程中，借助会计和审计等专业力量是非常重要的，但它们无法代替政府高层坚定不移的政治支持。

6.4.2　作为辅助机制的预算稳定基金

预算稳定基金可以作为中期基础预算的一个重要的辅助机制发挥作用。这是因为，无论预算是在年度还是中期内制定，环境和政策因素的变化势必导致实际的预算执行过程与预算的偏离。预测误差也无法避免，并且随着预测期越长越不准确。理想的情况下，政策制定应在预算过程的准备阶段完成，但调整事项总是难以避免的，即使没有重大的变故（例如战争和重大自然灾难）也是如此。这里的底线是：无论预算执行过程发生怎样的变化与调整，都不应导致改变政策重点和过多背离预算目标，除非发生重大的、突如其来的战争、恐怖袭击或自然灾难。为了确保这一底线不被逾越，需要有一个特别的机制来吸收（当发生预算超收时）或释放（在需要满足新的支出需求时）资源，在各个级别的政府中分别建立的预算稳定基金就是这样的机制。顺应引入中期基础预算的变革，2006 年中央政府建立的预算稳定基金，应尽快扩展到地方政府。无论在中央还是地方层面上，精心设计的预算稳定基金可以成为应对经济周期性波动的有效工具。在中国这样的大国中，地方政府（作为一个整体）规模庞大，其财政支出占全国支出的比重一直高达 70% 以上，超过世界上几乎所有国家。因此，即使在平衡预算的条件下，地方政府（作为一个整体）的活动都会产生重要的宏观经济效应，这种效应可能与中央政府保持稳定的努力背道而驰,并且会限制中央政府实现特定宏观经济目标的能力。当然,当地方政府缺乏硬预算约束下开展活动时,所造成潜在不稳定的可能性要大得多。美国州和地方政府的实践证明,精心设计的地方预算稳定基金可以避免这些不利结果,在应对经济衰退带来的财政危机和促进地方财政的稳定与持续发展方面,可以扮演一个重要和积极的角色(Yilin Hou, pp. 38 - 62, 2004; Gary A. Wagner, Russell S. Sobel, pp. 177 - 199, 2006)。

6.4.3 修订《预算法》

修订后的《预算法》需要对中期基础预算的关键方面有所规范,并与这一体制对预算规则、程序、部门职责、预算策略与方法等方面的要求相一致。

《预算法》涉及许多议题,但其指导思想应该是:建立有效的控制、报告和其他具体的机制,以确保对纳税人的钱进行法律和政治上的控制,以此改进和强化公共受托责任。为此,修订后的《预算法》需要对立法机关、行政部门和其他预算参与者的角度与权限,做出更清晰具体的规定,包括强化和细化立法机关的预算决策权和监督权,确保预算执行与实施更多地置于人大的监督之下。《预算法》还需要明确界定责任的范围和标准,以确保外部受托责任,以及公共组织内部下级对上级负责的内部受托责任过程,不仅能够确实存在,而且可以借助正式规则与预算程序去操作。

现行《预算法》与中期基础预算的内在逻辑(硬约束)直接相悖的另一个问题与预算调整的界定有关。现行《预算法》关于"预算调整"的定义过于宽泛,成为诱发某些不良预算策略(执行过程中反复修订、变更、追加预算)的重要原因。过于频繁的预算调整削弱财政纪律和预算限额的作用,从而与中期基础预算的内在要求相冲突。为此,修订后的《预算法》应对"预算调整"做出更严格和清晰的规定,要点包括:(1)确认所有较大的变更事项(无论是否改变预算平衡)原则上都属于预算调整事项;(2)预算调整应区分常规调整和重大调整(比如以特定预算科目的调整幅度5%为限),并遵循尽可能少调整的原则;(3)常规调整不应采取"一事一议"的方式,而应采取"一篮子"调整的方式,上半年和下半年各进行一次,可由行政部门审批并报立法机关备案;(4)重大调整可以采取一事一议方式,也可以采用"一篮子"方式,无论采取何种方式都应获得立法机关的批准。

6.4.4 预算观念的变革

客观地看,在中国,各级政府并不擅长(也不太习惯)用预算来促进政策和治理。计划经济时代,预算很难发挥作用,起支配作用的是指令性计划,预算只不过是计划的附庸。改革开放以来,情况发生了许多变化,预算的规模和复杂性也大大扩展了,但预算的潜在、巨大和广泛的作用依然没有充分发挥出来。一个重要原因在于:无论普通民众还是政策部门,多年来在预算观念上的误区和盲区至今依然相当严重,尤其是传统上"重分配、轻管理"的思想根深蒂固,这对引入中期基础预算的变革殊为不利。

中期基础预算最重要的作用在于将预算作为一个强有力的政策工具,这对我国多年来形成的预算"分配观"形成强有力挑战。引入这一体制的变革要求推动最重要的预算观念变革,就是从"分配观"到"政策观"的转变。就其潜力和实质而言,预算不是一个"分配"(资金)的工具,而是一个有力和有效的政策工具。现代政府主要是通过制定和实施公共政策来发挥作用的,而多数公共政策需要在预算过程中制定和实施(少有例外)。政府施政效能,主要取决于通过预算过程约束和支持公共政策的能力。因此,预算是促进公共政策和支持政府施政的利器,提升预算能力是提升政府施政能力的最佳突破口。

预算能力的核心是以公共政策为导向有效分配稀缺资源的能力，也就是将政策筹划和规划管理（program management）充分融入预算过程的能力。好的预算既要"顶天"（联结政府战略与政策）又要"立地"（通过具体的规划管理把政策意图转化为实际行动）。与政策脱节的"预算"是没有灵魂的预算（因此必然迷失方向）；与规划脱节的"预算"是不具实用价值的预算。其实，规划管理是政策过程的内在和重要的组成部分。如果把公共政策运作看做是制定、实施和评估（效能）的完整过程，那么，规划管理就处于政策实施的关键环节，两者可以看做是同义词（Richard Rose, 1985）。以此而言，预算与规划间的关联，是"预算必须联结政策"命题的题中之意。中期基础预算无论多么复杂，其内在逻辑就是要求预算必须与政策建立直接而紧密的联系。否则，充分发挥预算潜在和重大作用是不可能的。

采纳预算的"政策观"要求将强化预算准备过程（尤其是一系列的基础工作），置于预算改革（覆盖预算准备、审查、执行、评估与审计）议程中最优先的位置，并确认和接受如下观点：凡是可能，各级政府与部门的政策筹划（政策评估、取舍、优先性和重点）工作，应尽量安排在预算准备过程的早期阶段（支出部门提出预算申请之前）完成，以确保"政策早知道"（为预算申请提供起码的预见性）；所有具有未来财政效应的政策或政策提议，都应在此阶段进行全面和仔细的评估；年度预算只应采纳那些具有确定融资来源（资金保证）的政策，同时坚定地拒绝对此没有明确融资保证和不具优先性的政策提议。预算的"政策观"还要求预算执行过程（包括临时增加的支出提议或预算调整）不应改变预算的重点和预算所设定的政策初衷。

此外，基于预算的"政策观"，支出部门必须基于政府和部门政策筹划，确定需要纳入预算的规划并排定优先性（规划必须与特定政策目标相连）。由于中国的现实与上述观念相距甚远，可以预料，引入中期基础预算的变革不只是会带来预算观念上的很大冲击，对各级政府与部门的工作模式的转变也是重大的挑战。这也意味着，很多事情只能渐进地去做。

【注释】

［1］V. O. Key, Jr. The Lack of a Budgetary Thoery. The American Political Science Review, VOL. 34. pp. 1137~1144. December 1940.

［2］Ed Campos, Sanjay Pradban, Ed Campos; Sanjay Pradban：Budgetary Institutions and Expenditure Outcomes-Binding Governments to Fiscal Performance, Public Economics Division of Policy Research Department of The World Bank, Working Paper, No. 1646, September 1996.

［3］Anwar Shar, Budgeting and budgetary Institutions, Overview, The International Bank for Reconstruction and Development. The World Bank, Washington, D. C., 2007.

［4］Kopits, George and Jon Craig. 1998. Transparency in Government Operations. IMF Occasional Paper 158, IMF, Washington, D. C.

［5］Alt, James E. and David Dreyer-Lassen. 2006. Fiscal Transparency, Political Parties, and Debt in OECD Countries. European Economic Review 50 (6): 1403~1439.

［6］魏明海、刘峰、施鲲翔："论会计透明度"，载《会计研究》，2001 年第 9 期。

［7］周健："信息自由化与政府信息公开化"，载《情报理论与实践》，2001 年第 5 期。

［8］乔纳森·卡恩著，叶娟丽译：《预算民主——美国的国家建设和公民权（1890~1928）》，世纪出版集团格致出版社、上海人民出版社 2008 年版，第 96~97 页。

［9］David Loweth (2001)：Keynote speech at international symposium on accrual-based government accounting, 2001 年政府会计权责发生制国际研讨会（昆明）会议论文。

［10］赵鹏华：《国库管理制度改革——国际经验与借鉴》，中国财政经济出版社 2001 年版。

［11］Allen Schick, The Performing State：Reflection on an Idea Whose Time Has Come but Whose Implementation Has Not. OECD JOURNAL ON BUDGETING – Volume 3 – No. 2 – ISSN 1608 – 7143 – © OECD 2003 71.

［12］伊莱恩·卡马克（Elaine Ckamarck）："过去 20 年各国政府改革的经验与教训"，载《经济社会体制比较》，2005 年第 6 期。

［13］Carolyn Bourdeaux, The Problem with Programs：Multiple Perspectives on Program Structures in Program-Based Performance-Oriented Budgets, Public Budgeting and Finance, Issue

2, Vol 28. Summer 2008.

[14] Budget Stabilization Fund: Structural Features of the Enabling Legislation and Balance Levels, Public Budgeting & Finance Volume 24, Number 3, Fall 2004.

[15] Gary A. Wagner & Russell S. Sobel. State budget stabilization fund adoption: Preparing for the nextrecession or circumventing fiscal constraints? Public Choice, Vol. 126, Issue 1/2. Jan 2006.

[16] Richard Rose, The Program Approach to the Growth of Government, British Journal of Political Science15 (1985): 1~28.

附录

附录 1：
河北省人民政府关于推进省级部门发展性支出三年滚动预算编制工作的实施意见（试行）

省政府各部门：

为落实《河北省省级预算管理规定》（省政府令〔2005〕第 3 号）及省政府《关于进一步推进省级财政集中财力办大事的指导意见》（冀政〔2005〕86 号），省政府决定从编制 2009 年度预算起在省级部门逐步推进发展性支出三年滚动预算编制工作。

一、充分认识编制部门发展性支出三年滚动预算的必要性和重要意义

三年滚动预算是指在编制年度预算的基础上，预测一定时期内国家和省有关政策变化及形势发展的需要，同步依次编制其后两年政府及其部门的收支预算，并且逐年向前递推滚动的预算编制方法。

编制三年滚动预算从财力上瞻前配置，保障政府中期发展规划

和施政目标的实现，符合科学发展观的要求，对提高政府执政能力，实现经济和社会全面协调可持续发展具有重要意义。一是有利于为省委、省政府中期规划决策做好财力保障，实现财政预算与政府中长期规划目标的协调统一和有机结合，为国家各项政策目标和省委、省政府中期施政计划的实施建立长效的财政保障机制。二是有利于整合资金、集中财力解决事关全省经济和社会发展大局的重大问题。各部门按照规划目标提前谋划大事和资金筹措方案，将有效提高财政资金分配的前瞻性、计划性和整体配置效益，集中财力解决经济和社会领域内的重大问题。三是有利于提高省级预算编制质量。通过立足长远发展目标组织筛选预算项目，特别是对重点支出项目预算实施跨年度管理，能够增强各年度之间财政支出的连续性。跨年度统筹安排不同领域重大项目支出，既有利于保证重点项目需求，也有助于硬化预算约束，改善预算项目执行效率。四是有利于财政运行的平衡和稳固，防范财政风险。以三年为周期，由近及远、由粗到细逐年滚动编制发展性支出预算，有助于谋划中期预算平衡，统筹财力安排，增强财政运行的稳健性，有效防范和控制财政风险。

二、编制原则

（一）战略目标导向原则。以省委、省政府战略决策为依据，以实现全省中长期发展规划和预期绩效目标为导向，以各领域中长期发展规划和年度发展计划为参照系，为政府实现中长期施政目标提供财力保障。

（二）公共财政原则。预算项目安排要与政府职能转变方向相一致，坚持"有所为，有所不为"，优先解决市场主体和人民群众共同需要的公共性问题，优先保障政府提供公共产品和公共服务的需要，突出解决民生问题。

（三）集中财力办大事原则。以三年为周期，整合财力集中投向关系全省经济和社会事业发展全局的重大项目，有计划、分步骤地解决制约全省经济发展及和谐社会建设的关键问题，提升集中财力办大事和财政资金有效配置的实际效果。

（四）绩效管理原则。每个支出项目都要有明确、量化、分阶段的预期经济社会绩效目标，建立绩效评价结果与预算安排相结合的运行机制，提高财政资金的使用效率与配置效能。

三、编制工作的主要内容

根据我省预算改革及预算项目管理实际情况，编制省级部门发展性支出三年滚动预算。主要包括以下内容：

（一）编制部门职能领域内中长期发展规划。各部门要依据省委、省政府一定时期的重大战略部署和全省经济社会发展中长期规划，研究制定职能领域内经济社会事业发展中长期规划，明确发展目标、投入重点和预期绩效，编制三年分年度的滚动实施计划和分解目标，作为编制部门发展性支出三年滚动预算的基础和前提。规划中提出的财政资金投向和领域要符合公共财政和民生为本的原则，重点项目安排要体现集中财力办大事，突出解决事关全局的关键问题。分年度滚动实施计划和分解目标要切实可行，支出绩效目标要具体量化。

（二）建立发展性支出三年滚动项目库。

1. 认真筛选论证支出项目。各部门要按要求，在部门职能领域中长期发展规划和年度实施计划指导下严格筛选论证项目，项目的提出、论证、申报和审核均要按照规定程序和要求实施。项目选择必须符合省委、省政府重大战略部署，符合全省国民经济和社会发展中长期规划，符合部门职能领域（行业）的中长期发展规划，不符合上述要求的不得入选。发展性支出项目的选择必须紧扣事业发展大局，要体现办"大事"原则，切忌项目零散，原则上不安排各部门一般性业务支出。

第一个预算年度安排的预算项目要按照当年要求编制，以后两年安排的项目应按照中长期发展规划编制,明确重点支出方向及重大项目,原则上要编列到具体项目,确实难以准确细化编制的,也要按照规划要求列出项目支出方向或项目概况,待编制该年度预算时再逐年细化和落实具体项目,但必须具有实质内容和明确的项目资金用途。

2. 规范编制项目预算。经过筛选、论证后的三年期项目,要按照要求和规范格式编制项目预算,需后两年安排的项目预算内容列示应尽可能全面,其文字描述可适当简略,待编制当年预算时再按要求完善补充。为此,各部门在填报项目投资及分年度预算情况时,要遵照以下要求:(1)需多年连续实施或每年都需实施的项目,根据项目实施年限分别填列各个投资年度的项目预算安排情况,并要至少填列三年;(2)仅需后两年安排的项目,只需填列对应项目实施年份的项目预算安排情况。

编制项目预算要明确三年总体和分年度的绩效目标及考核指标,还要具体说明项目在经济和社会发展领域的最终预期效果。

3. 建立连续滚动的预算项目库。各部门要按照项目库管理要求和规范,在原有项目库基础上建立起三年滚动实施的预算项目库,形式上仍分为部门项目库和财政项目库。试点部门自上报2009年预算项目起,每年均需上报三年期预算项目内容,并逐年依次向前滚动。

在编报某年度预算项目时,各部门原则上应在上一年上报的该年度项目基础上细化完善,除国家及省新出台的需年度预算必须落实的政策性增支事项外一般不重新编报。

省财政厅每年对各部门三年期预算项目进行审核、评审或再论证后,将符合要求的项目分别导入财政三年期项目库备用。

(三)编制三年滚动预算建议计划。自2009年起,各试点部门要在编制年度发展性支出建议计划的同时,按要求和规定格式依次编报其后两年发展性支出预算建议计划。各类口径发展性支出年度切块限额可按照上年该类口支出限额(剔除一次性支出项目)的

120%掌握。部门要在限额内按照轻重缓急和集中财力办大事原则统筹安排分管类口的发展性支出项目，将三年内应予保证的重大支出项目编入本部门预算建议计划，不得遗漏，不得留硬缺口。需省预算内基本建设资金安排的项目，报省发展改革委统筹平衡，编制预算内基建投资计划。对能够预见并应编入三年滚动预算的项目，若部门未编入，原则上在编制该年度预算时不安排。除国家及省新出台重大支出政策而在原有预算限额内又难以统筹安排的可适当突破限额申报外，省财政在分配预算年度专项支出各类口限额时一般不另外增加限额。同时，按照零基预算原则，阶段性发展目标实现后，各部门要及时取消旧项目，安排新项目，确保职能领域事业发展支出的连贯性和持续性。

省财政厅审核汇总部门上报的发展性支出三年滚动预算建议计划，编制部门发展性支出三年滚动预算草案，经省政府批准后作为部门编报下年度预算的依据。

四、编制工作的基本程序

省级发展性支出三年滚动预算编制工作基本程序划分为以下三个阶段：

第一阶段：布置及前期准备

每年第一季度，省财政厅在布置下年度部门预算编制时一并布置发展性支出三年滚动预算编制工作，印发有关编报格式和报表。

4~5月份，各部门根据职能领域中长期发展规划，确定三年分年度的事业发展计划和发展性支出三年总体安排思路（包括财政资金投入方向、领域，重点支出项目及绩效目标），并与省财政厅沟通会商后报省政府审定。

第二阶段：部门研究论证预算项目并编制预算建议

6月份，各部门根据职能领域（行业）发展规划、发展性资金总体安排思路，组织筛选论证包括下年度预算项目在内的三年发展性支出项目,按规定格式编制三年项目预算并导入部门项目库。

7月份,省财政厅审核、评审或再论证各部门上报项目库内容,将审核通过的三年期项目导入财政项目库,并传回部门。

8月份,各部门从项目库中筛选项目,在编制下年度部门预算建议计划时同步编制三年发展性支出项目滚动预算建议计划。

9月份,各部门将部门发展性支出三年滚动预算与下年度预算建议计划一并报省财政厅。

第三阶段:财政部门审核汇总

10月份,省财政厅审核部门编报的发展性支出三年滚动预算计划,按照分类分口及支出科目分别汇总编制省级财政发展性支出三年滚动预算计划,并在10月底将各类口第一年度发展性支出限额及后两年发展性支出预算计划的审核意见反馈各部门。

五、保障措施

(一)提高认识,加强领导。省直各部门特别是起步阶段的试点部门要充分认识推进编制发展性支出三年滚动预算的重要意义,要把推进这项试点工作作为实现省委、省政府"科学发展、富民强省"战略目标的重大举措来抓。要切实加强领导,试点部门的一把手要亲自挂帅,定期协调调度,安排精兵强将专门负责,为推进试点工作提供强有力的组织保障

(二)积极组织,密切配合。开展三年滚动预算编制工作具有较强的创造性,资金涉及面广,专业知识要求较高,省财政部门、发展和改革部门及试点部门在试点实施过程中必须达成共识,相互配合。财政部门要切实发挥牵头组织作用,加强试点工作的指导、督促和协调;各试点部门要努力克服时间紧、任务重等困难,按照统一的工作部署和时间要求,结合本部门实际,制订详细试点工作计划,精心组织,层层落实,及时搜集和总结试点工作中的经验和存在的问题,加强与省财政部门的沟通,共同研究解决方法,确保试

点取得成效。

（三）加强部门中长期发展规划编制工作。中长期发展规划是编制发展性支出三年滚动预算的基础，为了使"三年滚动计划"与"五年规划"相衔接，省直各职能部门要积极适应改革要求，提前编制中长期国民经济和社会发展以及职能领域的中长期规划和年度计划，特别是各试点部门要将制定职能领域中长期规划工作摆到重要工作日程，抽调精干力量，结合省委、省政府重大战略部署和全省经济社会发展中长期规划抓紧研究制订职能领域经济社会事业发展中长期规划及分年度实施计划。

附件：关于编制省级部门发展性支出三年滚动预算试点方案

河北省人民政府
2008 年 8 月 21 日

附件

关于编制省级部门发展性支出三年滚动预算试点方案

为积极稳妥地推进省级部门发展性支出三年滚动预算改革,将采取先试点再推广的办法。为此,特制定以下试点方案。

一、实施目标

自编制省级 2009 年预算开始,力争经过三年时间将省级编制发展性支出三年滚动预算的试行范围扩大到省级所有分管发展性支出的预算部门,逐步建立起覆盖省级财政所有发展性支出的省级三年滚动预算体系,形成一套为实现省政府中期施政目标的有效的财政预算支撑体系;之后,待时机成熟再将三年滚动预算编制从部门发展性支出扩展到整个部门预算,从单纯的财政支出预算扩展到财政整体收支预算,并逐年依次滚动递推编制,建立起较为科学的中期滚动预算制度,实现预算管理改革的新突破。

二、实施步骤、范围和工作重点

编制省级部门发展性支出三年滚动预算工作国内尚无先例,而且涉及面广,专业性较强,本着积极稳妥的原则,此项工作先试点再推广、循序渐进地开展,试点工作分以下三个阶段:

第一阶段:试点起步(2008 年)。自编制 2009 年省级部门预算起选择15家试点部门，与年度预算同步编制2009~2011年部门发展性支出三年滚动预算。试点部门包括省教育厅、省科技厅、省公安厅、省民政厅、省劳动保障厅、省国土资源厅、省交通厅、省农业厅、省水利厅、省商务厅、省卫生厅、省文化厅、省环境保护局、省林业局、省中小企业局。其中：省科技厅、省国土资源厅、省交通厅对50%以上的发展性支出编制三年滚动预算，其他部门对分管领域发展性支出需全部编制。此阶段试点部门分管的发展性支出项目资金（一般预算和政府基金）占当年省级发展性支出总量的25%以上。

确定上述试点部门的原则是：承担省委、省政府确定的近期中心任务较重；部门分管的发展性支出项目较多，职能领域的事业发展对全省经济社会发展具有较大影响；职能领域内事关民生的支出较多，而且具有代表性；部门预算管理水平和技术力量较强，特别是项目预算和项目库管理较为规范的。

这一阶段，各试点部门要认真按照《实施意见》及编制要求，自编制2009年发展性支出预算开始，按规定格式同步依次编报其后两年的发展性支出的预算。

第二阶段：扩大试点（2009年）。在第一阶段试点基础上，及时总结经验，修订和完善《实施意见》及相关编报格式，进一步扩大编制发展性支出三年滚动预算试点部门的范围。此阶段试点部门分管资金力争达到省级发展性支出资金总量的50%以上，为在省级全面推开做好准备。

在这一阶段，原有试点部门要进一步提高三年滚动预算编制质量，重点围绕国家新出台政策及省委、省政府新的决策部署修订和完善部门中长期发展规划和年度实施计划，提高三年期滚动项目预算编制的准确性，增强三年滚动预算对年度预算编制的引导和约束；新扩大的试点部门要按照《实施意见》，自编制2010年预算开始，同步编制部门发展性支出三年（2010~2012年）滚动预算，并逐年依次向前滚动编制。

第三阶段：普遍实施（2010年）。在总结前两阶段试点经验基础上，自编制2011年预算起，除涉秘部门外省级所有部门普遍编制发展性支出三年滚动预算，并在部分较成熟的部门试行编制完整的滚动部门预算，逐步建立起覆盖省级所有发展性支出的三年滚动预算制度，形成确保省政府中期施政目标实现的财政保障机制。

附录 2：
英国的中期基础预算：2009~2014 年

说明：

1. 原名为"2009 年度预算——建设英国的未来"：经济与财政战略报告、财务报告和预算报告。

2. 经济与财政战略报告解释政府在 2009 年度预算中宣布的措施和预算决定如何支持政府的长期目标，包括此前已经采纳的决定。

3. 财务报告和预算报告概述这些决定和措施对 2008 年度和当前年度预算的影响，以及预测它们对 2011~2012 年政府收入和支出的影响，包括主要比率（例如通货膨胀率）的变化和个人所得税、企业税收、增值税、环境税和其他直接减免产生的影响。

4. 本附录只是摘要翻译了部分内容，但覆盖了中期基础预算的主要成分：宏观经济与财政预测、财政政策筹划、基线筹划（预算前报告）等。

5. 资料来源：http：//www.tm-treasury.gov.uk（英国财政部的网站）。

一、总论

政府的经济目标是构建强大的经济和公平的社会，为所有公民提供机会和保障。2009 年的财政预算报告——"建设英国的未来"——将对经济和公共财政进行最新的评估和预测，同时会提出，面临着急剧下滑的经济低迷状态,政府应如何实施全面而连贯的一揽子计划,从而有针对性地对家庭和企业提供进一步的帮助、促进经济尽快实现复苏和可持续发展。

在2008年及以前年度预算报告制定的战略基础上,2009年的预算报告将提出有针对性的、相机抉择的支持政策帮助经济渡过困难时期,同时,在2010~2011年经济有望复苏并能使债务减轻的情况下继续保持财政的稳定性。这些政策包括:

(1) 促进就业。包括增加就业服务中心和实施具有灵活性的新政,并为所有失业达12个月的18~24岁的人提供保障性的工作、培训或工作课程安排。

(2) 促进企业发展。包括将企业重要亏损的宽免期限延长一年,扩大税务及海关总署的业务付款支持服务,在未来一年内将对新投资的资金补贴提高到40%,并建立7.5亿英镑的战略投资基金,以支持具有重要战略意义的先进工业项目的发展。

(3) 促进居民福利。包括将个人储蓄账户(ISAs)的年度投资额度提高到10 200英镑,其中的现金储蓄额最多可达5 100英镑;提高家庭冬季取暖补贴,其中,对拥有80岁以上老人的家庭增加补贴100英镑,对拥有60岁以上老人的家庭增加补贴50英镑。

(4) 支持房主和购房者。包括一个总额达6亿英镑的一揽子拨款计划以建造更多的房屋,以及将住宅印花税的减免期(the stamp duty holiday)延长到2009年年底——这将花费17.5万英镑。

(5) 促进环境发展。建立世界上第一个关于碳的预算和计划,以提高能源利用效率,保持低碳增长。

本项预算还包括:

(1) 从2010年4月起,将对收入超过15万英镑的人征收50%的所得税附加税(an additional rate of income tax of 50 per cent);对于收入超过10万英镑的人,其所得税的减免措施将得到严格限制。

(2) 从2011年4月起,对于收入在15万英镑及以上的人,其对于养老保险捐赠(contributions)的税收减免也将得到严格限制,直至降至20%。

（3）2009年9月，每升油的燃油税将增加2便士，从2010~2013年，每升油实际的燃油税将每年增加1便士。

（4）到2011年，将储蓄50亿英镑的可回收资金，这将2007年的全面支出审查目标由300亿英镑提高至350亿英镑；在下一个支出审查期，促进经济和一线服务的效能将在2013年前增长至90亿英镑。本预算还设定了2011年及以后年度的支出增长计划——近几年的支出增长平均为0.7%，到2013年，公共部门的净投资占GDP的比重将达到1.25%。

二、宏观经济形势和预算目标

政府的长期经济目标是维持宏观经济稳定以实现其目标和促进社会公平，为所有公民提供机会和保障。

1. 全球经济衰退

从2007年和2008年，世界经济面临着一场特殊的挑战。2008年后期发生的金融危机使得全球性经济低迷突然而至。与其他发达国家一样，英国的产出大幅度下降，在2008年最后一个季度，英国的GDP下降了1.6%，工业生产下降了4.5%。2009年2月，欧洲地区的GDP减少了1.6%，工业生产的下降幅度超过了18%。在美国，2009年第一季度，GDP也下降了1.6%，工业生产下降了5.4%。在日本，2009年2月，GDP下降了3.2%，出口也史无前例地下降了45.5%（45½ per cent）。

2. 英国及全球的应对措施

对每一个国家而言，世界范围的经济困难有着其国际性的根源和后果，因此需要全球性的解决方案。作为20国集团的主席，英国政府于2009年4月在20国集团领导人中缔结了一项名为"全球经济复苏和改革计划"的综合性协议。

在加强国际应对的同时，政府还在实施连续而全面的、有助于财政体系稳定的一揽子计划，以促进经济和那些最需要支持领域的发展；制订了旨在促进中期公共财政稳定的、明确而公平的计划。

3. 英国的经济展望

2009 年，世界经济有可能出现战后的第一次萎缩。英国的 GDP 也将下降 3.5%。由于宏观经济政策的支持，世界和英国的经济有望复苏。预计英国的经济恢复将从 2009 年底开始，2010 年逐步增长，2011 年实现强劲增长。

4. 2009 年预算目标

这份财政预算案列出了政府在经济低迷状态下支持个人和企业发展、确保经济实现强劲而可持续性的复苏和发展而采取的一系列行动。2009 年的财政预算案介绍了政府下一步的行动，以在以下几个方面取得进一步进展：

（1）保持宏观经济稳定。促进经济复苏，为未来的发展打造强有力的经济，确保健全的公共财政（ensuring sound public finances）。

（2）确保金融市场稳定。在政府行为中引进长期的视角和观点，这在未来金融市场的更新中非常必要。

（3）促进企业发展。采取有针对性的措施，给予企业短期资金帮助，促进竞争。

（4）促进民众公平。政府采取进一步措施，促进就业，帮助需要救助者和抚养孩子的家庭，帮助退休人员，帮助业主。

（5）改善公共服务。继续投资于一线公共服务，并致力使其物有所值。

（6）促进低碳社会的恢复。采取措施着力解决气候变化所带来的全球性挑战。

三、维护宏观经济稳定

政府的长期经济目标是保持宏观经济的稳定，以促进公平的、为所有公民提供机会和保障的社会的目标的实现。

1. 政策措施

为了促进经济复苏，同时确保健全的公共财政，2009年预算的重点是进一步有针对性地支持那些受经济下滑影响最严重的领域，以保证经济的复苏和可持续增长，其中包括对于就业和投资的支持。

在英国，政府已采取了一系列措施促使信贷资金流向那些有信誉的借款者，其中一些重要的宏观经济政策支持已经发挥作用。英国央行已将银行利率削减到0.5%，一项高达750亿英镑的资产购买计划也已开始实施，政府也将提供相当于GDP 4%的财政支持——这在2009年预算以及2008年及以前年度预算提出的适当措施和自动稳定器中得到体现。

2. 确保持续性

在中期框架内，政府的财政政策目标是要确保健全的公共财政，确保支出和税收公平地影响每一代。在2008年及以前年度预算所提出的、具有重大意义的预算稳定性基础上，本预算将提出税收和支出的措施，这些措施将使借款在2013年前减少265亿英镑。

（1）从2010年4月起，将对收入超过15万英镑的人征收50%的所得税附加税；在那些收入超过10万英镑的人中，所得税的减免措施将被禁止使用（be restricted）；从2011年4月起，对于收入在15万英镑及以上的人，其对养老保险缴款的税收减免也将得到严格限制，直至降至20%。2009年9月1日，每升油的燃油税将增加2便士，且从2010~2013年，每升油实际的燃油税将每年上升1便士。

（2）政府将继续改善对公共服务的投资，同时提供下一支出审查期间的运营效率计划所确定的额外储蓄——这一储蓄额将在2013年前上升到90亿英镑。在2011~2012年间，支出将以每年平均0.7%的速度增长，至2013年前，公共部门的净投资将达到GDP的1.25%。

3. 经济展望。

政策支持需要充分把握时机。随着世界经济的急剧衰退，全球预测呈现出明显的不稳定性和风险性。全球 GDP 预计将下降 1.25%，标志着战后经济的第一次全年性衰退。预计发达国家的 GDP 下滑最为剧烈，G7 国家的 GDP 将下降 4%。随着全球的政策支持使得信贷状况缓和，世界经济有望从 2009 年底开始复苏，2010 年和 2011 年逐渐增长。在英国，2009 年的发展前景预测已经对 2008 年及以前年度预算报告的预测进行了实质性修订。和许多发达国家经济一样，预计英国将在 2009 年经历大约 3.5% 的衰退。在 2009 年的上半年里，英国的 GDP 将急剧下滑，而在下半年，则会逐渐稳定，在 2010~2011 年会有显著增长。

4. 公共财政。

世界经济发展将对大多数国家财政的地位产生重要影响，所有发达国家的债务都有可能出现明显上升。2009 年的预算规划（projections）将显示：

（1）由于经济低迷使得税收收入——尤其是金融部门的税收收入——明显减少，2009 年，公共部门的借款净额（Public Sector Net Borrowing，PSNB）突升至 GDP 的 12.4% 这一制高点。随着经济的复苏以及政府采取措施确保公共财政的稳定性，到 2013 年，公共部门的借款净额将降至 GDP 的 5.5%。

（2）从现在到 2013 年，公共部门净债务（Public Sector Net Debt，PSND）——包括金融部门投资尚未体现出的损失（unrealised losses）——将会增加，在这一预测期末，其将会稳定在占 GDP 大约 79% 的水平上。

财政预测反映了透明度原则，它包括一个对于金融部门投资尚未体现出的损失所产生影响范围的临时估计，相当于 GDP 的 3.5%。

四、金融稳定性

2007 年中期，世界经济经受了全球性的信贷冲击。自那时起，全球金融市场经历了一段充满压力的不稳定期。这种压力逐渐激化

表 1　　　　　　　　　　财政筹划汇总

	决算	估计	筹划				
			\multicolumn{5}{c}{占 GDP 的百分比}
	2007~2008年	2008~2009年	2009~2010年	2010~2011年	2011~2012年	2012~2013年	2013~2014年
公共部门借款净额（PSNB）	2.4	6.3	12.4	11.9	9.1	7.2	5.5
2008年预算预测案以来的总余额（total change since 2008 pre-budget report）	-0.1	0.9	4.4	5.1	3.8	3.1	2.6
自由支配措施对 PSNB 的影响[1]	0.0	0.0	0.5	0.0	-0.5	-1.1	-1.5
近期预算的余额（surplus）	-0.4	-3.6	-9.3	-9.4	-7.2	-5.6	-4.3
周期性调整后的近期预算余额	-0.7	-3.1	-6.7	-6.4	-4.9	-3.9	-3.2
公共部门净投资	2.1	2.6	3.1	2.5	1.9	1.6	1.3
公共部门净债务（PSND）[2]	36.5	43.0	55.4	65.0	70.9	74.5	76.2
包含未体现损失的公共部门净债务[3]	36.5	46.5	59.0	68.4	74.0	77.5	79.0

注：本表数据除特别标明之外，均来源于国民核算数据。

1. 这一数字包括了对于 2011 年、2012 年、2013 年支出增长速度的政策规定进行预测所带来的变化。

2. 债务采用了 3 月底的数字，GDP 也采用了截止到 3 月底的数字；不包括金融部门的干扰（interventions）。

3. 债务采用了 3 月底的数字，GDP 也采用了截止到 3 月底的数字；包含了金融部门干扰带来的、尚未体现的损失。

演变成亚种的全球性金融危机，对于本已虚弱的世界经济造成了严重的影响，使其急剧下滑到了低迷状态。预计世界经济将在 2009 年出现战后的第一次衰退。

金融市场是所有公民福祉和所有企业发展至关重要的因素。金融市场还强烈地影响着世界的经济增长和发展。金融市场还是经济中有效分配资源的核心机制和生产力、经济增长和机会创造的关键动力。因此，从对金融市场功能的扰乱来看，金融不稳定影响着每一个人。

世界各国政府都对加强金融体系提供了重要的支持。在伦敦的会议上，G20 的领导人承诺采取一切必要行动，恢复信贷流动，确保具有关键重要性的机构的健全。

为促进金融体系的稳定以及经济的发展，政府已采取了果断行动。应对经济下滑、处理经济下滑的后果需要采取综合性的应对政策促进经济发展：财政和货币政策、对金融部门的干预以及有针对性地支持个人和企业的发展。

政府自 2008 年 10 月份采取的措施已成功地防止了金融体系的崩溃，并确保了英国银行或房屋互助协会（building societies）的存款人（retail depositors）没有赔钱。这些干预措施促进了经济的广泛发展，有助于个人和企业的发展。政府将继续尽一切力量来维持金融稳定，以实现其确保稳定和恢复金融体系信心、保护存款人的收益、维护纳税人的利益的目标。

政府防治金融市场崩溃的应对措施主要体现在政府的即时反应以及长期应对措施上。前者的目标在于确保金融体系的稳定，其中包括：（1）对个别金融机构采取有针对性的行动；（2）实施全面的、涉及整个系统的应对措施，包括确保流动性、壮大银行资本、处理不良资产以及增加经济中的贷款等措施。

政府长期措施的观点需要未来的金融市场。它引入了一份政府即将发布的文件，内容包括：（1）政府对未来的金融市场政策走向（approach）的关键因素；（2）为这一政策走向而采取的措施，包括进行特纳审查（turner review）、20 国集团的主要工作以及 2009 年的银行法；（3）进一步的重要行动，包括更新金融监管、降低银行倒闭的影响、维护和支持消费者、提高资本市场的效率和竞争、加强监管和国际监管框架。

五、促进企业发展

金融危机造成了全球经济的急剧下滑和低迷状态。政府的刺激措施和恢复金融体系信贷流动性的行动正在一起促进全英国企业的发展。建立在这些有针对性的促进措施基础上的2009年财政预算，将有助于解决企业的短期现金流问题，这些措施旨在：

（1）进一步支持受损的企业，在2008年预算案设定的亏损减免基础上，再延长一年的减免，扩大税务及海关总署的企业支付促进服务。

（2）促使企业扩大投资以应对2009年的通货膨胀，投资率达到过去三年的比率——正如2009年3月31日提出的那样。

（3）实施"修正"（top-up）的贸易信用担保计划，以帮助企业保持财力。在这项计划中，在短期内，如果保险公司减少对任何英国公司的支付，政府将提供与私营部门的贸易信用担保条款相匹配的支持。

（4）在一个临时期限内，联合工业界一起实施一项车辆报废计划，使那些拥有超过10年车龄汽车的消费者更换新的车辆时可以享受2000英镑的折扣。

在过去10年中，英国已建立了关键的优势，提供了一个经济增长的平台应对经济衰退。与2009年4月20日公布的《建设英国的未来》的战略（新产业，新工作）相一致，2009年的财政预算案宣布了一系列措施，促进对新经济增长的调整，提高英国的竞争力。

（1）从2009年4月起，对新投资的资本免税额增至40%，允许私人投资以更高的比例在该年度应课税利润中抵消。

（2）建立总额达7.5亿英镑的战略投资基金，促进具有战略意义的先进工业项目发展，其中有1/3的资金将被明确指定用于低碳项目。

（3）实施外国利得税的"一揽子"改革计划，通过对利息扣除规则进行有限的限制，促进外国股息豁免政策的实施。

六、促进公平

低通货膨胀率和利率意味着许多家庭在2009年将有更高的实际

收入。此外，家庭还将从政府为促进经济复苏而采取的措施中受益，包括个人免税额增加、增值税的临时削减。然而，政府认识到，许多家庭都遭受了经济衰退的打击，包括那些由于失业率上升或工作时间缩短、工资下降而受到影响的人。

2009年的财政预算报告提出了政府为促进就业、帮助储蓄者和有孩子的家庭、帮助退休的人以及帮助人们管理自己的财力而采取的进一步措施，包括：

（1）为劳动保障部增加17亿英镑的预留款项，在使较多的失业者尽快在最初几个月的时间里脱离享受失业补贴范围的同时，为已经失业很长时间的少数人群提供支持。

（2）为所有18~24岁、失业达12个月的人提供有保障的工作，培训或工作课程安排，以确保没有年轻人由于长期失业而落后（left behind）。

（3）增加2009年的冬季取暖补贴，对拥有80岁以上老人的家庭增加补贴100英镑，对拥有60岁以上老人的家庭增加补贴50英镑。

（4）将对个人存款账户的年度投资的限制提高到10 200英镑，其中的现金储蓄额最多可达5 100英镑。这些较高的限额从2009年10月6日起，将适用于年龄超过50岁的人；从2010年4月6日起，将适用于所有人，这将直接使500多万完全使用个人存款账户的人受益。

（5）从2010年4月起，对儿童税收抵免在指数化基础上每年增加20英镑，为有孩子的家庭提供有价值的支持。

（6）对社会基金的拨款，2009年增加1.25亿英镑，2010年增加1.45亿英镑。

（7）增加法定裁员的补偿水平，使每周支付率（the weekly rate）达到380英镑。

2009年的预算报告还提出了一系列帮助业主和购房者、促进房地产市场发展的措施：

（8）实施总额达6亿英镑的"一揽子"拨款计划，以建造更多的房屋。

（9）将所有住宅印花税的减免期延长到2009年12月31日——这将花费17.5万英镑。

七、改善公共服务

自1997年以来，政府提供的与改革相配套的、实际而持久的投资已经达到创纪录水平，这促进了英国的公共服务的改善。

政府短期内的重点是在经济衰退时期促进就业和工作。2009年的财政预算报告提出了新的支出方案，包括增加就业中心的资金，以避免以前衰退形成的长期失业带来的问题；预算报告还提出，继续实施9月担保计划（september guarantee）[1]，通过这个计划的实施，所有16岁和17岁青年人的教育和培训需求都会得到充分满足，这一计划在下一学年将会增加54 000个学生职位。

同时。政府决定为未来的经济复苏、财富积累和工作职位的增加做着更多的准备。2009年的预算报告提出：

（1）建立7.5亿英镑的战略投资基金，以支持具有重要战略意义的先进工业项目的发展；其中的2.5亿英镑将被指定用于低碳项目的投资。

（2）增加5亿英镑的支出，有针对性地用于促进低碳产业的繁荣发展，这使得促进低碳产业发展的"一揽子"计划的资金总额达到14亿英镑。

（3）增加3亿英镑用于增加房屋供应量，包括扩大共享的公平计划——"直接购房计划"[2]的适用范围、增加社会住房投资。

---

[1] 英国政府保证公民在接受义务教育后能够获得工作机会的一项计划，由政府为学生提供工作职位（译者注）。

[2] "直接购房计划"（the shared equity scheme Home buy direct）是英国政府为首次购房者提供的一项"房屋净值贷款"（equity loan）计划，该贷款额度组稿可达房屋成本的30%（译者注）。

政府会继续投资于一线公共服务（front-line public services），并大力使其物有所值（a stronger drive on value for money）。2009年的预算报告提出：

（1）到2011年，将储蓄50亿英镑的可回收资金，这将2007年的全面支出审查目标由300亿英镑提高至350亿英镑，保持对重要一线公共服务计划的全额拨款。

（2）计划增加政府对于从伦敦迁出职位的目标，在2010年前达到24 000个。

（3）在下一个支出审查期间，提升经济发展、政府采购公共服务、后勤和IT、物业管理费的效率，到2013年前，将节约的支出增加到90亿英镑。

（4）采取新的激励措施和机制，以实现财产和资产的销售在从2011年开始的3年中达到160亿英镑的目标，以此收益补充资本预算。

在这些改革的基础上，2009年的财政预算报告设定了2011~2012年到2013~2014年的支出增长速度，并允许在确保公共财政持续性的基础上继续增加公共服务投资：目前的实际支出增长速度平均为0.7%；到2013~2014年前，公共部门的净投资将达到GDP的1.25。

八、促进低碳经济

在应对气候变化问题方面，英国已率先采取了战略性的、长期的方案。在至2011年的3年中，现行政策对低碳领域的投资已达500亿英镑，并提供了90万个工作岗位。在此基础上，2009年的财政预算报告将增加14亿英镑的支出以有针对性地支持低碳产业发展。这项措施加上自2008年秋天提出的措施，将使低碳领域和能源的投资增加104亿英镑，会确保新的就业机会和新的企业发展，并将英国置于全球低碳经济复苏的前沿。

为强化长期政策框架、赋予英国企业在低碳领域投资的信心，2009年的财政预算报告设置了世界第一份"碳预算"（carbon budgets），这也是新"气候变化法"的要求。这份预算设定了到2020年排放量减少34%的法定目标，这成为英国气候政策新的目标水平。

节约能源是减少碳排放、节省家庭和企业开支最简单的方法。在2008年隔离100万家庭的基础上，2009年的财政预算报告提出，在未来两年内，将增加3.75亿英镑的资金用于促进企业、公共建筑和家庭的能源和资源利用效率；增加7 000万英镑用于分散的小型社区的低碳能源项目。这些措施加在一起，将会促进就业，并会在每年节省38万吨的二氧化碳和大约6 000万英镑的能源支出。

碳预算的实施需要英国转变满足能源需求的方式。政府现有的框架将使可再生能源的投资到2020年增加10倍。为了保护低碳能源领域的投资和工作职位，同时为了强化低碳能源未来发展的长期框架，2009年的财政预算报告提出：

（1）投入4.05亿英镑，促进低碳产业和先进的"绿色"制造业发展，使英国处于全球领先地位。

（2）英国的可再生能源项目仍会从欧洲投资银行提供的40亿英镑新资金中受益，这消除了项目融资的障碍。

（3）通过"可再生能源义务"提升对于海上风力投资的支持。这项措施预计将提供90亿英镑的投资，并为280万个家庭提供能源。

（4）扩大对于在气候变化中实现热电联产的征税豁免范围，到2015年前，带来25亿英镑的投资和3万千瓦的能量，并促进就业。

（5）建立一个新的筹资机制，支持多达4个碳捕获和存储示范项目的建设，并投入9 000万英镑资金资助具体的筹备研究。

为了支持公共财政，同时也为了推动转向低碳社会和资源节约型经济的转变，2009年的财政预算报告提出：

（1）2009年9月1日起，将每升油的燃油税增加2便士，从2010~2013年，每升油实际的燃油税将每年增加1便士。这将有助于中期的财政稳定，同时，到2013年，会每年节省200万吨（2 Mt）

的二氧化碳。

（2）继续提高垃圾填埋税的基准税率，从 2011~2013 年，每吨垃圾的税额将在每年的 4 月 1 日起增加 8 英镑。同时，通过可持续的方法——鼓励对替代性废物处理办法的进一步投资——而减少垃圾填埋。

九、预算政策及对家庭的影响

本年度和以前年度预算报告中的决策支持了政府促进就业、解决儿童和退休人员贫穷问题的目标。2008 年的预算报告提出，对儿童的福利延长到 2009 年 1 月以及未来年度，增加儿童税收抵免的幅度以帮助有子女的家庭。劳动年龄的（working-age）纳税人也会从以前年度预算报告提出的个人纳税方法中获益。今年的预算提出了对拥有退休人员家庭的帮助计划，包括增加 20 英镑的转移支付（如果有家庭成员年龄在 80 岁以上，则增加 100 英镑）、增加 2009 年的冬季取暖补贴、提高退休人员储蓄的数额限制而不影响其获得的福利金。

本预算还提出了对于那些在中期公共财政的巩固方面作出贡献的个人所采取的政策。这些政策主要影响着那些有支付能力的人——即那些拥有应纳税所得额前 2% 收入的人。

与 2008 年的预算报告相比，2009 年预算报告的政策将会产生如下影响：（1）家庭将平均富余 10 英镑；（2）最贫穷的 1/5 家庭将平均富余 25 英镑；（3）有孩子的家庭将富余 90 英镑，最贫穷的 1/5 人口将平均富余 175 英镑。

到 2011 年 4 月，从 1997 年开始实施的个人纳税和福利政策将会产生如下影响：（1）家庭平均每年富余 1 550 英镑；（2）有孩子的家庭平均每年富余 2 350 英镑；最贫穷的 1/5 人口平均每年富余 4 750 英镑。

与财政稳定规则的要求相一致，2009 年预算中最新的公共财政项目考虑到了预算中所有有力决策的财政影响。预算政策决定的财政影响请见下表（略）。

十、政府的支出和收入

2009年的总支出（TEM）预计达到6 710亿英镑，参见图1。

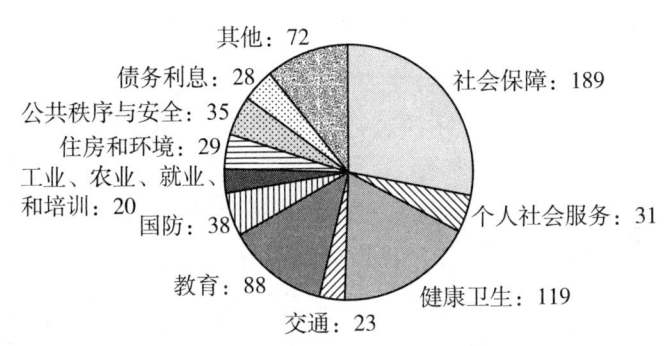

图1　政府按功能分类的支出（单位：10亿英镑）

其他：72
债务利息：28
公共秩序与安全：35
住房和环境：29
工业、农业、就业、和培训：20
国防：38
教育：88
交通：23
健康卫生：119
个人社会服务：31
社会保障：189

2009年的公共部门收入预计为4 960亿英镑，参见图2。

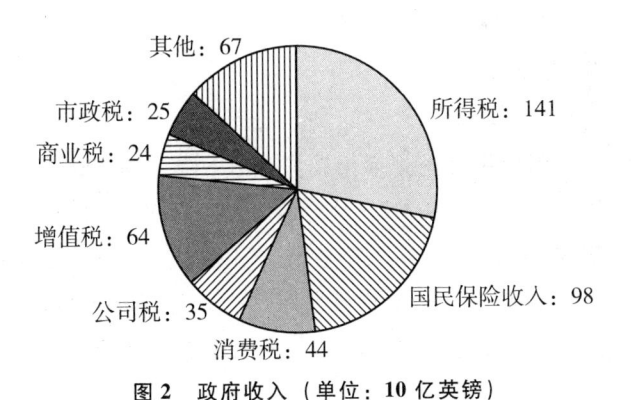

图2　政府收入（单位：10亿英镑）

其他：67
市政税：25
商业税：24
增值税：64
公司税：35
消费税：44
国民保险收入：98
所得税：141

十一、经济与财政预测

1. 预测假设与背景

2009年财政预算报告的经济预测反映了对全球金融危机和私营

部门裁员负面影响的关键性预测与国际国内大规模宏观经济刺激积极影响之间的平衡。该预测基于以下假设：20国集团的各国政府兑现政策承诺，而且这些政策是有效的，从而使世界经济有望于2010年实现2.5%的增长，到2011年进一步增加到4.25%。较低的商品价格和英镑的贬值也会促进需求。

在短期内，全球和国内需求大幅下滑带来的负面影响将成为主要影响因素，因此，2009年财政预算报告的经济预测对2008年的预算预测进行了实质性的下调修正。上述预测基于这样一种判断：宏观经济刺激的影响日益加大，将推动英国和全球的需求和产量复苏。2009年财政预算报告的经济预测是经济缩减3.5%，这比之前预算预测报告中预测的缩减1%的状况还要糟糕。在2009年上半年，GDP有可能急速下降；随着信贷条件的逐步正常化、重大宏观经济促进政策的影响以及英镑的贬值，到2009年下半年，GDP将逐渐稳定，到2010年和2011年将显著增长。

从2007年中期开始，家庭和企业的信贷条件逐渐缩紧，英镑也开始贬值，这就为英国的需求平衡创造了条件。这种宏观经济调控有可能需要家庭增加储蓄、企业增加投资，因为他们要应对新的机遇以及国内外需求的再平衡。

2. 通货膨胀展望

2009年，消费物价通胀率预计将继续下降，到2009年年底前将远低于原定目标；到2010年，尽管通胀率下降的压力会被进一步实施的货币政策支持所抵消，但当负产出缺口（the negative output gap）有望达到高峰时，消费物价通胀率仍将低于既定目标。由于宽松货币政策的滞后效应有可能达到最大的影响，到2011年，消费物价通胀率预计将上升至接近既定目标。

与消费物价通胀率所受到的影响一样，2009年，零售物价（RPI）通胀率也会受到更多的下降压力。零售物价通胀率有可能进一步下降，到2009年9月份将下降到-3%（to-3 per cent），但随着这些额外下调压力的消退，2010年将恢复到零以上。

表2　　　　　　　　经济预测概要：2009~2011年

	2007~2008年实际数与2009~2011年预测数				
	2007年	2008年	2009年	2010年	2011年
GDP增长（％）					
预测范围上限	—	—	-3.25	1.5	3.75
经济增长	3	0.75	-3.5	1.25	3.5
支持公共财务筹划的预测	—	—	-3.75	1	3.25
通货膨胀［％，第四季度（Q4）］					
CPI通胀	2	4	1	1	2.25
RPI通胀	4.25	2.75	-1.25	2.5	4
GDP紧缩指数	2.5	2	0.25	1.75	2.75

3. 风险和不确定性

所有的经济预测仍然会受到许多特殊因素的影响，包括全球金融危机的解决及其对人们信心和活动的影响，以及前所未有的全球应对经济衰退政策的实施和成效。近期英国和全球面临的一个重要的不确定性因素在于：制造业和零售业将如何调整库存，产量的大幅下跌将在多大程度上抵消需求急剧下降。

先进经济体经济复苏的前景与全球宏观经济促进措施的实施和成效密切相关。虽然货币政策刺激在很大程度上已经到位，但是，在全球金融危机已经使人们的信心严重受损的情况下，历史上一直被用来刺激消费的低利率效果究竟如何，仍然存在不确定性。在世界各地，相当一部分计划内的财政支持政策有待实施（is yet to be delivered）。而预算预测是建立在以下假定基础上的：这些政策将按计划实施。因此，这些政策的延误或者转向很可能意味着这样的风险：经济复苏比预测的更加疲软或延后。与货币政策一样，财政刺激措施的有效性同样具有不确定性，这主要和其鼓励私营部门支出的程度有关。

宏观经济支持的效果也具有相当大的不确定性。英国的预测是基于这样的判断：750亿英镑的资产购买计划在增加大约相同数量GDP的同时，也会将通货膨胀带回到目标水平。很有可能通货膨胀的反应快于假定的水平，也有可能需求和供给的信贷持续疲软，从而限制资产购买对名义需求的影响。

家庭为了重建财力将在多大程度上进一步增加储蓄、进一步的调整将多快发生，都具有不确定性。这将取决于他们对于未来的信心，尤其是对于就业和恢复的信心。因此，政府针对这些领域采取行动。这些不确定性对消费支出和居民投资的预测带来了风险。面对着需求的不确定性，企业已经减少了投资，因此，尽管在2009年下半年企业的利润会下降，但总体来看企业部门仍会有盈余。2009年，在经济强劲复苏前，投资预计会大幅下降。由于信贷的可获得性以及商业信心的重建可能起伏不定，这使得这一预测面临着风险。

这一预测被置于0.5个百分点的范围内，建立在经济中供给方不同假定的基础上，而公共财政规划建立在这一范围较低的水平上，在这一水平上，GDP预计在2009年将缩减3.75%，在2010年达到1%，2011年达到3.25%。

4. 对公共财政的影响

2008年以来世界和英国经济的恶化以及各国的应对政策措施将对公共财政产生深远的影响。不采取行动，对未来的经济和公共财政将意味着更大的风险。而且，政府已经采取措施认真安排其行动的次序以保证财政的可持续性，确保其对于复苏和未来经济增长的促进作用，这反过来会在中长期促进公共财政的稳健性。财政预测反映了透明度原则，它包含了一个对于金融部门干扰而造成的未实现损失净影响的最高程度的临时分析。

表3提供了公共财政规划的总结。它表明，公共部门的净借款（PSNB）有了较大提高，它通过相机抉择的财政政策和自动稳定器的正常运行促进了经济的发展。公共部门的净借款从2007年占GDP 2.4%，上升到2008年占GDP的6.3%，使经济从对私营部门借款进行的同样大规模的下调中逐步趋于缓和。2009年，由于经济下滑将大大降低所有的主要税种的税收收入，尤其是来自金融部门和

表 3　　　　　　　财政筹划汇总：2009~2014 年

	占 GDP 的百分比						
	决算	估计	筹划				
	2007~2008 年	2008~2009 年	2009~2010 年	2010~2011 年	2011~2012 年	2012~2013 年	2013~2014 年
公共部门借款净额（PSNB）	2.4	6.3	12.4	11.9	9.1	7.2	5.5
2008 年预算前报告以来的总变动	-0.1	0.9	4.4	5.1	3.8	3.1	2.6
自由支配措施对 PSNB 的影响[1]	0.0	0.0	0.5	0.0	-0.5	-1.1	-1.5
近期预算余额	-0.4	-3.6	-9.3	-9.4	-7.2	-5.6	-4.3
周期性调整后的近期预算余额	-0.7	-3.1	-6.7	-6.4	-4.9	-3.9	-3.2
公共部门净投资	2.1	2.6	3.1	2.5	1.9	1.6	1.3
公共部门净债务（PSND）[2]	36.5	43.0	55.4	65.0	70.9	74.5	76.2
包含未体现损失的公共部门净债务[3]	36.5	46.5	59.0	68.4	74.0	77.5	79.0

注：本表数据除特别标明之外，均来源于国民核算数据。
1. 这一数字包括了对于 2011 年、2012 年、2013 年支出增长速度的政策规定进行预测所带来的变化。
2. 债务采用了 3 月底的数字，GDP 也采用了截止到 3 月底的数字；不包括金融部门的干扰（interventions）。
3. 债务采用了 3 月底的数字，GDP 也采用了截止到 3 月底的数字；包含了金融部门干扰带来的、尚未体现的损失。

房地产部门的税收，公共部门的净借款预计最高将达到占 GDP 的 12.4% 的水平。

在 2008 年预算报告的基础上，本预算报告提出了相应的税收和支出措施，以在 2013 年前减少 265 亿英镑的借贷。因此，从 2010~2013 年，周期性调整的流量余额每年提高平均超过 0.8%。根据谨慎的财政预测假设，公共部门净借款预计在 2013 年下降到占 GDP 5.5% 的水平。在预测期内，公共部门净债务（PSND）将会增加，到 2013 年将稳定在占 GDP 79% 的水平（其中包括金融部门干扰造成的未实现损失），而这一指标在 2006 年末经济呈现上升趋势时占

GDP 的 36%。

假定 2013 年以后，政府在对经常性预算的周期性调整中继续实行每年占 GDP 8%的稳定性政策，那么本预算报告中设置的财政规划便与政府的临时财政运行规则相一致，到 2017 年，便会恢复原来周期性调整流量余额的方式，债务会下降到占 GDP 一定比例的水平。

这份预测与公共财政的谨慎规划相一致。它基于 GDP 的预测下限，包含了对于金融部门干扰所造成的未实现损失的谨慎判断，并假定石油价格、股票价格和增值税的差距是经审计署审计过的——在这样一个衰退时期，在公共财政规划中加入了更多谨慎的成分。

5. 经常性收入预测

表 4 反映了公共部门收入 2007 年的结算情况、2008 年的估计情况和 2009 年的预测，以及 2008 年预算前报告以来各税种收入的变化情况。

6. 管理性支出

为控制财政总量，总体管理性支出（TME）被分割为包括公共部门的经常性支出，公共部门的净投资和折旧等在内的若干部分。为预算编制和其他目的，总体管理性支出（TME）又被分为 DEL（部门计划支出的 3 年期固定限额）和 AME（不受 3 年期固定限额限制的支出）。部门预算也有了单独的资源预算，包含在经常性预算和资本性预算中。表 5 列示了 2007～2011 年度 DEL 和 AME 主要的内容。

7. 部门支出限额

部门支出限额（DEL）的具体分配参见表 6。按照以往的惯例，2008 年的资源和资本性支出限额反映了现有的最新资料，包括对于未用完支出的部门进行的差额部分的补贴。

与 2008 年的预算前报告相比，此次规定的部门支出限额有很多变化。包括：（1）调整了部门预算，使得到 2010 年节省下来的钱具有更多的价值；（2）在国防部预算中增加了对 2009 年军事行动的资

表 4　　　　　　　　经常性收入：2009~2010 年　　　　　单位：10 亿英镑

	决算 2007~2008年	估计 2008~2009年	筹划 2009~2010年	决算 2007~2008年	估计 2008~2009年	筹划 2009~2010年
				2008年预算前报告以来的变化		
国库及海关收入						
所得税（未扣除税收抵免）	151.8	152.5	140.5	-0.1	-4.2	-10.7
所得税抵免	-4.4	-5.7	-6.2	0.0	-0.1	-0.2
国民保险费	100.4	96.4	97.7	0.0	-1.2	-3.1
增值税	80.6	78.4	63.7	0.0	-4.1	-8.8
公司税	46.9	43.4	34.7	0.0	-2.1	-7.1
……		……			……	
国库和海关收入总额	451.1	437.4	394.2	-0.1	-9.7	-33.3
汽车消费税	5.4	5.6	5.6	0.0	-0.2	-0.4
商业税	21.4	22.8	23.8	0.0	-0.6	-0.7
地方税（council tax）	23.3	24.3	24.9	0.1	-0.3	-0.8
……		……			……	
净税收和国民保险费收入	515.9	505.4	465.4	0.0	-11.2	-34.2
税收的应计调整	1.2	-4.4	0.3	0.1	-1.4	-2.2
对欧盟预算的贡献	-5.0	-5.2	-4.2	0.0	-0.9	0.6
个人电脑公司纳税额的减少	-0.3	-0.2	-0.2	0.0	0.0	0.0
税收抵免调整	27.0	27.1	28.4	-0.1	-1.0	-1.1
……		……			……	
经常性收入	548.0	530.7	496.1	0.5	-14.7	-39.4

金支持；（3）更新了商业、企业和管理改革，环境，食品和农村地区等部门的预算以及政府更迭机制等方面的预算。这就更新了先前公布的临时性预算；（4）重新安排了资本性支出限额的布局，将支出从 2010 年提前到 2008 年和 2009 年；（5）针对 2009 年预算的政策决定进行了更新。

表 5　　　　　管理性支出总额：2009~2011 年　　　单位：10 亿英镑

	决算	估计	筹划	
	2007~2008 年	2008~2009 年	2009~2010 年	2010~2011 年
经常性支出				
资源的部门支出限额	**309.9**	**324.3**	**342.1**	**352.3**
其中：部门准现金（near-cash）支出限额	288.4	303.0	319.9	328.8
非现金	21.6	21.2	22.3	23.5
资源的年度管理支出	**225.7**	**240.2**	**265.9**	**292.6**
其中：社会保障支出	138.7	150.1	164.7	170.9
税收抵免	17.2	19.8	21.7	21.8
政府部门退休金净额	2.3	3.1	4.1	4.6
国家彩票	0.9	0.9	0.9	0.9
英国广播公司国内服务	3.5	3.4	3.5	3.7
其他的部门开支	2.7	0.8	2.5	1.7
支付给欧盟的净支出	5.4	3.1	5.6	7.9
地方资金支出	24.3	27.3	27.9	28.5
中央政府总体债务利息	30.0	30.5	27.2	42.9
误差（AME margin）	0.0	0.0	0.9	1.8
会计调整	0.8	1.2	6.9	7.9
公共部门经常性支出	**535.6**	**564.5**	**608.0**	**644.9**
资本性支出				
部门的资本性支出限额	**44.1**	**48.3**	**57.7**	**51.6**
年度管理的资本性支出	**3.0**	**7.9**	**5.8**	**5.3**
其中：国家彩票	0.7	0.6	1.0	0.9
地方资金支出	4.0	4.5	4.4	3.9
公共企业自筹资金支出	5.4	7.2	7.4	7.5
其他资本性支出	-1.0	0.4	0.5	1.0
误差（AME margin）	0.0	0.0	0.1	0.2
会计调整	-6.1	-4.8	-8.6	-8.1
公共部门总投资	**47.1**	**56.2**	**63.4**	**56.9**
公共部门折旧的减少	-17.8	-18.6	-19.6	-20.7
公共部门净投资	29.3	37.7	43.8	36.2
管理性支出总额	**582.7**	**620.7**	**671.4**	**701.7**
其中：部门支出限额	343.2	360.7	387.3	390.5
年度管理性支出	239.4	260.0	284.1	311.2

最新的数据还包含了一些分类和预算变化,这些变化不会对国民核算的定义或者总体管理支出(TME)产生影响。唯一显著的变化是与北爱尔兰水域相关的一些交易从 DEL 到 AME 的重新分类。

表6　部门支出限额——资源和资本预算:2009~2011 年

	决算 2007~ 2008 年	估计 2008~ 2009 年	筹划 2009~ 2010 年	筹划 2010~ 2011 年
公共资源的部门支出限额				
儿童、学校和家庭	44.9	46.8	49.2	51.3
卫生	88.4	92.5	99.9	104.0
其中:英国的国民保健服务	86.4	90.9	98.2	102.3
运输	6.8	6.5	6.4	6.4
创新、大学和技能	15.5	16.7	17.2	17.9
社区学院(CLG Communities)	4.2	4.3	4.5	4.5
地方政府学院(CLG Local Government)	22.8	24.6	25.6	26.3
内政部(Home Office)	8.6	8.9	9.4	9.5
司法	8.8	9.3	9.5	9.4
法务部(Law Officers'Departments)	0.7	0.7	0.7	0.7
国防	35.7	37.9	38.7	36.7
外交和联邦事务部	1.9	2.0	2.0	1.6
国际发展	4.5	4.8	5.5	6.2
能源与气候变化	0.6	1.0	1.1	1.1
商业、企业和管理改革	1.8	1.6	1.8	1.4
环境、食品和农村事务部	2.7	2.7	2.7	2.7
文化、媒体和体育	1.6	1.6	1.7	1.7
工作和养老金	8.1	8.1	9.1	9.9
苏格兰	23.8	24.6	25.4	26.1
威尔士	12.3	13.0	13.6	14.0
北爱尔兰行政(Executive)	7.6	8.1	8.4	8.7
北爱尔兰事务部	1.3	1.3	1.2	1.2
宪制事务部(lord's chancellor's department)	4.8	4.8	4.6	4.5

续表

	决算	估计	筹划	
	2007~2008年	2008~2009年	2009~2010年	2010~2011年
内阁办公室	1.8	2.0	2.3	2.4
独立机构（Independent Bodies）	0.7	0.8	0.9	1.0
更新改造基金	0.0	0.0	0.3	0.3
储备	0.0	0.0	0.7	2.9
差额补贴（Allowance for shortfall）	0.0	-0.6	0.0	0.0
公共资源的部门支出限额合计	**309.9**	**324.3**	**342.1**	**352.3**
部门资本性支出限额				
儿童、学校和家庭	5.2	5.6	7.2	7.8
卫生	3.8	4.6	5.6	4.8
其中：英国的国民保健服务	3.6	4.4	5.4	4.7
运输	7.1	7.3	8.3	7.4
创新、大学和技能	2.1	2.1	2.6	1.8
社区学院（CLG Communities）	6.1	7.1	8.8	7.1
地方政府学院（CLG Local Government）	0.0	0.1	0.1	0.1
内政部（Home Office）	0.7	0.9	0.8	0.8
司法	0.8	1.0	0.8	0.7
法务部（Law Officers' Departments）	0.0	0.0	0.0	0.0
国防	7.9	8.6	9.1	8.8
外交和联邦事务部	0.2	0.2	0.2	0.2
国际发展	0.7	0.9	1.4	1.6
能源与气候变化	1.5	1.7	2.0	1.8
商业、企业和管理改革	0.0	0.0	0.3	0.3
环境、食品和农村事务部	0.6	0.6	0.7	0.6
文化、媒体和体育	0.5	0.8	0.4	0.6
工作和养老金	0.1	0.1	0.1	0.1
苏格兰	3.6	3.3	3.7	3.2
威尔士	1.5	1.6	1.7	1.7
北爱尔兰行政（Executive）	1.1	1.1	1.1	1.1
北爱尔兰事务部	0.0	0.1	0.1	0.1

续表

	决算 2007~ 2008年	估计 2008~ 2009年	筹划 2009~ 2010年	2010~ 2011年
宪制事务部（lord's chancellor's department）	0.3	0.3	1.0	0.3
内阁办公室	0.3	0.4	0.4	0.4
独立机构（Independent Bodies）	0.1	0.0	0.1	0.1
储备	0.0	0.0	1.2	2.1
差额补贴（Allowance for shortfall）	0.0	-0.2	0.0	0.0
部门资本性支出限额合计	44.1	48.3	57.7	51.6
折旧	10.8	11.9	12.4	13.4
部门支出限额总额	343.2	360.7	387.3	390.5

8. 财政余额及其变化

表7列示了与2008年预算和2008年预算前报告（基线）相比较的财政余额情况。2007年经常性预算的结算显示出53亿英镑的赤字，这比2008年预算预期的赤字少了27亿英镑。2008年预算的这一变化在很大程度上反映了对中央和地方政府支出（从经常性支出到资本性支出）进行重新分类的修订，而这种修订部分地为经常性收入的下降性修订所抵消。2007年的净借款结算数字是19亿英镑，低于2008年预算的估计，略低于经常性预算赤字的下降，这是由于增加资本性支出的修订。

2008年经常性赤字的结算高于2008年预算前报告的预期，主要是由于经济恶化所导致的预期收入的降低。尤其是来自于所得税、增值税和公司税的收入早已低于2008年预算前报告的预期——由于低于预期的名义工资、消费和利润的增长，由于政府即时付款制度对企业支持力度的加大。2008年预算前报告中的财政刺激措施使得2008年的经常性赤字增加了83亿英镑。由于较高的经常性预算赤字和较高的净投资额，2008年的净借款额预计将高出2008年预算前报告的预测，达到120亿英镑。由于借款额的增加，2008年的PSND有可能达到GDP的43.0%，这比2008年预算前报告的预测高出

1.8%，比 2008 年预算报告的预测高出 4.5%。

表 7　2009 年财政余额：与 2008 年预算和 2008 年预算前报告比较

	决算[1]	估计[2]	筹划			
	2007~2008年	2008~2009年	2009~2010年	2010~2011年	2011~2012年	2012~2013年	2013~2014年
净借款额（单位：10亿英镑）							
2008 年预算	36.4	42.5	38	32	27	23	
经常性预算的变化	-1.2	31.6	74	77	65	56	
净投资的变化	1.4	3.5	5.5	-4	5.5	-8	
2008 年预算前报告	36.6	77.6	118	105	87	70	54
经常性预算的变化	-1.4	11.1	53.5	64.5	57	54	53.5
净投资的变化	-0.6	1.2	3.5	3.5	-3.5	-6.5	-10.5
2009 年预算	34.6	90.0	175	173	140	118	97
经常性预算盈余（单位：10亿英镑）							
2008 年预算	-7.6	-9.6	-4	4	11	18	
修订和预测变化的影响	1.2	-23.3	-61	-78	-75	-72	
任意（discretionary）变化的影响[3]	0.0	-8.3	-13	1	10	16	
2008 年预算前报告	-6.7	-41.2	-78	-73	-54	-37	-21
修订和预测变化的影响	1.3	-11.1	-48	-64.5	-63.5	-66.5	-71
任意（discretionary）变化的影响[3]	0.0	0.0	-5.5	0.5	7	12.5	17.5
2009 年预算	-5.3	-52.3	-132	-137	-111	-91	-74
净投资（单位：10亿英镑）							
2008 年预算	28.5	32.9	35	37	38	41	
修订和预测变化的影响	1.4	2.5	2.5	-0.5	-2	-1.5	

续表

	决算[1]	估计[2]	筹划				
	2007~2008年	2008~2009年	2009~2010年	2010~2011年	2011~2012年	2012~2013年	2013~2014年
任意（discretionary）变化的影响[3]	0.0	1.0	3.5	-3.5	-4	-6.5	
2008年预算前报告	**29.9**	**36.5**	**40**	**33**	**33**	**33**	**33**
修订和预测变化的影响	-0.6	1.2	1.5	2.5	-2	-1.5	-1.5
任意（discretionary）变化的影响[3]	0.0	0.0	1.5	1.0	-1.5	-5	-9
2009年预算	**29.3**	**37.7**	**44**	**36**	**29**	**26**	**22**
周期性调整的经常性预算盈余（占GDP百分比）							
2008年预算	-0.7	-0.5	0.1	0.5	0.8	1.0	
2008年预算前报告	-0.8	-2.8	-4.4	-3.4	-2.3	-1.6	-1.0
2009年预算	**-0.7**	**-3.1**	**-6.7**	**-6.4**	**-4.9**	**-3.9**	**-3.2**
周期性调整的净借款额（占GDP百分比）							
2008年预算	2.7	2.7	2.2	1.8	1.5	1.2	
2008年预算前报告	2.9	5.3	7.2	5.6	4.3	3.5	2.8
2009年预算	**2.7**	**5.7**	**9.8**	**8.9**	**6.8**	**5.5**	**4.5**
净债务（占GDP百分比）[4]							
2008年预算	37.1	38.5	39.4	39.8	39.7	39.3	
2008年预算前报告	36.3	41.2	48.2	52.9	55.6	57.1	57.4
2009年预算	**36.5**	**43.0**	**55.4**	**65.0**	**70.9**	**74.5**	**76.2**

注释：1."2008年预算"中的2007年数据为估计数据。

2."2008年预算"中的2008年数据为预测数据。

3.包含对2011年和2012年支出增长的预测的变化。

4.债务数据截止到3月底；GDP数据截止到3月底；不包括金融部门干扰所形成的债务和未实现损失。

由于2009年的经济急剧下滑导致的收入进一步下滑和支出增加，尤其是社会保障支出增加以及为促进经济而增加借款等措施，在从 2009 年开始的预测期内，经常性预算的赤字在所有年份均已开始向上修订，在 2010 年将达到最高点，占 GDP 的 9.3%，这与 2008 年预算前报告预测的 4.7% 明显不同。净借款额预计在 2009 年达到 1 750 亿英镑的最高峰，这比 2008 年预算前报告的预测高出了 570 亿英镑。2009 年的净借款额预计将占到 GDP 的 12.4%，其中，政府通过酌情支持和自动稳定器而实施的财政支持政策的价值占到了 GDP 的 4%。总体而言，2009 年，为增加资本投资的借款将达到 GDP 的 3.1%。

在本预测期末，净借款额将下降到占 GDP 的 5.5%，这反映了政府为确保中期公共财政的可持续性而采取的措施，包括通过财政支持等。在预测期的所有年份中，尤其是在 2009 年和 2010 年，PSND 的增加和额外借款的情况都得到了反映，其将在预测期末稳定在 76.2% 的水平上。

9. 预测依据的关键假设和风险

所有的经济预测参数都是在范围广泛的不确定性因素背景下做出的，这些因素的变化难以预料，包括全球金融危机的化解，危机对人们信心和活动产生的影响，以及规模空前的、应对经济低迷的全球政策的执行情况和有效性。影响增长和通货膨胀的不确定性因素与影响程度的不确定性相伴而行。在预测时，两者的差异已经被清楚地鉴别，所有的预测数据从预算前报告（the pre-budget report）后也被大幅下调，以反映对金融危机损害信心和活动的判断误差。在全球性金融危机导致全球经济低迷的时期，应用于全球经济预测的不确定性因素也被应用于对英国经济的预测，包括宏观经济政策和干预信贷流量的有效性，消费者和企业信心恢复的程度，近期企业存货调整程度的不确定性，以及其他与经济预测相关的风险因素。表 8 给出了财政预测（筹划）依据的关键经济假设，包括消费物价指数（CPI）和名义货币计量的 GDP 总额。

财政筹划依据一系列关键假设，包括经济将如何恢复增长；未发生超出预算中或此前宣布的税收或支出政策变化（不考虑预算中

表 8　　　　　　　　财政筹划的经济假设　　　单位：%、10 亿英镑

	2007~2008 年	2008~2009 年	2009~2010 年	2010~2011 年	2011~2012 年	2012~2013 年	2013~2014 年
GDP	3	-1	-2¾	1¾	3¼	3¼	3¼
CPI	2¼	3¾	1¼	1	2	2	2
……	……	……	……	……	……	……	……
GDP（总额）	1 420	1 439	1 412	1 460	1 548	1 644	1 745

被提议的政策措施）；2010~2011 年的部门支出限额有所调整以支持促进经济复苏，该年度的管理性支出预测与预算依据的经济假设和政策决定是一致的；2011~2012 年度到 2013~2014 年度的公共部门经常性支出筹划为平均增长 0.7 个百分点；2013~2014 年度的净投资占 GDP 的 1%。

附录 3：
专业术语中英文对照

A

活动（activities）
总额财政纪律（aggregate fiscal discipline）
现收现付制会计（cash accounting）
权责发生制会计（accrual accounting）
配置效率（allocative efficiency）
年度预算（annual budget）

B

基线（baseline）
基线法（baseline approach）
基线筹划（baseline projections）
自下而上法（bottom-up approach）
概算（budget estimates）
预算限额（budget limits）

C

核心部门（central department）

公共资源池（common resource pool）
合规性（compliance）
预算的全面性（comprehensive budget）
或有负债（contingent liability）

D

部门支出限额（departmental expenditure limits）
收入驱动（driven by revenue）
政策驱动（driven by policy）
复式预算（dual budgeting）

E

经济分类（economy category）
有效性（effectiveness）
权益（entitlement）
预算外（extra-budget）

F

财政目标（fiscal objectives）
财政成果（fiscal outcomes）
财政可持续性（fiscal sustainability）
财政透明度（fiscal transparency）
功能类别（functional category）

G

代际会计（generation accounting）
善治（good governance）

I

投入（input）

投入导向 (input-oriented)

L

条目 (line-item)

条目预算 (line-item budget)

M

宏观经济框架 (macro-economy framework)

宏观经济筹划 (macro-economy projection)

中期展望 (medium-term perspective)

多年期展望 (multi-year perspective)

多年期支出方法 (multi-year expenditure approach)

多年期支出规划 (multi-year expenditure programming)

中期支出框架 (Medium-Term Expenditure Framework, MTEF)

中期基础预算 (medium-term basis budget)

N

新公共管理 (New Public Management, NPM)

O

预算外资金 (off-budgetary funds)

运营效率 (operational efficiency)

组织分类 (organization category)

成果 (outcome)

产出 (output)

P

预算前报告 (pre-budget reports)

预见性 (predictability)

绩效（performance）
绩效预算（performance budgeting）
绩效导向（performance orientation）
规划（program）
规划预算（program budgeting）

Q

准财政活动（quasi-fiscal activities）

S

部门支出规划（Sector Expenditure Program，SEP）
部门限额（sector limits）
部门支出限额（sectoral spending limits）
敏感性分析（sensitivity analyses）

T

自上而下法（top-down approach）
公共的悲剧（tragedy of the commons）

Z

零基预算（zero-base budget）

参考文献

一、英文

[1] Allen Schick. The Performing State: Reflection on an Idea Whose Time Has Come but Whose Implementation Has Not. OECD Journal on Budgeting - Volume 3 - No. 2 - ISSN 1608-7143 - ⓒ OECD 2003, 71.

[2] Alt, James E. and David Dreyer-Lassen. 2006. Fiscal Transparency, Political Parties, and Debt in OECD Countries. European Economic Review 50 (6).

[3] Anthony Downs. Why Government Budget Is Too Small in a Memocracy. Form World Politics 12: 4 (1959 - 1960): 541 - 563.

[4] Anwar Shav. Budgeting and budgetary institutions, overview, The International Bank for Reconstruction and Development. The World Bank, Washington, D. C., 2007.

[5] Anwar Shah. Public Expenditure Analysis, The World Bank, Wahington. D. C. 2005.

[6] Bhajan S. From Input Controls to Outcome Based Fiscal Manage-

ment: The Case of Australia. International seminar on fiscal comprehensive budget management system, Jointly organized by Budget Affairs Commission of the National People's Congress, Institute of Finance and Trade Economics of CASS, China Australia Governance Program, November 5th to 6th, 2008, Conference Center of NPC, Beijing, China.

[7] Buiter, Willem H. Generational Accounts, Aggregate Savings, and Intergenerational Distribution. Washington, D. C. IMF. 1996.

[8] Carolyn Bourdeaux. The Problem with Programs: Multiple Perspectives on Program Structures in Program-Based Performance-Oriented Budgets, Public Budgeting and Finance, Issue 2, Vol. 28. Summer 2008.

[9] Christopher M. Tower. Who to Measure the Fiscal Deficit, in Blejer and Chheasty, 1993.

[10] Committee on the Budget of United States Senate. The Congressional Budget Process—An Explaintion. U. S. Government Printing Office, 1998.

[11] Daniel R. Mullins, Michael A. Pagano. Changing Public Budgeting and Finance: A Quarter Century Retrospective. Silver Anniversary Issue, Public Budgeting & Finance Special Issue 2005.

[12] David Mosso, Accrual Accounting and Social Security. Journal of Government Financial Management, Vol. 54, No. 3. Fall 2005.

[13] Doug Goodman, Edward J. Clynch. Budgetary Decision Making by Executive and Legislative Budget Analysts: The Impact of Political Cues and Analytical Information. Public Budgeting & Finance/Fall 2004.

[14] Ed Campos, Sanjay Pradban. Budgetary Institutions and Expenditure Outcomes-Binding Governments to Fiscal Performance, Public Economics Division of Policy Research Department of The World Bank, Working Paper, No. 1646, September 1996.

［15］Edward DeSeve. The Case for New Federal Budget Concepts and Benchmarks Journal of Government Financial Management, Vol. 53, No. 4, Winter 2004.

［16］Gary A. Wagner, Russell S. Sobel. State budget stabilization fund adoption: Preparing for the next-recession or circumventing fiscal constraints?, Public Choice, Jan 2006, Vol. 126, Issue 1/2.

［17］Hagenmann R., C. John. The Fiscal Stance in Sweden: A Generational Accounting Perspective. Washington: IMF. 1995.

［18］Heller, Peter S. The Underfinancing of Recurrent Development Cost. Finance and Development 16. IMF, Washington, D. C. 1979.

［19］IFAC. Governance in the Public Sector: A Governing Body Perspective, International Public Sector Study, August 2001. Study 13, Issued by The International Federation of Accountants, International Federation of Accountants. 535 Fifth Avenue, 26th Floor New York, New York 10017, United States of America.

［20］IMF. Manual of Fiscal Transparency, 2001. It can be accessed thorough the fiscal transparency web site of imf. org.

［21］Jonathan David Kahn. Budgeting Democracy—State Building and Citizenship in America 1890-1928. Published by Cornell University Press. 1997.

［22］Joseph E. Stiglitz. on liberty, the right to know, and public discourse: the role of transparency in public life, Oxford Amnesty Lecture, Oxford, U. K. January 27, 1999.

［23］Jurgen Von Hagen. Budgeting Institutions for Better Fiscal Performance. Edited By Anwar Shar, Budgeting and budgetary institutions, overview, The International Bank for Reconstruction and Development / The World Bank, Washington, D. C., 2007.

［24］Kopits, George and Jon Craig. 1998. Transparency in Government Operations. IMF Occasional Paper 158, IMF, Washington, D. C.

[25] Naomi Caiden. The New Rules of the Budget Game, Public Administration Review, Vol. 44, No. 2. pp. 109-117. March-April 1994.

[26] Riccardo Pelizzo, F. Rick Stapenhurst. Strength Public Accounts Committees by Targeting Regional and Country-Specific Weaknesses. Edited by Anwar Shar. Performance, Accountability and Combating Corruption. The World Bank, Washington, D. C. , 2007.

[27] Richard Rose. The Program Approach to the Growth of Government, British Journal of Political Science15 (1985): 1 – 28.

[28] Robert M. McNAB, Francois Melese, Implement of The Government Performance and Results Act, Perspective of Performance Budgeting. Public Budgeting & Finance/Summer 2003.

[29] Salvatore Schiavo-Campo. Budget Preparation and Approval, Edited By Anwar Shar, Budgeting and Budgetary Institutions. The World Bank, Washington, D. C. , 2007.

[30] Salvatore Schiavo-Campo, Daniel Tommasi. Management Government Expenditure. Asian Development Bank, 1999.

[31] Tara Vishwanath, Daniel Kaufmann. Towards Transparency In Finance And Governance, The World Bank Draft, 1999.

[32] The Fiscal Affairs Department of IMF (1998): Manual of Fiscal Transparency. This manual can be accessed through web of http: // www. imf. org.

[33] V. O. Key, Jr. The Lack of a Budgetary Thoery. The American Political Science Review, Vol. 34. pp. 1137 – 1144. December 1940.

二、中文

[34] 阿伦·威尔达夫斯基、内奥米·凯顿（Aaron Wildavsky、Naomi Caden）:《预算过程中的新政治学》（第四版），上海财经大学出版社2006年版。

[35] 麦哲逊（Alex Matheson）:"良好的公共部门治理：西方国

家预算及会计改革的基本理论",载陈小悦、陈立齐主编:《政府预算与会计改革——中国和西方国家模式》,中信出版社 2002 年版。

[36] 盖依·彼得斯（B. Guy Peter）著,顾丽梅、姚建华等译:《美国的公共政策——承诺与执行》（第六版）,复旦大学出版社 2008 年版。

[37] David Loweth (2001): 2001 年政府会计权责发生制国际研讨会（昆明）会议论文。

[38] 伊莱恩·卡马克（Elaine Ckamarck）:"过去 20 年各国政府改革的经验与教训",载《经济社会体制比较》,2005 年第 6 期。

[39] Peter S. Heller:《财政空间:含义》,载《金融与发展》,2005 年第 6 期。

[40] Peter S. Heller:《谁来付账?》,载《金融与发展》,2003 年第 9 期。

[41] Ronald A. Cass:《产权制度与法治》,载《经济社会体制比较》,2007 年第 5 期。

[42] Rotert H. Bates:《投票箱外看非洲》,载《金融与发展》,2006 年第 12 期。

[43] 罗伊·T·梅耶斯（Roy T. Meyers）等著,苟燕楠、董静译:《公共预算经典——面向绩效的新发展》（第一卷）,上海财经大学出版社 2005 年版。

[44] 桑贾伊·普拉丹（Sanjay Pradhan）:《公共支出分析》,中国财政经济出版社 2000 年版。

[45] 艾伦·希克:《公共支出管理方法》,经济管理出版社 2001 年版。

[46] 财政部《关于印发〈财政支出绩效评价管理暂行办法〉的通知》,财预〔2009〕76 号。

[47] 方清风:《英国的财政纪律与预算政策》,载《财税研究》,2004 年第 5 期。

[48] 联合国儿童基金会、国务院妇女儿童工作委员会办公室:

《中国预算体制与儿童教育卫生服务筹资》，载《研究报告》，2006年。

[49] 刘长琨：《英国财政制度》，中国财政经济出版社1999年版。

[50] 马骏、侯一麟：《中国省级预算中的政策过程与预算过程：来自两省的调查》，载《经济社会体制比较》，2005年第5期。

[51] 乔纳森·卡恩著，叶娟丽等译：《预算民主——美国的国家建设和公民权（1890~1928）》，格致出版社、上海人民出版社2008年版。

[52] 斯蒂芬·L·埃尔金、卡罗尔·爱德华·索乌坦：《新宪政论——为美国好的社会设计政治制度》，生活·读书·新知三联书店1997年版。

[53] 外国政府预算编制研究课题组：《美国政府预算编制》，中国财政经济出版社2003年版。

[54] 魏明海、刘峰、施鲲翔：《论会计透明度》，载《会计研究》，2001年第9期。

[55] 赵鹏华：《国库管理制度改革——国际经验与借鉴》，中国财政经济出版社2001年版。

[56] 周健：《信息自由化与政府信息公开化》，载《情报理论与实践》，2001年第5期。